international
SCHWEIZER
VERLAGSHAUS

Herb Goldberg und Robert T. Lewis

Der Tanz um das goldene Kalb

SV INTERNATIONAL
SCHWEIZER VERLAGSHAUS ZÜRICH

Die amerikanische Originalausgabe erschien 1978
unter dem Titel «Money Madness»
bei William Morrow and Company Inc., New York

Ins Deutsche übertragen von Horst Kube

Mit Ausnahme von historischen Persönlichkeiten wurden bei allen Fallgeschichten fiktive Namen verwendet oder Eigenschaften beschrieben, die keiner bestimmten Person zuzurechnen sind.

Printed in Switzerland
by Druckerei Carl Meyers Söhne AG, CH-8645 Jona
ISBN 3-7263-6360-2

Inhalt

Vorwort 7

Einführung: Der Geldwahn 9

1. Eine Sammlung von Schlichen, Finessen und Tricks mit dem Geld 15
2. Das letzte Tabu 35
3. Paradoxien, Heucheleien, Widersprüche und Lügen 53
4. Die Verfolgung einer Illusion 87
5. Die Vieldeutigkeit des Geldes 109
6. Die Sicherheitsfanatiker 141
7. Die Machtmenschen 175
8. Die Liebeshändler 219
9. Die Unabhängigkeitsfanatiker 255
10. Die Behandlung des Geldwahns 283
11. Warum die Reichen reicher werden, die Armen arm bleiben und die meisten weder das eine noch das andere tun 305
12. Die gesunde Einstellung zum Geld 333

Index 355

Vorwort

Wir leben in einem Zeitalter des zunehmenden Selbstbewußtseins, in einer Zeit, in der viele Menschen nach Offenheit in ihren Gefühlsregungen und Entwicklung ihrer Persönlichkeit streben und ein Höchstmaß an Lebensmöglichkeiten zu verwirklichen suchen. Die Menschen sind mehr denn je bereit, ihren Zorn auszudrücken, ohne Schuldgefühle ihre Sexualität zu erleben und sich auf positive, eigenständige Art selbst zu behaupten. Dennoch geraten viele dieser emotional emanzipierten Menschen in selbstzerstörerische Geldfallen. Sie versuchen, andere mit Geld zu manipulieren und sind insgeheim von Zwangsvorstellungen über das Geld besessen, die einen Großteil ihres Verhaltens motivieren. Ihr Umgang mit Geld scheint mit ihrem sonst freien, humanistischen Lebensstil im Widerspruch zu stehen. Zum Beispiel berichtet ein Mann, dessen Eltern bekannte Psychiater waren, über seine Erinnerungen an die Kindheit: Seine Eltern sprachen in seiner Gegenwart unbefangen über Sex und Aggressionen; sie gingen jedoch ins Schlafzimmer und schlossen die Tür, wenn sie über Geldangelegenheiten redeten. Ziel dieses Buches ist es, die psychologischen Fäden zu entwirren, die uns in der einen oder anderen Form eines Geldwahns gefangenhalten. Wir sind der Meinung, daß es höchste Zeit ist, die Psychologie des Verhaltens zum Geld zu untersuchen und zu erforschen, welche selbstzerstörerischen Verhaltensweisen, magischen Vorstellungen und unrealistischen Phantasien die Einstellung der Menschen zum Geld umgeben und beherrschen. In dem Ausmaß, in dem sich die Menschen von ihren irrationalen Verstrickungen lösen und in angemessener Weise mit dem Geld umgehen können, werden sie auch in der Lage sein, ihr Dasein auf befriedigendere und spontanere Weise zu erleben.

Los Angeles, Kalifornien

Herb Goldberg
Robert T. Lewis

Einführung: Der Geldwahn

Wenn die Welt, wie Charles Dickens schrieb, «verrückt wie ein Tollhaus» ist, dann hat diese Verrücktheit wenigstens zum Teil mit Geld zu tun. Wahrscheinlich gibt es nichts, was irgend jemand für Geld nicht tun würde. Der deutsche Dichter Heinrich Heine behauptete: «Das Geld ist der Gott unserer Zeit.» Und der Dramatiker Sophokles bemerkte: «Für Geld würdest du deine Seele verkaufen.» Und George Bernard Shaw nannte es «die wichtigste Sache der Welt».

Das Geld zerstört Freundschaften, Ehen und den Familienfrieden. Geld, das als solches keinen eigentlichen Wert besitzt, übt mehr Macht über das menschliche Leben aus als jede andere Sache. Es bringt bei den Menschen die besten und die schlechtesten Eigenschaften zum Vorschein. So kann es vorkommen, daß eine alte Frau von zwei Jugendlichen wegen eines Dollars niedergeschlagen wird, während in der gleichen Stadt ein Erwerbsloser ein Kind, das seinen Eltern weggelaufen ist, bei sich aufnimmt und ihm zu essen gibt, weil es noch weniger hat als er.

In St. Louis ließ ein Geistlicher auf einer Druckpresse in seinen Amtsräumen Falschgeld herstel-

len. Für Kunden, die bereit sind, 18 000 bis 24 000 Dollar für einen Lastwagen zu bezahlen, in dem sie nie etwas befördern werden, baut eine Firma in Kalifornien neue Cadillacs in Lieferwagen um.
Mindestens ein Dutzend Ladenbesitzer in Michigan nahmen gefälschte Schecks in Zahlung über Geldbeträge von jeweils mehr als hundert Dollar, ausgestellt von einem gewissen U. R. Stuck (you are stuck, US-Slang = du bist hereingefallen) zugunsten von I. M. Slick (I'm slick = ich bin raffiniert).
Vor einigen Jahren stellte man fest, daß die amerikanische Pfadfinderorganisation, die Boy Scouts of America, deren Name als Synonym für Ehrlichkeit gilt, in ihren Mitgliederlisten Namen von nicht existierenden Jungen führte, um dadurch mehr öffentliche Mittel zugeteilt zu erhalten.
Die seltsamen und unlogischen Maßnahmen, die manche Menschen im Zusammenhang mit Geld ergreifen, füllen die Spalten der Zeitungen, und die Leser, deren eigenes Verhalten fast ebenso seltsam ist, lächeln darüber. So schätzt man, daß es in den Vereinigten Staaten etwa acht Millionen zwanghafte Glücksspieler gibt, Männer und Frauen, deren Lebenszweck in der Hauptsache in Geldwetten besteht. Für sie ist das Glücksspiel wichtiger als ihre Familien oder ihre Karrieren. Häufig stehlen diese Menschen oder lassen ihre Kinder Hunger leiden, um Geld für eine weitere Wette zu bekommen. Auf einem Treffen der «Gamblers Anonymous», einer Selbstschutzvereinigung gegen das Glücksspiel, bekannte ein zwanghafter Glücksspieler, daß er in einer einzigen Woche dreißigtausend Dollar verspielt hatte, obwohl er weder eine regelmäßige Beschäftigung noch ein gesichertes Einkommen hatte. Um ausreichend Geld für seine

Rennwetten zu beschaffen, hatte er mehrmals betrügerische Handlungen begangen, und er hatte auch mehrfach im Gefängnis gesessen. Dennoch war er nicht in der Lage, seinen zwanghaften Drang einzudämmen und aus seinen Fehlern zu lernen.

Auf der anderen Seite gibt es Millionen von zwanghaften Sparern, Menschen, die den gleichen Drang verspüren, Geld zu sparen, wie ihn zwanghafte Glücksspieler empfinden, Geld zu verwetten. Hierzu gehören auch die Millionen von zwanghaften Gelegenheitskäufern, die meilenweite Umwege fahren, um zwei Pfennig bei einem Liter Benzin zu sparen, oder die dutzendweise Kartoffelschäler kaufen, weil sie zum halben Preis im Ausverkauf sind, die also bereit sind, alles Billige zu kaufen, auch wenn sie keine Verwendung dafür haben. Außer der «Gamblers Anonymous» gibt es in den USA jetzt auch die «Overspenders Anonymous», eine Selbstschutzvereinigung gegen unsinnige Gelegenheitskäufe, die den Versuch unternimmt, den Menschen bei der Überwindung ihrer zwanghaften Geldgewohnheiten zu helfen.

Milliarden wechseln jedes Jahr den Besitzer, weil unlautere Verkäufer an die Habgier und Leichtgläubigkeit von Millionen von Menschen appellieren, die gern ihr Geld ausgeben, in der Hoffnung, dabei leicht einen «Gewinn» zu erlangen.

Etwa neunzig Prozent aller Verbrechen werden des Geldes wegen begangen. Geld als Motiv steht hinter Raub, Fälschung, Unterschlagung und Kidnapping. Selbst Morde werden gelegentlich für Geld ausgeführt. Das organisierte Verbrechen ist eine der größten Geschäftsbranchen in den Vereinigten Staaten, die jedes Jahr Milliarden von Dollars umsetzt. Weitere Dollarmilliarden kommen hinzu, wenn man das nicht organisierte Verbrechen miteinbezieht. Die Amerikaner denken vermutlich genauso moralisch wie andere Völker, doch nur wenige würden bestreiten, daß das Sprichwort «Jeder hat seinen Preis» zutrifft. Die Moral kommt häufig erst an zweiter Stelle.

Geld ist notwendig für das Bestehen der modernen Welt. Seine Verwendungszwecke sind vielfältig, und seine bedeutsame Rolle im Geschäftsleben und in der Gesellschaft steht außer Frage. Gleichzeitig scheint es aber das Irrationale in den Menschen zum Vorschein zu bringen. Es greift die am tiefsten liegenden Schichten der Persönlichkeit an und löst Emotionen aus, wie Habsucht und Neid, Liebe und Sicherheitsbedürfnis.

Der Wunsch, Geld zu beschaffen, um den gewünschten Lebensstandard zu erzielen, liegt im Bereich des realistischen Verhaltens. Der Wunsch, außergewöhnlichen Reichtum anzusammeln, ist dagegen irrational. Über einen bestimmten Punkt hinaus kann weiterer Reichtum nicht die Lebensqualität verbessern oder das individuelle Glück steigern. Dennoch träumen die meisten davon, Millionen zu besitzen.

Howard Hughes verdiente in seinem Leben mehr als eine Milliarde Dollar, und J. Paul Getty mehrere Milliarden. Das war viel mehr als sie hätten ausgeben können. Gäbe man in jeder Stunde des Tages und an jedem Tag des Jahres tausend Dollar aus, dann würde es über hundert Jahre dauern, um eine Milliarde Dollar loszuwerden. Was war der Antrieb, der diese Männer veranlaßte, weiterhin Geld anzusammeln, wo sie doch schon mehr hatten, als sie je zählen, geschweige denn ausgeben konnten? Sicher war es nicht das Streben nach Glück, da beide Männer offensichtlich immer un-

glücklicher wurden, obschon ihr Reichtum zunahm.
In seinen jüngeren Jahren wurde Howard Hughes als ein typischer reicher Playboy betrachtet, mit einer Leidenschaft für Partys und schöne Frauen. Als er in späteren Jahren mit großer Geschäftstüchtigkeit sein Erbe in ein riesiges Vermögen verwandelt hatte, machte er einen Wandel durch. Er wurde reserviert und mißtrauisch, und es hatte den Anschein, als ob sein Reichtum eine immer höher werdende Barriere zwischen ihm und anderen Menschen aufrichtete. In seinen letzten Jahren lebte er ganz abgeschlossen, und lange Zeit wußte man kaum, ob er noch lebte oder schon gestorben war. Trotz seines Reichtums und seiner Macht wurde er immer mehr ein in sich gekehrter Mensch, ein Einsiedler, dem es darum ging, Krankheitserregern und Menschen aus dem Wege zu gehen.
Für die meisten Menschen scheint die Verlockung des Geldes geradezu ein natürliches Phänomen zu sein. Nach allgemeiner Überzeugung wünscht sich jedermann, Geld zu besitzen. Die Nachricht von einem Goldfund bringt die Menschen dazu, zu den entlegensten Gebieten zu strömen und ungeheure Strapazen auf sich zu nehmen. Die meisten würden erklären, daß das Opfer sich lohne; in der Überzeugung, daß allein der Besitz des Geldes wichtig ist, fragen sie nicht mehr nach dem Grund. Sie sind sich nicht bewußt, daß das, was sie in Wirklichkeit erstreben, eine Erweiterung der Selbstachtung ist, oder der Sicherheit, der Freiheit, der Liebe oder der Macht. Obwohl sie sich nicht bewußt sind, was sie in Wahrheit vom Leben erwarten, glauben sie fest daran, daß das Geld «es» ihnen bringen wird.

1
Eine Sammlung von Schlichen, Finessen und Tricks mit dem Geld

Um 6.55 Uhr am Montagmorgen fand sich Richard Bennett am Frühstückstisch ein. «Marsha», sagte er zu seiner Frau, «meinst du nicht, daß zwei Scheiben genügen würden, wo der Speck jetzt so teuer ist? Und frischer Orangensaft zu dieser Jahreszeit? Das muß doch ein kleines Vermögen kosten!» Während er seinen Saft trank, blätterte er in der Morgenzeitung. «Hmm», bemerkte er, mehr zu sich selbst sprechend, «der Goldpreis ist um fünfzig Cents je Unze gestiegen.»
«Wenn wir gerade von Geld reden», unterbrach ihn seine Frau, «da habe ich doch gestern das wunderbare goldene Armband bei Bronson gesehen...»
«Marsha, wenn es etwas gibt, das du wirklich nicht brauchst, dann ist es ein weiteres goldenes Armband!»
«Ich weiß, Schatz, aber es würde so gut zu meinem neuen schwarzen Kleid passen.»
«Mein Gott! Noch ein neues Kleid?»
«Aber Richard, ich habe es doch nur gekauft, weil ich dachte, du würdest es gern sehen, daß ich etwas Besonderes trage, wenn wir am Wochenende mit Jim und Lisa ausgehen.»

«Daran habe ich gar nicht mehr gedacht! Warum können wir nicht einfach zu Hause bleiben wie andere Leute und uns das Fernsehprogramm ansehen? Warum wollen wir diesmal ausgehen, und wieviel wird es mich wieder kosten?»

«Erinnere dich doch daran, Schatz», antwortete Marsha, «wir wollen gemeinsam zum Essen gehen und dann zur Premiere des neuen Stückes, über das wir gesprochen haben. Es wird nicht so teuer werden, und wir werden unseren Spaß haben. Übrigens sind wir seit langer Zeit nicht mehr ausgegangen.»

«Nicht teuer? Alles, was du unternimmst, ist teuer! Du verhältst dich, als wäre ich ein Goldesel!»

«Was redest du da, Richard!» sagte sie, fast weinerlich. «Ich weiß nicht, was in dich gefahren ist. Du klagst ständig über das Geld!»

«Und du gibst es ständig aus!» schrie er sie an.

Solche Gespräche wurden, mit nur geringfügigen Abweichungen, seit fast fünfundzwanzig Jahren an Richards Frühstückstisch geführt. Ob seine Frau einen alltäglichen oder einen außergewöhnlichen Einkauf tätigte — Richard reagierte automatisch zornig. Es war so, als ob jeder von ihr ausgegebene Dollar sein inneres Wohlbefinden und Sicherheitsgefühl beeinträchtigte. Ironischerweise hatte Marsha vor ihrer Heirat vor allem wegen ihrer sorglosen Lebensauffassung einen besonderen Reiz auf ihn ausgeübt. Anders als für ihn schien das Geld für sie nur als Mittel zur Erlangung von Zerstreuungen zu existieren. Doch bald nach der Heirat begann die sorglose Auffassung, die sie in bezug auf Geld hatte, Anlaß zum Ärger zu geben. Mit der Zeit steigerte sich nicht nur sein Einkommen, sondern auch sein Zorn.

Auf der anderen Seite hatte sich Marsha ursprünglich zu Richard hingezogen gefühlt, weil er so verantwortungsbewußt schien und weil seine finanzielle Stabilität ein willkommener Ausgleich zu ihrer eigenen Impulsivität in Gelddingen war. Später begann sie, ihn nicht mehr als vorsichtigen, sondern eher als «knauserigen» Menschen zu betrachten. Es erfüllte sie mit Unbehagen, daß er sich nicht losmachen und das genießen konnte, was sich mit Geld kaufen ließ. Für sie hatte es den Anschein, als ob er nur Interesse an der Vergrößerung seines Bankkontos hatte und daß er alles nur nach seinem Preis einschätzte.

Für Richard bedeutete das Bankkonto Sicherheit, während sich bei unnötigen Ausgaben ein Gefühl von Angst und Verwundbarkeit einstellte. Marsha gab Geld gern aus, weil sie dabei ein Gefühl der Befriedigung und Freiheit hatte, so als ob sie ihren Überfluß mit der Welt teilte. Richard und Marsha stritten zwar ständig wegen des Geldes, doch keiner von beiden verstand die wirkliche Einstellung des anderen zum Geld.

Als Richard an seiner Arbeitsstelle ankam und genau um 7.25 Uhr seinen Wagen auf den Firmenparkplatz fuhr, winkte er dem Nachtpförtner zu, der gerade wegfahren wollte. «Ich kann nicht verstehen, wie die Leute so etwas fertigbringen», murmelte Richard. «Wie kann er bei dem Gehalt, das ich ihm zahle, einen neuen Lincoln fahren? Dabei hat er eine Frau und zwei Kinder zu ernähren! Unverantwortlich!»

Zur gleichen Zeit machte sich der Nachtpförtner seine eigenen Gedanken. «Ich kann solche Leute nicht verstehen. Er ist so reich und fährt nur einen billigen Kombiwagen! Wie kann man nur so geizig sein!»

Später am Vormittag bat Richard seinen Bürovor-

steher, Harvey Willenski, während der Kaffeepause zu sich.
«Harvey», sagte er, «wenn Sie Zeit haben, trinken Sie doch Ihren Kaffee bei mir im Büro. Ich möchte mit Ihnen sprechen.»
«Selbstverständlich, Mr. Bennett. Ich komme gleich.»
«Bitte nennen Sie mich Richard. Sie brauchen zu mir nicht formell zu sein», antwortete er in herzlichem Tonfall, während er die Tür hinter ihnen schloß. «Ich wollte Ihnen sagen, daß ich mit Ihrer Arbeit sehr zufrieden bin, Harvey. Sie wissen ja selbst, wie schwer es ist, gute Mitarbeiter zu bekommen. Und bei der heutigen schwierigen Geschäftslage ist es gut zu wissen, daß manche Abteilungen gute Arbeit leisten. Bitte sagen Sie der neuen Sekretärin, sie werde bald eine neue elektrische Schreibmaschine bekommen. Doch mit der alten Kopiermaschine müssen wir noch eine Weile auskommen. Sie wissen doch, daß wir den erwarteten Auftrag von Takayama nicht hereinbekommen haben, und wir müssen uns deshalb eine Zeitlang etwas einschränken. Doch wenn wir alle zusammenarbeiten, werden wir es sicher bewerkstelligen, daß wir in nächster Zeit niemand zu entlassen brauchen.»
«Ich wußte nicht, daß es so schlimm steht», antwortete Harvey in besorgtem Tonfall. Seltsam, dachte er dabei, wo doch die letzte Buchprüfung eine Steigerung der Umsätze ausgewiesen hat.
«Sicher nur vorübergehend», fuhr Richard fort. «Wenn wir alle den Gürtel enger schnallen, werden wir es schaffen. Danke, Harvey. Mit Ihnen läßt es sich immer vernünftig reden.»
Als Besitzer einer kleinen Fabrik bemühte sich Richard Bennett, zu seinen Angestellten ein infor-

melles, freundliches Verhältnis aufrechtzuerhalten. Diese Einstellung ergab sich fast automatisch, da er jahrelang daran gearbeitet hatte, als interessierter und freundlicher Arbeitgeber zu wirken. Vor Jahren war er bei einem Manager-Kursus darauf hingewiesen worden, daß viele Angestellte größeren Wert auf ein Vertrauensverhältnis mit dem Chef legen als auf eine Gehaltserhöhung. Er hatte sich dies gemerkt. Er wußte auch aus Erfahrung, daß zufriedene Angestellte seltener fehlen und mehr arbeiten.

Während Richards Verhalten teilweise beabsichtigt und seine Motivation wenigstens teilweise bewußt war, wurde Harvey, so wie viele Angestellte, aus im wesentlichen unbewußten Motiven in eine Pseudo-Freundschaft hineingelockt. Offenbar reichten ihm sein Anerkennungsbedürfnis und das befriedigende Gefühl, mit seinem Arbeitgeber auf der gleichen Stufe zu stehen, als Kompensation für schlechter bezahlte Arbeit. Das Handelsergebnis war Freundschaft anstelle von Geld. Harvey würde sich einem «Freund» gegenüber unloyal vorkommen, wenn er ihn um eine Gehaltserhöhung ersuchte. Die Bitte um eine Gehaltserhöhung gestaltet sich zudem besonders schwierig, wenn der Chef ihm finanzielle Engpässe «anvertraut». Schließlich ist damit zu rechnen, daß Harvey eher an den Problemen des Chefs Anteil nimmt als an dessen Geld.

Kurz vor dem Mittagessen bekam Richard Besuch von seiner zweiundzwanzigjährigen Tochter. Er nahm sofort eine Abwehrhaltung ein, als er ihren Ausdruck erkannte, der auf besondere Wünsche hindeutete.

«Hallo, Daddy!» begrüßte sie ihn herzlich. «Ich weiß, daß du mächtig viel zu tun hast, und ich möchte dich nicht stören, aber ich brauche deinen Rat.»

Sie erzählte ihm die nachfolgende Geschichte:

1. Der Leiter der Autowerkstatt habe sie darauf hingewiesen, daß ihr Wagen reparaturbedürftig sei und daß sie leicht einen Unfall verursachen könne, wenn der Wagen nicht aus dem Verkehr gezogen werde.
2. Der Preis eines neuen Wagens sei zu hoch, als daß sie ihn von ihrem Gehalt bezahlen könne.
3. Sie bitte ihn nicht gern, ihr einen neuen Wagen zu kaufen, obwohl sie wisse, daß er so «großzügig» sei.
4. Der Leiter der Autowerkstatt habe ihr gesagt, daß ihr Wagen bei Einbau eines neuen Getriebes und neuer Bremsbeläge noch etwa ein Jahr lang gefahren werden könne.
5. In der Autowerkstatt würden in den nächsten Tagen Getriebe zum ermäßigten Preis eingebaut, und sie könne dabei zwanzig Prozent sparen, habe aber nicht genügend Geld, um die Reparaturen zu bezahlen.
6. Wie denke er darüber?

Als sie ausgeredet hatte, war Richard erleichtert darüber, daß seine Tochter Honey ihn nicht gebeten hatte, ihr einen neuen Wagen zu kaufen. Er war deshalb sofort bereit, die Reparatur des alten Wagens zu bezahlen.

Honey wußte, daß sie eine besondere Beziehung zu ihrem Vater hatte und daß er ihr nur ungern irgend etwas abschlug. Im Gegensatz zu ihrer Mutter sah sie ihn nie als knauserig an, zumindest nicht ihr gegenüber. Schon früh im Leben hatte sie erkannt, daß er sich bedeutungsvoll vorkam, wenn in finanziellen Dingen sein Rat eingeholt wurde, und daß er beim Geldausgeben weniger zurückhaltend war, wenn es sich um seine Entscheidung handelte. Sie wußte auch, daß er nur ungern einen günstigen Gelegenheitskauf ausließ. Daher hatte eine Bitte um Geld dann die größte Erfolgsaussicht, wenn alle diese Elemente zusammenkamen. Was sie betraf, so war es weniger eine bewußte Manipulation als die gewohnte Art, mit ihm umzugehen. Und was Richard betraf, so war er zwar entschlossen, ihren Bitten um Geld zu widerstehen, stimmte aber doch ihrer «guten Beurteilung» des jeweiligen Geschäfts zu und bezahlte die Rechnung. Obwohl beim Geldausgeben immer ein ungutes Gefühl zurückblieb, war doch sein Bedürfnis größer, Anerkennung und Bewunderung von seiner Tochter zu erhalten.

Nachdem sie das Büro ihres Vaters verlassen hatte, traf Honey mit Daryl zusammen, ihrem derzeitigen Freund. Da sie ihn zum Mittagessen eingeladen hatte, beabsichtigte sie auch, die Rechnung zu bezahlen. Sie wußte jedoch nicht, wie er reagieren würde; sie hatte dies zuvor mit ihm nicht besprochen. Über Gelddinge zu sprechen, schien ihr unpassend, denn sie kannte ihn erst seit kurzem. Bisher hatte immer er die Rechnung bezahlt, wenn sie mit ihm ausgegangen war, und ihr war dies irgendwie unangenehm. Obwohl sie Männern gegenüber gern eine abhängige Rolle spielte, wie sie es auch bei ihrem Vater tat, versuchte sie andererseits etwas selbständiger zu werden und bei den Beziehungen von Mann zu Frau den Gleichheitsgrundsatz anzuwenden.

Als das Essen beendet war, legte die Kellnerin die Rechnung Daryl vor, doch Honey griff danach und nahm sie an sich. Als Daryl sie überrascht ansah und protestieren wollte, lachte sie etwas verlegen und sagte: «Nein, das möchte ich erledigen. Ich

habe dich eingeladen, und mir ist es angenehmer, wenn ich auch bezahle.»
Weiteres wurde darüber nicht gesprochen, doch den ganzen Nachmittag machte sich Honey Gedanken darüber, ob Daryl gekränkt sein könnte und ob dies ihrem Verhältnis schaden könnte. Würde es seinen Stolz als Mann verletzen? Oder war er gern damit einverstanden? Vielleicht würde er sie sogar höher achten. Sie wußte auch nicht, wie sie eigentlich ihren eigenen Beitrag an den Kosten bewerten sollte. Teilweise war sie dafür, teilweise dagegen, von einem Mann abhängig zu sein. Hatte sie wirklich Schuldgefühle, wenn der Freund alle Kosten trug? Fühlte sie sich unabhängiger, wenn sie die Hälfte bezahlte? Sie kam zu keiner Lösung.
Ähnliche Fragen stellte sich Daryl, nachdem er sich von Honey verabschiedet hatte. Da ich als Assistent an der Universität nicht so viel verdiene, ist es ganz nett, daß sich meine Partnerin an den Kosten beteiligt, doch ganz richtig kommt mir das auch nicht vor. Ich habe Honey recht gern, aber Frauen sind eben nicht leicht zu begreifen.
Bei dieser Gelegenheit muß ich daran denken, daß heute Mutters Geburtstag ist. Sie hatte zu mir gesagt: «Kaufe mir kein Geschenk. Ich brauche nichts, und du sollst dein Geld nicht dafür ausgeben. Komm nur zum Abendessen zu mir. Mehr wünsche ich mir von dir nicht.» Aber wie meinte es Mutter wirklich? Man war nie sicher, was sie damit sagen wollte. Wenn ich ihr ein Geschenk kaufe, wird sie dann böse sein, weil sie gesagt hatte, ich solle es nicht tun, und wenn ich nichts kaufe, wird sie dann böse sein, weil dies bedeuten würde, daß ich sie nicht liebe?
Daryls Mutter hielt ihren Sohn in einer Art «double bind», einer «Doppelbindung». Dies ist

eine Situation, in der er nie im Vorteil sein kann, da es keine korrekte Lösung gibt. Welchen Weg er auch einschlägt, er wird sich immer schuldbewußt vorkommen. Sie kann sich entweder als Opfer seiner lieblosen Haltung darstellen oder ihn beschuldigen, unnötig verschwenderisch zu sein.
Daryl wußte, daß seine Mutter immer die Rolle einer Märtyrerin gespielt hatte, wenn es sich um Geld handelte. Er erinnerte sich daran, wie sie sich zu seinem Vater verhalten hatte. Einige Jahre vor seinem Tod hatte er teure Golfschläger in einem Schaufenster gesehen, die er gern gekauft hätte. Wochenlang betrachtete er immer wieder die Schläger, doch er konnte sich nicht zum Kauf durchringen. Schließlich sagte seine Frau zu ihm: «Kauf doch die Schläger, du weißt doch selbst, daß du sie gern haben möchtest. Zudem ist das Golfspiel gut für deine Gesundheit. Wenn dein Chef das nächste Mal mit dir spielen will, hast du Golfschläger, auf die du stolz sein kannst. Außerdem werden sie nächstes Jahr teurer sein. Du kannst Geld sparen, wenn du sie jetzt kaufst.»
Nachdem sie ihren Mann dazu überredet hatte, die Golfschläger zu kaufen, ließ sie keine Gelegenheit aus, zu erwähnen, daß sie sich ein neues Kleid, einen neuen Ofen, einen Staubsauger, eine Uhr und vieles andere versagte, weil er so viel Geld für die Golfschläger ausgegeben habe.
Während der Mittagspause fuhr Harvey Willenski, Richard Bennetts Bürovorsteher, nach Hause, um die Post durchzusehen, bevor seine Frau von ihrer zahnärztlichen Behandlung zurückkehrte. Als er gerade die Telefonrechnung geprüft hatte, trat seine Frau ein. «Sicher weißt du noch» begrüßte er sie mit der Rechnung in der Hand, «daß ich mir von der Telefongesellschaft diesmal eine Einzelab-

rechnung machen ließ, und ich sehe, daß du deine Mutter im letzten Monat dreimal angerufen hast. Meinst du nicht auch, daß uns dies etwas zu teuer kommt?»

Seine Frau nahm anfangs eine Abwehrhaltung ein und begann, ihr Verhalten zu rechtfertigen. Doch bald ging sie zum Gegenangriff über. «Wie kannst du so etwas sagen! Diese drei Anrufe haben nur etwa 2 Dollar 50 Cents gekostet. Als wir am letzten Sonntag deine Mutter besuchten, haben wir allein für Benzin 7 Dollar 50 Cents ausgegeben, und hinzu kommt noch die Abnutzung des Wagens.»

Harvey und Miriam Willenski stammten beide aus Familien, die von der Wirtschaftskrise geprägt wurden. Sie wuchsen mit der Vorstellung auf, daß immer wieder harte Zeiten drohten und daß Sparsamkeit die größte Tugend sei. In ihren Familien wurde eine solche Haltung auch besonders anerkannt. Sie hatten sich anfangs deswegen zueinander hingezogen gefühlt, weil sie die gleiche Lebenseinstellung und die gleiche Auffassung von Gelddingen hatten. Mitunter wetteiferten sie jedoch miteinander bei der gegenseitigen Überprüfung der Ausgaben.

Die meisten Streitereien drehten sich um bedeutungslose «Sonderausgaben», etwa um die Kosten für den Strom, der zu zahlen war, weil man versehentlich nachts eine Lampe brennen gelassen hatte. Wenn der eine dem anderen seine Verschwendungssucht vorwarf, so war dies gleichbedeutend mit einem Vorwurf der Charakterschwäche. Hier waren beide am meisten verwundbar. Wenn Harvey zum Beispiel das Gefühl hatte, daß Miriam sexuell nicht reagierte, dann war es nicht wahrscheinlich, daß er ihr Kälte vorwarf, sondern er suchte nach einem Anlaß, ihr Nachlässigkeit beim Geldausge-

ben vorzuhalten. Der Vorwurf, frigide zu sein, hätte sie weit weniger getroffen als die Anschuldigung, verschwenderisch zu handeln.
In anderen Situationen verhielten sich Harvey und Miriam zumeist sehr ähnlich. Beide sparten an der Kleidung, gingen selten aus und gaben fast nie Geld aus für Luxusgegenstände oder Urlaubsreisen. Doch wenn einer der Ehepartner sich bedroht oder frustriert fühlte oder auf den anderen böse war, dann bemühten sich beide zu beweisen, wer von ihnen der Überlegene war oder wer «recht» hatte. Das bedeutete, wer von beiden geiziger war.
Nachdem Harvey wieder zur Arbeit gefahren war, besuchte Miriam ihre Nachbarin Carmen Herrera. Carmen und ihr Ehemann Al waren vor kurzem neu zugezogen, und Miriam hatte es sich zur Aufgabe gemacht, die Neuankömmlinge mit den örtlichen Verhältnissen vertraut zu machen. Carmen freute sich, als Miriam ihren Kaffee lobte. «Die neue Kaffeemaschine ist bestimmt den Preis wert, den sie gekostet hat.»
«Aber Carmen», sagte Miriam in mahnendem Tonfall, «ich hoffe doch, Sie sind nicht zu Blumfield gegangen und haben wieder den vollen Preis bezahlt. Ich kann Ihnen zeigen, wo Sie solche Waren zum Discountpreis bekommen.»
«Ich weiß, aber ich möchte Sie damit nicht behelligen. Sie haben schon so viel für uns getan. Und es macht Spaß, bei Blumfield einzukaufen. Man findet dort so viele nette Dinge! Ich krame gern herum, und die Verkäufer sind so freundlich.»
Carmen konnte es Miriam gegenüber nicht zugeben, und sie war sich auch nur zum Teil der Gründe bewußt — doch sie gab Blumfield den Vorzug gegenüber großen, überlaufenen Discountläden, auch wenn ihr Verhalten sie mehr Geld kostete.

Für sie war es ein Symbol des Arriviertseins. Als Al zum Abteilungsleiter befördert wurde, schien ihr Traum, in ein eigenes Haus zu ziehen, bald Wirklichkeit zu werden. Und als sie dann wirklich einzogen, kam sie sich ein wenig wie Aschenbrödel vor, und sie wollte dieses euphorische Gefühl möglichst lange auskosten. Sie hatte jahrelang nur in Discountläden eingekauft, und sie meinte, es wäre ein Schritt zurück, jetzt wieder dorthin zu gehen. Außerdem fühlten sie sich beim Zuzug in eine Umgebung, in der besser verdienende Nachbarn wohnten, ein wenig unsicher. Sie glaubten, daß einige ihrer neuen Nachbarn auf sie herabsahen, und deshalb versuchten sie, durch den Einkauf im teuersten Geschäft des Bezirks zu beweisen, daß sie es sich leisten konnten, in der neuen Umgebung zu wohnen.

Kurz nach dem Mittagessen fuhr Marsha Bennett hinüber zum Haus ihrer Freundin Elizabeth Levin, wo wöchentlich der Bridgeclub zusammenkam. Sie freute sich nicht darauf. Seitdem Elizabeths Ehemann Ron in eine einflußreiche Anwaltsfirma eingetreten und ein hochbezahlter Rechtsberater großer Unternehmen geworden war, fühlte sich Marsha in ihrer Gegenwart weniger gelöst. Noch vor einigen Jahren hatte Marsha mehr Geld zur Verfügung gehabt als Elizabeth, doch nun war die Situation umgekehrt, und Marsha hatte das Gefühl, daß Elizabeth ihren neuen Status zur Schau trug.

Obwohl Ron ihr immer in großzügiger Weise Geld für ihren eigenen Gebrauch zur Verfügung gestellt hatte, brachte Elizabeth seit ihrer Eheschließung zehn Prozent des Haushaltgeldes auf ein persönliches Bankkonto, von dessen Existenz nicht einmal Ron etwas wußte. Trotz eines zur Schau getragenen Snobismus, der mit steigendem Einkommen noch ausgeprägter erschien, hatte Elizabeth sich bei anderen Leuten und in ihrer Ehe immer unsicher gefühlt. Sie fürchtete insgeheim, daß Ron sie eines Tages verlassen würde und legte sich deshalb für den Fall, daß dies eintreten sollte, einen Notgroschen zurück. Außerdem drängte sie darauf, in ein größeres Haus und in eine schönere Umgebung zu ziehen, und sie gab viel Geld aus, um die «Achtung» anderer zu erringen.

Ron war seinerseits nicht so sehr darauf bedacht, seinen Status zur Schau zu stellen oder andere zu beeindrucken. Er war jedoch ein ehrgeiziger und vorwärtsstrebender Mensch, der seiner Familie einen Lebensstandard bieten wollte, den er schon immer angestrebt hatte. Er stammte aus einer einfachen Familie, wo jeder um seine Existenz zu kämpfen hatte und wo es keinen Überfluß gab. Er dachte oft an den Hunger und die Not zurück, die seine Kindheit überschattet hatten, und dies hatte ihn in seinem Entschluß bestärkt, seiner Frau und seinen Kindern ein besseres Leben zu ermöglichen. Ron war nunmehr in der Lage, seine Kinder gut zu kleiden und zu ernähren, ihnen eine angemessene Schulbildung zu gewähren und ein schönes Heim zu bieten. Außerdem erhielten sie Musikunterricht, man fuhr in die Ferien, und die Kinder hatten so viel Spielzeug zur Verfügung wie sie wollten. Er war stolz darauf, daß er seinen Kindern jeden Wunsch erfüllen und sie vor dem entbehrungsreichen Leben schützen konnte, das er selbst durchgemacht hatte. Es war für ihn ein befriedigendes Gefühl, sich als Wohltäter seiner Kinder zu wissen. Manchmal ärgerte sich Ron allerdings, wenn seine Kinder ihr Wohlleben als selbstverständlich hinzunehmen schienen, wenn sie undankbar waren und

noch mehr verlangten, als sie schon hatten. Einmal geriet er außer sich vor Wut und zerschmetterte ein teures Spielzeug, weil sein Sohn es nicht haben wollte und stattdessen billigen Kram vorzog.
Nun, da die Kinder herangewachsen sind, hat Ron über die Vergangenheit etwas bittere Gefühle. «Nachdem ich so viel für sie getan habe, scheinen sie jetzt nur noch herzukommen, wenn sie Geld brauchen!» Was er seinen Kindern hatte zukommen lassen, war für ihn selbst ein Zeichen seiner Zuneigung gewesen, und er konnte nicht verstehen, weshalb sie sich ihrerseits dem Vater gegenüber nicht herzlich und liebevoll verhielten.
Ron toleriert Elizabeths Hang zum Geldausgeben, um ihren gesellschaftlichen Status zu demonstrieren und ihre Freundinnen zu beeindrucken, weil dies eine Art Beschäftigung für sie darstellt und sie ihn dadurch weniger in Anspruch nimmt. Er glaubt jedoch, daß auch sie an ihm nur des Geldes wegen interessiert ist und daß er sie wahrscheinlich verlieren würde, wenn er mittellos wäre. Aus dem Gefühl heraus, von Frau und Kindern nicht geliebt zu werden, hat er sich in den letzten Jahren immer mehr in seine Arbeit vergraben, was ihm andererseits immer mehr Geld eingebracht hat. Er fühlt sich bei der Arbeit nützlich und anerkannt, doch zu Hause emotional ausgelaugt. «Ich gebe immer mehr aus», beklagt er sich, «doch wieviel es auch ist, es ist nie genug!»
Das Paar, das von Elizabeth Levin am meisten beneidet wird, sind Cliff und Rosemary Donaldson. Sie stehen im Mittelpunkt ihres gesellschaftlichen Zirkels, und alles dreht sich um sie. Sie geben die teuersten Partys und erregen am meisten Aufsehen. Während die Levins und viele ihrer Nachbarn aus dem Nichts ihren Wohlstand aufbauen muß-

ten, hatten die Donaldsons schon immer Geld — nicht nur sie, sondern auch ihre Eltern und Großeltern. Und soweit man zurückdenken kann, sind die Donaldsons und Reichtum gleichbedeutende Begriffe.

Cliff und Rosemary gehören zwei Country-Clubs an und haben Abonnementskarten für die Pferderennen und die Oper. Niemand kann sich erinnern, daß sie je eine Einladung zu einer Gesellschaft ablehnten, und sie besitzen die passende Kleidung und Ausstattung für die Teilnahme an allen sportlichen Ereignissen. Alle zwei Jahre fahren sie nach Europa, um einen teuren Sportwagen neuesten Modells zu kaufen. Von Freunden werden sie als das unterhaltsamste Ehepaar in der Stadt angesehen, das zwanglos zu leben versteht.

Cliff arbeitet in der Bank, die früher seiner Familie gehörte, doch er hat dort eigentlich keine besondere Verantwortung zu tragen. Als sein Vater die Bank verkaufte, gehörte es zu den Bedingungen, daß Cliff eine lebenslange Vizepräsidentschaft bekleiden sollte. Wenn sein Vater nicht so vorgesorgt hätte, müßten die Donaldsons ihren Lebensstil drastisch einschränken. Sie haben keine Anlagenwerte, mit Ausnahme eines kleinen Anteils an ihrem stark belasteten Haus. Sie geben ihr Einkommen mit vollen Händen aus, und häufig geht ihnen vor dem Monatsende das flüssige Geld aus. Wenn Cliff morgen sterben würde, dann würde Rosemary plötzlich mittellos dastehen, große Schulden abzahlen müssen, und Vorkehrungen für Rückstellungen, beispielsweise für die Erziehung der Kinder, waren nicht getroffen.

Die Donaldsons werden zwar von Elizabeth und anderen Freunden beneidet, doch sie stehen finanziell in Wirklichkeit schlechter da als die anderen.

Dennoch geben sie weiter Geld aus, ohne sich über die Zukunft Gedanken zu machen. Sie verhalten sich wie vergnügungssüchtige Teenager, die in ihrer Sorglosigkeit meinen, daß es irgendwie weitergehen wird, was sie auch immer unternehmen. Das Leben ist zum Genießen da, und das Geld wird auf magische Weise immer verfügbar sein, wenn es gebraucht wird.
Obwohl sie sich ihren Kindern gegenüber anscheinend liebevoll verhalten, sind sie ihren elterlichen Verpflichtungen teilweise nicht nachgekommen und haben es unterlassen, für eine gute Erziehung und gesicherte Zukunft der Kinder zu sorgen. Dies deutet eigentlich auf eine versteckte Ablehnung der Elternrolle und der darin enthaltenen Verantwortung.
Dick Levin, Rons und Elizabeths zweiundzwanzigjähriger Sohn, arbeitet in einem nachbarschaftlich organisierten Freizeitzentrum. Zur Belohnung für die Gewinner der Tischtennismeisterschaften hatte Dick beschlossen, die Jungen und Mädchen zum Mittagessen in ein Restaurant auszuführen. Sie stocherten in ihrem Essen herum, und als Dick versuchte, durch eine zwanglose Unterhaltung ihre gedrückte Stimmung aufzulockern, antworteten sie nur einsilbig. Nach dem Essen hörte er eines der Mädchen sagen: «Es war ganz nett, aber wo er schon so viel Geld ausgab, hätte er uns doch in ein schickes Lokal wie McDonald's ausführen können.»
Da er mit diesen Kindern nicht besonders gut zurechtkam, hatte Dick versucht, sie mit Geld zu beeindrucken und ihre Achtung zu erkaufen. Er erkannte jetzt seinen Fehler und war mit sich selbst unzufrieden.
Im Freizeitzentrum hatte Dick anschließend eine

Verabredung mit den Eltern von Jeff Washington. Jeff war der beste Spieler in der Basketball-Mannschaft, er war aber seit über einer Woche nicht zu den Übungsstunden erschienen. Dick machte sich Gedanken, und nach einiger Zeit verabredete er ein Zusammentreffen mit Jeffs Eltern.

«Mr. Levin», begann Jeffs Vater, «wir möchten Ihnen sagen, daß wir Ihre Bemühungen um Jeff sehr begrüßen. Er hatte nie mit Drogen oder mit der Polizei zu tun und hat uns nie Sorgen gemacht. Wir sind dankbar dafür. Aber er ist jetzt sechzehn, und es wird Zeit, daß er einen Job antritt, damit er Geld verdient.»

«Bedeutet dies, daß er dieses Jahr nicht in der Basketball-Mannschaft mitspielen kann? Wir haben mit ihm gerechnet, wie Sie wissen. Er ist der beste Spieler, den wir haben.»

«Spielen können kleine Kinder, Mr. Levin. Jeff ist erwachsen, und Erwachsene sollen arbeiten. Ich habe ihm in einer Klempnerei Arbeit verschafft, wo er das Handwerk erlernen kann.»

«Aber was ist nun mit dem College?» fragte Dick. «Er ist ein gescheiter Junge und hat sich darauf eingestellt, das College zu besuchen. Bei seinen Leistungen und seinen Fähigkeiten im Basketball bin ich sicher, daß er ein Stipendium erhalten wird.»

«Es hat keinen Sinn, ihn sein Leben lang zur Schule zu schicken. Was soll er werden, wenn er zum College geht, ein Schullehrer etwa? Klempner verdienen mehr Geld als Lehrer.»

«Denken Sie an die Zukunft, Mr. Washington. Sicher wollen Sie, daß Jeff ein glücklicher Mensch wird. Das Geld kann zum jetzigen Zeitpunkt keine so große Rolle spielen.»

«Sie können das leicht sagen, Mr. Levin. Sie haben

immer Geld gehabt. Wir nicht. Was wissen Sie schon über Geld und Glück? Ich weiß selbst nicht viel von Glück, weil ich kein leichtes Leben hatte, aber ich weiß etwas über Geld Bescheid. Und ich weiß, daß es ohne Geld kein großes Glück gibt.»

Nachdem die Washingtons gegangen waren, fühlte sich Dick frustriert und niedergeschlagen. Er versuchte, ihre Auffassung zu verstehen, doch er war verärgert, als er daran dachte, was sie Jeff antun wollten. Er hatte auch das Gefühl, Jeff im Stich gelassen zu haben, da er Mr. Washingtons Meinung nicht wirkungsvoll widerlegen konnte. Er hatte nie Eltern kennengelernt, die nicht darauf gedrängt hatten, ihre Kinder aufs College zu schicken, und schon gar nicht Eltern, die den Collegebesuch verhinderten. Er dachte lange über das Erlebnis nach. Was wollten die Washingtons eigentlich sagen? Was war ihr Motiv für dieses Verhalten Jeff gegenüber? Schließlich beschloß er, mit seinem älteren Bruder Andy zu sprechen, wie er es immer zu tun pflegte, wenn er Schwierigkeiten hatte, andere Menschen zu verstehen.

Als Dick in Andys Büro ankam, stellte er jedoch fest, daß sein Bruder seinen Arbeitsplatz schon verlassen hatte. Andys Freundin Janice hatte sich nicht wohl gefühlt, als er morgens zur Arbeit ging, und sie war den ganzen Tag über im Bett geblieben. Andy war deshalb frühzeitig nach Hause gegangen, um sie etwas aufzuheitern.

«Hallo, Schatz!» begrüßte er sie. «Ich habe eine Flasche Chablis gekauft. Ich dachte, das würde deine Stimmung heben. Wie Lord Byron zu sagen pflegte: Wein, Weib und Gesang brauchen wir heute — der Kater kommt später von allein, oder so ähnlich.»

«Du bist ein verrückter Kerl, Andy», lachte sie,

«und ich mag dich so, wie du bist. Wegen heute früh tut es mir leid, aber ich bin noch böse wegen gestern! Als wir Dave und Susan eingeladen hatten, aßen wir Steaks. Und als wir gestern bei ihnen waren, was haben wir bekommen? Hamburger! Und zum Geburtstag habe ich ihr ein teures französisches Parfum gekauft. Was hat sie mir geschenkt? Billigen Modeschmuck! Ich weiß, es klingt kleinlich, aber ich habe es satt, immer übervorteilt zu werden! Und besonders kann ich es nicht mehr mitanhören, wieviel Geld sie sparen und investieren. Ich möchte nicht gewinnsüchtig sein, und ich kann mich selbst nicht leiden, wenn ich diese Empfindungen habe, und es ist ja auch gar nicht das Geld, sondern ... Ach, wir wollen, nicht mehr darüber sprechen.»
Nachdem sich Janice beruhigt hatte, schenkte Andy den Wein ein und überflog dabei die Abendzeitung. «Siehst du, wieder hat ein Abgeordneter seine Hände in einem unsauberen Geschäft», bemerkte er entrüstet. «Ich möchte wetten, in Washington gibt es nicht einen ehrlichen Politiker. Das ganze Land wird von Schiebern regiert!»
Ein paar Minuten später jedoch erzählte er Janice in aufgeräumter Stimmung, wie er sein Spesenkonto frisieren wollte, daß er mehr als das ihm zustehende Geld von seinem Arbeitgeber bekommen würde, ohne deswegen mehr Steuern bezahlen zu müssen. Der Widerspruch zwischen seinem eigenen Verhalten und der zur Schau getragenen Entrüstung bei dem unehrenhaften Verhalten anderer wurde ihm nicht bewußt. Als Janice ihn scherzhaft darauf aufmerksam machte, verteidigte er sich: «Das ist etwas anderes! Bei den heutigen Steuern muß man sehen, wie man zurechtkommt. Und der Firma macht es nichts aus. Übrigens macht es je-

der so. Man nimmt nur eine Art Sozialleistung in Anspruch.»

Am Abend saß Richard Bennett seiner Frau am Eßtisch gegenüber und starrte verdrossen auf seinen Salat.

«Schon wieder Avocados!» fuhr er sie an.

«Ich dachte, du ißt gern Avocados», antwortete Marsha.

«Das stimmt, doch bei den heutigen Preisen sind sie etwas schwer verdaulich.»

«Sie waren im Sonderangebot.»

«Ach so?!»

«Wie war es heute, Richard? Ist etwas Besonderes passiert?»

«Eigentlich nicht.»

«Ist Honey zu dir gekommen? Sie sagte, sie würde es vielleicht tun.»

«Ja.»

«Was wollte sie?»

«Nichts besonderes», antwortete er zögernd; er wollte nicht zugeben, daß er ihr Geld für die Autoreparatur gegeben hatte. «Wieviel hast du beim Bridge verloren?»

«Ich habe nichts verloren! Ich habe drei Dollar gewonnen!»

«Und wieviel ausgegeben? Ich bin sicher, du hattest am Ende nicht drei Dollar mehr in deiner Handtasche!»

«O Richard . . .»

2
Das letzte Tabu

Geld ist heutzutage in vielen Situationen ein beliebtes Unterhaltungsthema. Der Wirtschaftsteil der Zeitung wird ebenso aufmerksam gelesen wie die Sportberichte. Es gibt kaum eine Cocktailparty, auf der man nicht über Steuern, die Kosten der Lebenshaltung oder die Preise von Grundstücken diskutiert. Die Frage «Wer zahlte wieviel für was?» wird im Rahmen des Gesellschaftsklatsches ebenso genüßlich diskutiert wie «Wer machte was mit wem?»

Das Geld beschäftigt die meisten Menschen jeden Tag. Es ist unmöglich, sich ihm längere Zeit zu entziehen. Wie man auch zum Geld stehen mag, man muß seine Existenz hinnehmen. Für viele Menschen ist der Gedanke an das Geld geradezu zu einer Zwangsvorstellung geworden. Sie denken praktisch an nichts anderes, wenn sie auch zu leugnen versuchen, daß das Geld sie in seinen Fesseln hält.

Bruce und Nancy Clarke hatten nach dem Bezug des neuen Hauses ihr Einzugsfest schon seit Wochen geplant. In gewisser Weise hatten die Vorbereitungen Jahre in Anspruch genommen. Sie hatten gearbeitet und gespart und sich viele Vergnügungen versagt, um eines Tages das Haus ihrer Träume kaufen zu können. Nun hatten sie es geschafft und wollten die Freude mit ihren Freunden teilen.

Sie begrüßten in froher Stimmung ihre Gäste und zeigten stolz ihr neues Heim. Die Gäste lobten die Wärme, die das Haus ausstrahlte, besonders aber den Geschmack, den Nancy bei der Einrichtung und Bruce bei der Gartenanlage bewiesen hatten. Champagner und Horsd'œuvres wurden gereicht, und Lachen und fröhliche Unterhaltung übertönten die im Hintergrund erklingende Musik. Alle schienen sich gut zu amüsieren.

Und dann passierte es! Einer der Gäste bemerkte zu Bruce mit einer Stimme, die nicht zu überhören war: «Dies ist wirklich ein großartiges Haus. Wieviel haben Sie dafür bezahlt?»

Alle schwiegen verlegen. Die Leute, die in der Nähe standen, sahen sich betreten an. Nancy tat so, als hätte sie die Bemerkung nicht gehört. Bruce vermied es, direkt zu antworten. Er murmelte etwas von einem «günstigen Kauf» und begann eine Unterhaltung über ein anderes Thema.

Man könnte natürlich die Frage stellen, warum ein Gast so schlechte Manieren zeigte und dem Gastgeber eine solche Frage stellte. Jedermann müßte eigentlich wissen, daß sich dies nicht gehört.

Vom psychologischen Standpunkt aus ist es jedoch interessant zu erörtern, weshalb eine solche freimütige Frage als ungehörig empfunden wird. Weshalb tut man in Gelddingen so geheimnisvoll? Weshalb ist es akzeptabel, ganz allgemein über Geld zu sprechen, und weshalb fühlen sich die Menschen in die Enge getrieben, wenn die Unterhaltung ihre persönlichen Finanzen berührt? Man kann freimütig seine Meinung äußern über den Goldpreis auf dem europäischen Geldmarkt, über Steigen und Fallen des Dow-Jones-Index, über Grundstückspreise, die Rezession, Inflation oder den wechselnden Zinssatz. Doch man hält es für einen Ausdruck schlechten Geschmacks und für ein Eindringen in die private Sphäre, wenn man direkt fragt, wieviel eine Person verdient, wieviel Geld sie auf dem Sparkonto hat und sogar dann, wenn man sich nur erkundigt, wann jemand einen geringen Betrag zurückzahlen wird.

Das Tabu, das noch heute das Geld umgibt, galt in früheren Zeiten auch noch für andere Bereiche, wie Sex, Aggressivität und Tod. Heute steht es praktisch allein da. Aufgrund der umwälzenden Erkenntnisse und Arbeiten von Freud, Kinsey, Masters und Johnson und vielen anderen hat sich die Einstellung der Öffentlichkeit der Sexualität gegenüber in den letzten dreißig bis fünfzig Jahren radikal gewandelt. Über Sex wird nicht mehr geflüstert, und über persönliche Triebe und Motivationen wird nicht mehr schweigend hinweggegangen. Sex wird jetzt offen auf der Kinoleinwand gezeigt und in Romanen in allen Einzelheiten beschrieben. Über Sex wird in allen Gesellschaftskreisen freimütig diskutiert. Wenn manche Paare zusammenkommen, dann gehen sie gleich miteinander ins Bett und betrachten den Geschlechtsverkehr als körperlichen Ausdruck ihrer Zuneigung, der das Händeschütteln und den Kuß nahezu ersetzt hat. Doch das gleiche, so freizügig handelnde Paar wird vielleicht nur sehr ungern ein Gespräch darüber führen, wie die Kosten für das Ausgehen oder den Kinobesuch aufgeteilt werden sollen.

Auch die Tabus gegenüber Feindseligkeit und Aggressivität sind im Verschwinden begriffen. Der «nette Bursche» wird nicht mehr als unbedingt

glaubwürdig oder als Vorbild angesehen, dem Kinder nacheifern sollten, da Psychologen heute wissen, daß hinter der Fassade des netten Burschen sehr häufig ein beträchtliches Maß an verdrängter Wut steckt. Die Menschen geben ihre Unmutgefühle offener zu und suchen nach Möglichkeiten, ihre Aggressivität schöpferisch auszudrücken.
Doch beim Geld hat sich die Gesellschaft nicht sehr weit von den Verhältnissen von 1844 fortbewegt, als Ralph Waldo Emerson bemerkte: «Über Geld wird in den Salons selten ohne eine Entschuldigung gesprochen.» Der bekannte Psychologe Sidney Jourard zog auf der Basis von Forschungen den Schluß, daß eine Selbstenthüllung über Geld nur selten vorkommt. Und James A. Knight, Professor für Psychiatrie an der Universität von Tulane, schreibt: «Die Patienten zeigen viel weniger Hemmungen, Haß gegenüber ihren Eltern oder sexuelle Perversionen zuzugeben, als finanzielle Verhältnisse oder Geschäfte zu enthüllen. Es ist so, als ob sie das Geld mit ihrem innersten Wesen gleichsetzten.» Wenn Geldangelegenheiten tatsächlich diskutiert werden, dann geschieht es gewöhnlich in abstrakter Weise oder mit großen Hemmungen. Wenn das Thema zu persönlich wird, gerät man in Verlegenheit, und der Gesprächsgegenstand wird schnell fallengelassen.

LIEBE UND GELD — EINE SCHWIERIGE MISCHUNG

Geheimnistuerei in Geldangelegenheiten führt zu einer Vielzahl von verworrenen und neurotischen Reaktionen im Zusammenleben. Zum Beispiel besprechen die Paare vor der Heirat nur selten ihre

inneren Motivationen in bezug auf das Geld. Freunde und Verwandte würden nämlich die Liebe der angehenden Braut mißtrauisch betrachten, wenn sie zugeben würde, daß sie ihren zukünftigen Mann heiraten wolle, weil er über ein hohes Einkommen verfüge und damit die Aussicht auf Wohlhabenheit bestehe. Möglicherweise wäre sie sich dieser Empfindung nicht einmal bewußt, da gesellschaftlich angepaßte Menschen gelernt haben, daß sich ein solches Denken nicht gehört. Geldliche Motive werden als die niedrigsten aller Motivationen betrachtet. Als noch verwerflicher würde die Aussage des Bräutigams betrachtet, er habe den Verdacht, das Geld sei ein Faktor für ihren Entschluß gewesen, ihn zu heiraten. Schlimm wäre es auch, wenn er zugeben würde, daß er sie heiraten wolle, weil sie eine gute Stellung habe und zum Familieneinkommen erheblich beitragen könne. Er darf diese Tatsache dankbar anerkennen, jedoch nicht sagen, daß sie eine Hauptrolle bei seiner Partnerwahl gespielt hatte.
Die Menschen scheinen irgendwie an ihrem Glauben festhalten zu wollen, daß die Liebe eine zu bedeutsame Erfahrung sei, um durch finanzielle Überlegungen beeinträchtigt zu werden. Wenn Geld in den Überlegungen eine Rolle spielt, meinen viele Leute, daß es sich nicht um wahre Liebe handeln könne. Manche empfinden es so, daß das Geld irgendwie auf magische Weise dorthin gelangt, wo es hingehört, die offen zugeben, daß Geld bei ihrer Partnerwahl ein wichtiger Faktor ist, werden oft als Materialisten oder Parasiten beschimpft. Nur wenige glauben, daß in einer Atmosphäre, wo das Geld für die Eheschließung eine Rolle spielt, auch Liebe vorhanden sein kann. Verliebt man sich also in jemanden, der reich ist, so sollte man dabei von

der Voraussetzung ausgehen, daß sich dies rein zufällig ergeben hat und nicht bewußt herbeigeführt worden ist — so die generelle Meinung.

Da man meint, daß Geld vom Kopf und Liebe vom Herzen beherrscht wird, werden Auffassungen über das Geld im allgemeinen nicht enthüllt, und wenn die Paare heiraten, tun sie so, als ob das Geld nicht existiere. Doch Gefühle über Geld sind allzu real, und wenn solche Gefühle, wie es häufig geschieht, gegensätzlich sind, lassen sie sich auf Dauer nicht verheimlichen. Sehr häufig nehmen die Beziehungen dann den folgenden Verlauf: Während der Verlobungszeit wird die Bedeutung des Geldes abgeleugnet, während der Ehe kommt es zu Streitigkeiten über das Geld, und wenn die Ehe geschieden wird, versucht man, sich gegenseitig finanziell zu ruinieren.

Wenn man seine Grundauffassungen in bezug auf Geld leugnet, so bedeutet dies nicht, daß sie nicht mehr vorhanden sind. Ebensowenig verschwinden das sexuelle Verlangen oder vorhandene Unlustgefühle, wenn man solche Empfindungen einfach ableugnet. Die Einstellung zum Geld ist ein integraler Bestandteil im Leben der Menschen; sie beeinflußt ihr Handeln, Denken und Fühlen, und sie wird umgekehrt von diesen beeinflußt, wenn nicht direkt, dann indirekt. Wie die neurotischen Probleme des Sex und der Aggressivität können auch irrationale und mißbräuchliche Verwendungsarten des Geldes nur gelöst werden, wenn man gewillt ist, die Beziehung zum Geld genau zu betrachten und herauszufinden, was das Geld psychologisch bedeutet. Vielleicht kann es dann — wozu heute nur wenige Menschen in der Lage sind — in eine realistische Perspektive gestellt werden.

Ein Grund, der die Menschen davon abhält, vor der

Heirat über Geld zu sprechen, ist die vorherrschende Verherrlichung der romantischen Liebe. Zu anderen Zeiten und in anderen Kulturen war die Ehe im wesentlichen eine geschäftliche Vereinbarung. Entweder kaufte der Bräutigam die Braut, oder der Vater der Braut «bestach» den Bräutigam durch eine Mitgift. In beiden Fällen wurde der Braut ein Geldwert beigemessen, genau so, wie auch eine Kuh oder ein Möbelstück einen Preis haben.

Dieses menschenunwürdige Verhalten wird in unseren Breitengraden seit vielen Jahren nicht mehr toleriert. Schon lange vor dem Aufkommen der Frauenbewegung wurde dieser offensichtliche männliche Chauvinismus völlig abgelehnt. Mit der Zeit wurde das Verliebtsein als einzige annehmbare Alternative zum Kauf eines Ehepartners betrachtet. Dies schafft bestimmte Probleme, da die Liebe ein sehr persönliches Erlebnis ist, das sich nur schwer definieren oder messen läßt. Die meisten Leute wissen zwar genau, was drei Kühe oder eine Mitgift von zweitausend Dollar bedeuten; bei der Bewertung der Liebe sind sie sich jedoch nicht sicher.

Die Liebe mag durchaus das edelste Motiv für die Eheschließung sein, doch genießt sie dabei ein derart übersteigertes Ansehen, daß kein anderes Motiv als ehrbar betrachtet wird. Um jeglichem Makel aus dem Wege zu gehen, besteht daher die Tendenz, andere Motive, vor allem finanzielle Erwägungen, zu verheimlichen.

Manche Sprecherinnen der Frauenbewegung vertreten die Auffassung, daß Ehefrauen für ihre Dienstleistungen bezahlt werden sollten, da das Geld der universelle Wertmaßstab in unserer Gesellschaft ist. Zum Beispiel meint Germaine Greer,

daß Frauen bessere Bedingungen aushandeln und mit einer Art Vertrag in die Ehe gehen sollten. Aus diesem und anderen Gründen gewinnt der Gedanke an eine vor der Ehe geschlossene finanzielle Vereinbarung allmählich an Bedeutung. Zweifellos sind in der Vergangenheit allzu viele Eheleute, sowohl Männer als auch Frauen, durch Scheidungen finanziell zugrunde gerichtet worden.
Als die frühere Jackie Kennedy Aristoteles Onassis heiratete, waren viele romantisch denkende Menschen enttäuscht. Für die Betroffenen war die Eheschließung mehr eine Geschäftsvereinbarung als eine Herzensangelegenheit. Es wurde bekannt, daß ein formeller Ehekontrakt eine Vorbedingung für die Heirat war. Nach dieser Vereinbarung sollte sie angeblich rund zehn Millionen Dollar für jedes Ehejahr erhalten, falls er sie verlassen sollte, eine einmalige Summe von etwa achtzehn Millionen Dollar, falls sie ihn verlassen sollte, und etwa fünfundzwanzigtausend Dollar monatlich für allgemeine Ausgaben während der Ehe.
Man mag dieser Art von Vereinbarungen zustimmen oder nicht — sie stellt jedenfalls eine Möglichkeit dar, die Rolle des Geldes offen darzulegen und rational zu diskutieren. Und wer will behaupten, daß rationale Überlegungen in Geldangelegenheiten und Gefühle der Liebe nicht gleichzeitig vorhanden sein können?

FAMILIÄRE GEHEIMNISSE

Janet Rogers erzählte einer Freundin voller Stolz, daß sie nach drei Jahren psychotherapeutischer Behandlung nunmehr in der Lage sei, mit ihrer fünfzehnjährigen Tochter ohne Verlegenheitsgefühle über sexuelle Dinge zu diskutieren. Dies war für Janet, die eine sehr strikte Erziehung hinter sich hatte, ein echter Meilenstein, und sie fühlte sich verständlicherweise befreit.

Doch kaum eine Stunde später sagte Janet in rechthaberischem Tonfall: «Tom und ich sind der Ansicht, daß unsere finanziellen Angelegenheiten unsere Kinder nichts angehen. Sie brauchen nicht zu wissen, wieviel Geld ihr Vater verdient und wie wir uns über die Ausgaben entscheiden. Wir geben ihnen ein angemessenes Taschengeld, und über andere Dinge brauchen sie sich keine Gedanken zu machen.»

Die Familie Rogers steht in dieser Hinsicht nicht allein da. Es gibt Millionen von Familien, wo die Kinder über die Finanzen der Eltern im unklaren sind. Sie wissen nichts über das Einkommen, die Kosten für Miete und Ernährung, die Höhe der Schulden, der Ersparnisse, der Investitionen und der Steuern. Und je verschwiegener die Eltern im allgemeinen sind, um so wahrscheinlicher ist es auch, daß sie finanzielle Zusammenhänge ihren eigenen Kindern vorenthalten.

Wenn man solche Eltern fragt, warum sie sich ihren Kindern gegenüber so verhalten, dann werden sie vermutlich versuchen, eine logische Erklärung zu geben, wie zum Beispiel: «Wir wollen ihnen ersparen, sich mit Geldproblemen abgeben zu müssen. Warum sollten wir sie ihnen aufbürden? Sie gehören zu unserem eigenen Verantwortungsbereich.» Oder: «Dies betrifft nur Erwachsene. Was wissen Kinder schon über Geld? Wenn sie älter sind, werden wir es ihnen sagen.» Oder: «Sie können das noch nicht verstehen. Wenn sie hören, wieviel es kostet, eine Familie zu ernähren, sind sie vielleicht so ernüchtert, daß sie später keine eigene

Familie gründen wollen.» Solche Antworten sind in Wirklichkeit Täuschmanöver: Die Eltern versuchen, logische Gründe für ein unlogisches Verhalten anzugeben. In vielen Fällen sind sie sich selbst nicht der tieferen Beweggründe bewußt, die in den Rahmen ihrer Persönlichkeit eingebettet sind und in allen Wesenszügen ihres Charakters zum Ausdruck kommen, nicht nur in ihrer Auffassung vom Geld.

Nicht nur die Kinder werden von Informationen über Geld und damit zusammenhängende Komplikationen abgeschirmt. Selbst heute noch gibt es Ehefrauen, die keinerlei Kenntnisse über die Familienfinanzen besitzen und in geldlichen und geschäftlichen Dingen völlig unerfahren sind.

Margaret Bradbury ist eine solche Frau. Ihre Lage ist durchaus nicht ungewöhnlich. Margarets Ehemann Peter war ein erfolgreicher Anwalt. Er verdiente nicht nur in seiner Praxis viel Geld, sondern auch durch geschickte Grundstücksgeschäfte. Bestenfalls nahm er seiner Frau gegenüber eine übersteigerte Beschützerrolle ein; aber eigentlich war sein Verhalten herabwürdigend. Er sprach nie mit ihr über finanzielle Angelegenheiten, wobei er behauptete, daß er sie nicht mit häßlichen Geldproblemen behelligen wolle. Er bezahlte alle Rechnungen, erledigte alle besonderen Anschaffungen und führte die Familienbuchhaltung. Er befaßte sich mit Warengeschäften und Aktien und beteiligte sich an kleineren Unternehmungen. Er fühlte sich wohl in seiner Beschützerrolle, in der er seine Frau wie ein Kind verwöhnen und von sich abhängig halten konnte, indem er sie in völliger Unkenntnis der Finanzen ließ.

Margaret kümmerte sich ihrerseits nur insofern um das ihr von Peter zur Verfügung gestellte Geld, als sie sich Gedanken über die Art der Ausgaben machte. Sie behauptete, in anderer Weise nicht am Geld interessiert zu sein und bezeichnete Geldgeschäfte als «unweiblich». Sie betrachtete Peter als eine starke, männliche Gestalt und genoß es, von ihm verwöhnt zu werden. Ihr gefiel der Luxus, nicht über Geld nachdenken zu müssen, und sie machte sich über ihre eigene Ungeschicklichkeit beim Ausstellen von Schecks lustig.

Wenn Unwissenheit ein Segen ist, dann lebte Margaret in einem Zustand finanzieller Euphorie. Wenigstens war es so, bis Peter plötzlich nach einem Herzanfall starb. Dann kam die Rechnung für ihre jahrelange Isolation von der wirklichen Welt — und die war hoch. Margaret mußte Anwälte, Buchhalter und Aktienfachleute beschäftigen, um ihre Angelegenheiten zu regeln. Auch emotionell hatte sie einen hohen Preis zu zahlen. Sie mußte erkennen, daß die Verwöhnung und Beschützung durch Peter sie nahezu der Möglichkeit beraubt hatte, ohne ihn zurechtzukommen.

Sie fühlte sich außerstande, die vielfältigen an sie herangetragenen Entscheidungen zu treffen und befürchtete ständig, übervorteilt zu werden. Doch in der Hauptsache empfand sie einen Zorn auf Peter, der sie in Gelddingen in einem Zustand der Hilflosigkeit gehalten hatte, und sie ärgerte sich über sich selbst, weil sie es hatte geschehen lassen.

Ehefrauen und Kinder, die von freien und offenen Aussprachen über die Finanzen der Familie ausgeschlossen werden, haben häufig unrealistische Vorstellungen vom Geld. Sie neigen dazu, den finanziellen Status der Familie entweder zu unterschätzen oder zu überschätzen. Sie knausern unnötigerweise oder machen unangemessene Ausgaben. Häufig können sie finanzielle Zusammenhänge schlecht beurteilen. Wenn sie selbst Geldgeschäfte tätigen müssen, fühlen sie sich unsicher, doch sie bitten ungern um Rat, da sie an sich selbst erfahren haben, daß Geld ein Tabu ist.

Nirgends ist ein Tabu in Geldsachen offensichtlicher als in den Beziehungen zwischen erwachsenen Kindern und ihren alternden Eltern. Viele Kinder möchten, daß die Eltern ein Testament machen, damit weniger Streitigkeiten über die endgültige Aufteilung des Nachlasses entstehen, haben aber Bedenken, viel darüber zu sprechen, aus Angst, die Eltern könnten sie für gewinnsüchtig halten.

Umgekehrt zögern viele Eltern mit der Abfassung eines Testaments, weil sie vor der Entscheidung zurückschrecken, jedem Kind einen Geldwert zuweisen zu müssen. Oder sie könnten das Testament verwenden, um mehr Zuneigung von den Kindern zu erpressen. Nicht selten geschieht es, daß Kinder um die Zuneigung der Eltern wetteifern, damit sie im Testament bevorzugt werden. Habgier und Betrug, um das elterliche Erbe zu gewinnen, sind immer wiederkehrende Tatsachen; sie sind auch ein zentrales Thema in Shakespeares Trauerspiel «König Lear». Cordelia, die bevorzugte Tochter, wird enterbt, weil sie ihrem Vater auf bescheidene, aber ehrliche Art ihre Zuneigung bekundet, während ihre älteren Schwestern für ihre unehrlichen, aber eindrucksvollen Schmeicheleien belohnt werden.

Ein im Alter mitunter auftretendes Symptom ist der Verfolgungswahn. Bei älteren Menschen trifft man oft die Einbildung, jemand wolle ihr Eigentum stehlen. Da Einbildungen häufig ein Körnchen Wahrheit enthalten, kann man durchaus annehmen, daß in einem solchen Fall die Einbildung auf dem Verdacht beruht, daß Nutznießer des Erbes mehr am Geld als an der Person interessiert sind. Bei größerem Vermögen geschieht es nicht selten, daß sich die Kinder darüber Gedanken machen, ob die Eltern im vollen Besitz ihrer Urteilsfähigkeit sind oder ob sie vielleicht vor ihrem Tod ihr gesamtes Geld verschleudern wollen. Oder, noch schlimmer, ob sie von ihren Kindern finanziell abhängig sein werden. Wird Vater jetzt nach Mutters Tod eine junge Frau heiraten, die ihn wegen seines Geldes haben will? Wird Mutter, wie sie manchmal androht, ihr ganzes Geld der Krebsforschung oder der Kirche vermachen?

Kinder können sich stundenlang Gedanken über das Verhalten ihrer Eltern machen und sich dabei zum Beispiel solche Fragen stellen: «Um sie vor sich selbst zu schützen, sollten wir eine Vollmacht beantragen oder sie in ein Pflegeheim schicken?» Dies alles wird natürlich so diskutiert, als ob persönliche finanzielle Gewinne überhaupt keine Rolle spielten.

Die betagten Eltern spüren jedoch, welche Gedanken sich die Kinder machen, und werden leicht mißtrauisch. Sie verstecken Geld an verschiedenen Stellen, um nicht mittellos dazustehen. Und sie versuchen, Möglichkeiten zu finden, um ihre Geldmittel zu schützen. Umgekehrt wollen einige vor dem Tod das Leben noch richtig auskosten und gehen daran, alles Geld auszugeben.

Um Geld zu sparen, sind manche Menschen so daran gewöhnt, sich einzuschränken, daß sie dies auch dann noch tun, wenn es gar nicht mehr erforderlich ist. Selbst wenn ihre Kinder erwachsen sind und sie keine Verantwortung mehr für sie tragen, essen sie nicht reichhaltig, tragen die billigsten Kleider und gehen nie aus. Sie können es sich

einfach nicht «leisten», was es auch immer sei. Ihre Kinder sorgen sich um sie, geben ihnen Geldgeschenke und fürchten sich vor der Zeit, wo die Eltern völlig von ihnen abhängig sein werden. Erst wenn die Eltern sterben, erkennt die Familie, daß sie eine sechsstellige Summe auf ihrem Bankkonto hinterlassen haben.
«Verrückte» Geldgewohnheiten oder Geldneurosen verschwinden im Alter nur selten. Wer im Alter von dreißig Jahren für «schlimme» Zeiten Geld hortet, wartet gewöhnlich auch noch mit siebzig auf solche Zeiten, nur daß er sich dann noch intensiver auf das Horten einstellt.

DER HOHE PREIS DER VERHEIMLICHUNG

Die Unfähigkeit, offen über Gelddinge zu sprechen, ist oft ein Faktor bei psychologisch ungesunden Zuständen verschiedener Art, wie Depression, Haß, Verfolgungswahn und Selbstvernichtung.
Als Fred seinem Nachbarn Bill Jordan bei einem Pokerspiel zehn Dollar lieh, waren sie noch die besten Freunde. Als Bill vergaß, das Geld zurückzuzahlen und es auch nach einer Woche noch nicht getan hatte, wurde Fred etwas kühl. Bill spürte, daß etwas nicht stimmte, und fragte Fred, was los sei. Fred wollte aus Verlegenheit nicht zugeben, daß er wegen der zehn Dollar mißgelaunt war, und leugnete daher, daß etwas nicht stimmte. Mit der Zeit trat eine Entfremdung ein, und aus Freundschaft wurde Gleichgültigkeit.
Als Sue und Gregg ihr erstes Kind bekamen, anerbot sich Sues Tante Dora als Babysitterin, damit Sue Gregg auf eine Geschäftsreise begleiten konnte. Von allen Verwandten hatte Dora sich während

der Schwangerschaft am meisen um Sue gekümmert, und sie war entzückt, als dann das Baby da war. Zunächst wollte Sue das Baby nicht Tante Dora überlassen, doch schließlich war sie damit einverstanden, da sie den Eindruck hatte, daß ihre Tante großen Wert darauf legte. Und obwohl Dora gut mit dem Baby zurechtkam, stellte sie sich später nie wieder freiwillig als Babysitterin zur Verfügung. Als Sue verschiedentlich mit dem ausdrücklichen Wunsch an sie herantrat, hatte sie immer wieder eine andere Ausrede und blieb bei ihrer Ablehnung.

Sue und Gregg hatten das unbestimmte Gefühl, die Tante gekränkt zu haben, doch sie wußten nicht, bei welcher Gelegenheit. Einmal dachten sie sogar daran, daß sie ihr für das Babysitting Geld hätten anbieten sollen, doch sie ließen den Gedanken bald wieder fallen. Sie meinten, daß dies die Tante geärgert hätte, wo sie doch das Baby so gern betreute. Andererseits hatte Dora durchaus erwartet, für ihre Zeit und Bemühungen bezahlt zu werden. Sie war verletzt, daß ihre Lieblingsnichte sie «übervorteilen» wollte, und doch war sie zu stolz, Geld zu verlangen.

Sally war eine erklärte Feministin und fühlte sich wohl bei Ted, der ihr Selbstbewußtsein und ihre Unabhängigkeit anzuerkennen schien. Nach vier Verabredungen rief Ted nicht mehr bei ihr an. Er war in zunehmendem Maße verstimmt, weil Sally nicht, wie er es erwartet hatte, von sich aus bei den Verabredungen ihren Kostenanteil übernommen hatte. Andererseits wäre es ihm unangenehm gewesen, sie darum zu bitten. Sally ihrerseits hatte aus Angst, Ted vor den Kopf zu stoßen, nie angeboten, etwas zu zahlen. Sie fand nicht heraus, warum Ted die Beziehung abgebrochen hatte, denn er hatte das Thema nie berührt, weil er fürchtete, sich damit lächerlich zu machen.

Nur wenige Menschen gehen freimütig mit Geld um. Dies ist keine Erscheinung, die nur für unsere heutige Zeit und Kultur gilt. In Indien gibt es ein altes Sprichwort, aus dem hervorgeht, daß Heimlichtuerei in Gelddingen schon seit langer Zeit üblich ist: «Man soll nie bekannt werden lassen, welches Vermögen man hat, welche Hilfsmittel, welche Geliebte, wo man Geld versteckt hat, welche guten Werke man tut, welche Kränkungen man erfahren hat und welche Schulden man eingegangen ist.»

Sogar in der Psychotherapie, jener Vertrauensbeziehung, die eigentlich keine Geheimnisse zulassen sollte, wird Geld als Gesprächsthema häufig vermieden. Es ist erstaunlich, wie viele Menschen sich behandeln lassen, ohne ihre Ängste, die das Geld betreffen, zu offenbaren — einfach deshalb, weil das Thema fast nie zur Sprache kommt. Und die Furcht vor Enthüllung ist nicht allein das Problem des Patienten. Aus Schuldgefühlen heraus scheuen sich die meisten Therapeuten, über ihre Honorare, ihre finanzielle Abhängigkeit von den Patienten zu sprechen oder offene Verstimmung gegenüber Patienten zu zeigen, die mit ihren Zahlungen im Verzug sind.

In den genannten Fällen hätten die negativen Gemütslagen wie Gekränktsein, Enttäuschung, Ärger, Mißtrauen und Frustration vermieden werden können, wenn Geld nicht ein von Schuld- und Angstgefühlen belastetes Tabu-Thema wäre. Denn das Geld als einer der machtvollsten Motivatoren des menschlichen Verhaltens hat für die meisten Leute eine derart negative Bedeutung, daß sie versuchen, die Wichtigkeit zu leugnen, die es für die

Gestaltung ihres Lebens hat. Natürlich haben sie dann unter den Folgeerscheinungen zu leiden.
Geld ist gewiß ein unromantisches Thema. Es ist ein bedeutsamer Faktor im Leben jedes Menschen und gleichzeitig eine Quelle großen Unbehagens. Die Art, in der mit ihm umgegangen wird, oder besser ausgedrückt, die Art, in der mit ihm nicht umgegangen wird, führt zur Entstehung von potentiell destruktiven Elementen im Leben der meisten Menschen. Es ist an der Zeit, mehr Licht auf das Thema zu werfen und die Art und Weise zu beleuchten, wie sich Geld und die Psychologie des Individuums vermischen und wie dadurch menschliche Beziehungen behindert oder gar pervertiert werden können.

3
Paradoxien, Heucheleien, Widersprüche und Lügen

Für manche ist Geld die Wurzel allen Übels. Andere betrachten den Geldmangel als die Grundlage aller Sorgen.
Die Reichen werden häufig beneidet und gehaßt, die Armen häufig verachtet. Viele Leute, die wenig oder kein Geld haben, sind davon besessen, es zu erlangen. Andere scheinen zwanghaft genau so zu handeln, daß sie nie welches kriegen. Viele, die reich sind, halten wie besessen am Geld fest. Andere wiederum sind offenbar erst dann zufrieden, wenn sie es ausgegeben haben.
Jeder Versuch, die verwirrenden und widersprüchlichen Verhaltensweisen zu verstehen, die Menschen in bezug auf das Geld an den Tag legen, ist ein monumentales Unterfangen. Es hat den Anschein, als ob das Geld für manche Menschen die wichtigste Sache der Welt wäre. Dennoch behaupten sie, daß es von allen Dingen das am wenigsten bedeutsame sei. Verehrung und Verdammung des Geldes existieren Seite an Seite, mitunter sogar im gleichen Individuum. Und dies ist keine neue Erscheinung. Schon ein flüchtiger Blick auf die geschichtliche Entwicklung lehrt, daß eine in sich widersprüchliche Bewertung des Geldes die Regel ist.

Während Horaz verkündete, daß «erst das Geld und dann die Tugend» komme, warnte Cicero: «Von den auf Erden verbreiteten Übeln ist Geld das schlimmste.» Alexander Hamilton nannte Geld «einen wesentlichen Bestandteil des Glücks», und Tolstoi betrachtete es als «eine neue Form der Sklaverei.»

Wenn die Menschen mit zwei gegensätzlichen Philosophien oder Ideologien konfrontiert werden, erscheint es logisch, daß sie die eine akzeptieren und die andere zurückweisen. Doch der menschliche Geist ist außerordentlich flexibel. Zu verschiedenen Zeiten kann er völlig gegensätzliche Gesichtspunkte akzeptieren und sie dann irgendwie zurechtrücken, so daß die Widersprüche nicht sofort offenbar werden.

Die meisten Menschen glauben zum Beispiel an Grundregeln wie: «Wer das Beste will, muß auch dafür bezahlen.» Solche Klischeevorstellungen werden unbesehen übernommen und als Tatsachen hingestellt. Dennoch wenden die gleichen Menschen viele Stunden dafür auf, um einen Gelegenheitskauf zu tätigen, oder anders ausgedrückt, um «etwas für nichts» zu erhalten. Jeder Kaufmann gerät durch diese Haltung in ein Dilemma: «Soll ich meine Preise so hoch ansetzen, daß die Leute glauben, sie bekämen eine bessere Qualität, oder soll ich so niedrige Preise verlangen, daß sie meinen, vorteilhaft einzukaufen?»

Offen nach Geld zu trachten, wird allgemein in der Öffentlichkeit als unerwünschtes Verhalten betrachtet. Selbstsucht oder Habgier bezeichnet man als abstoßend, «sündig» und geschmacklos. Wer die Anhäufung von Geld höher bewertet als menschliche Qualitäten, wird im allgemeinen mit Verachtung gestraft. Doch gleichzeitig ist es offensichtlich, daß der Besitz von Geld Respekt gebietet. Oft dient Geld als persönlicher Wertmaßstab: Menschen mit Geld werden höher bewertet als Menschen ohne Geld. Leute mit Geld können häufig andere, die Geld benötigen, einschüchtern, und wer kein Geld hat, läßt häufig Erniedrigungen über sich ergehen, um es zu erlangen. Der humoristische Roman «The Magic Christian» von Terry Southern handelt von diesem Thema. Der Held ist ein Milliardär namens Guy Grant, der im Jahr zehn Millionen Dollar ausgibt, um Menschen zu erniedrigen oder ihnen das Leben sauer zu machen. Sein Triumph ist die Aufstellung einer großen Tonne inmitten von Chicago, die er mit einer Mischung von Dung, Urin, Blut und zehntausend Hundertdollarnoten füllt. Die Filmfassung des Romans zeigt in sehr dramatischer Einstellung, wie voll bekleidete Leute in diesen Kot eintauchen, um sich das Geld herauszuholen.

Die Menschen äußern sich häufig doppeldeutig über Geld. Sie behaupten, es sei «gut», nach dem Besitz von Geld zu streben, doch es sei «schlecht», zuzugeben, daß man sehr viel davon besitzen will. Geld wird als die wichtigste Sache auf der Welt betrachtet, doch die gesellschaftliche Etikette erfordert es, daß man von ihm so spricht, als habe es keinen Wert.

Die Menschen geben ein Lippenbekenntnis zum demokratischen Ideal ab, daß alle gleich geschaffen seien, behandeln jedoch Leute mit Geld anders als solche ohne Geld. Scheinheiligkeit in Gelddingen ist daher unausweichlich; Heuchelei wird zur Norm. Menschen, die von dieser Haltung abweichen, werden als Sonderlinge angesehen, und zwar sowohl solche, die offen ihr Verlangen nach Geld bekennen, als auch die anderen, die nicht die mei-

ste Zeit und Energie aufwenden, um Geld zu erwerben.
Die meisten großen Religionen der Welt predigen die Tugenden der Armut und Selbstverleugnung. Der Verzicht auf persönlichen und materiellen Genuß gilt als Zeichen der Rechtschaffenheit und geistigen Entwicklung. Eine der am häufigsten zitierten Bibelpassagen ist der Spruch: «Es ist leichter für ein Kamel, durch ein Nadelöhr zu kommen, als für einen Reichen, ins Himmelreich zu gelangen.» Doch selbst für Strenggläubige ist es offenkundig, daß einige dieser religiösen Führer nicht praktizieren, was sie predigen. Die bekannte Evangelistin Kathryn Kuhlman soll ein sehr beträchtliches Vermögen hinterlassen haben. Der jugendliche Guru Maharaj Ji wurde von seiner Mutter beschuldigt, ein verschwenderisches Leben zu führen, und deshalb als Oberhaupt der *Divine Light Mission* abgesetzt. Im Jahre 1975 bezog er beispielsweise ein persönliches Einkommen von 200 000 Dollar aus den Spenden seiner Anhänger. Und der umstrittene Sektenführer Reverend Sun Myung Moon machte wegen seiner ausgedehnten Grundstückkäufe Schlagzeilen. Während seine Anhänger Tausende von Arbeitsstunden aufwendeten, um Geld für seine Sache zu beschaffen, kaufte Reverend Moon Immobilien im Wert von etwa zwanzig Millionen Dollar.
Während Kirchenführer ihren Gemeinden gegenüber den Wert des Opfers und der Armut betonen, sind viele Kirchen, Kathedralen und Tempel eindrucksvolle architektonische Meisterwerke, reich mit Gold und Silber ausgestattet, und beherbergen Kunstsammlungen, die zu den wertvollsten der Welt gehören. Es hat den Anschein, als ob die meisten Kirchenführer und Kirchgänger im Gegen-

satz zu ihren Bekundungen es vorziehen, in einer kostspielig ausgestatteten Umgebung zu beten. Sehr häufig wird der «Erfolg» der priesterlichen Betreuung weniger am «geistigen Einfluß» auf die Gemeinde gemessen als vielmehr an der Höhe des Geldbetrages, den die Gemeinde zur Errichtung eines eindrucksvollen Gebetshauses gespendet hat. Gelegentlich tritt auch einmal ein Sektenführer auf, der predigt, daß Nehmen besser als Geben sei, und nicht anders herum. So zum Beispiel Russell Herman Conwell, ein Baptistenprediger um die Jahrhundertwende. Er reiste im Lande umher und hielt dabei Reden, in denen er verkündete, daß die Anhäufung von Reichtum ein ehrenhaftes Streben sei. Conwell sagte: «Geld ist Macht. Alle guten Männer und Frauen sollen nach Macht streben, damit sie Gutes tun, wenn sie diese erlangt haben. Darum sage ich: Werdet reich, werdet reich!»
Conwell befolgte seinen eigenen Ratschlag. Nachdem er seine Ansprache etwa sechstausendmal gehalten hatte, hatte er etwa acht Millionen Dollar angehäuft, eine gewaltige Summe in den neunziger Jahren des letzten Jahrhunderts.
Das moderne Gegenstück zu Reverend Conwell ist der Reverend Frederick J. Eikerenkoetter II., besser bekannt unter dem Namen Reverend Ike. Als Oberhaupt der *United Christian Evangelistic Association* besitzt Reverend Ike sechzehn Rolls-Royces. Er hat sechs Wohnsitze in den USA und weitere Häuser überall in der Welt. Seine Garderobe kostet etwa 50 000 Dollar im Jahr, und er besitzt genügend Schmuck, um ein kleines Geschäft zu betreiben. Er bezeichnet sich selbst als Hedonisten und gibt zu, Multimillionär zu sein. Wenn er zu seiner großen Gemeinde spricht, äußert sich Reverend Ike etwa so:

«Wiederholt jetzt, was ich sage! ... Ich habe eine wunderbare Beziehung zum Geld ... Das Geld liebt mich ... Ich sehe einen Berg von Geld, der sich in meinen Armen auftürmt ... Ich sehe, wie ich mir Vergnügungen erlaube ... wie ich mehrmals im Jahr großartig Ferien mache — und noch Geld übrig habe ... Sei gesegnet, Geld, du bist etwas Wunderbares!»

Paradoxe Einstellungen zum Geld finden sich auf jeder gesellschaftlichen Ebene und in jedem Beruf oder Geschäft. Ideal wäre es, wenn der in einem Monat oder in einem Jahr ausgegebene Geldbetrag dem jeweiligen Einkommen entspräche. Jedoch leben manche Menschen über ihre Verhältnisse, ob sie nun wenig oder viel Geld haben, und andere wiederum wollen unter keinen Umständen viel Geld ausgeben, obschon ihre finanziellen Verhältnisse dies erlauben würden. Zum Beispiel meldete der hochbezahlte Baseballspieler Willie Davis Konkurs an, als sich seine Vermögenswerte auf nur 15 000 Dollar und seine Schulden auf fast 120 000 Dollar beliefen, obwohl er in den vorangegangenen zwei Jahren 234 000 Dollar verdient hatte. So etwas ist bei Berufssportlern, Schauspielern und anderen Berühmtheiten nicht ungewöhnlich. Kurz nach seinem Abtreten als Schwergewichts-Boxweltmeister schuldete Joe Louis den Steuerbehörden mehr Geld, als er in seinem restlichen Leben voraussichtlich hätte verdienen können.

Im Gegensatz hierzu steht die Geschichte einer Frau in Delray Beach, Florida, die als «Müll-Mary» bekannt war. Obwohl sie angeblich über eine Million Dollar besaß, lief sie in Lumpen herum, lebte in einer Slum-Wohnung, wühlte häufig in Mülltonnen herum und bettelte um Zigaretten bei Nachbarn.

J. Paul Getty wurde zu seinen Lebzeiten als reichster Mann der Welt angesehen, war aber auch als sehr knauserig bekannt. Die Kolumnistin Sheila Graham erzählt, er habe im Hotel Imperial in Wien dem Portier den Gegenwert von fünfundzwanzig Cents für eine Briefmarke gegeben und gefragt, ob er noch Wechselgeld herausbekomme. Getty ließ auch Münztelefone in seiner Zweiundsiebzig-Zimmer-Villa installieren, vermutlich um zu verhindern, daß die Gäste auf seine Kosten Gespräche führten. Auf der anderen Seite pflegte er leichthin Hunderttausende von Dollars für ein Gemälde auszugeben, das er seiner ausgedehnten Sammlung hinzufügen wollte. Obwohl er natürlich wußte, daß Kunstwerke eine gute Investition darstellen, beruhte sein Sammlerinteresse doch mehr auf der Freude an der Kunst als auf dem Geldwert.
Der Texaner H. L. Hunt, dessen Reichtum vielleicht nur von Gettys Vermögen übertroffen wurde, fuhr selbst mit seinem Wagen zur Arbeit und parkte drei Häuserblocks entfernt, um fünfzig Cents Parkgebühren zu sparen.
Pablo Picasso häufte in seinem Leben mehr Reichtum an als jeder andere Künstler. Nach seinem Tode wurde sein Vermögen auf über 250 Millionen Dollar geschätzt. Es bestand unter anderem aus zwei großen Landsitzen in Frankreich und einer riesigen Kunstsammlung. Als er für seine Gemälde sehr hohe Preise zu erzielen begann, war er in der Lage, sich einen Traum zu erfüllen: «Ich möchte wie ein armer Mann leben, aber mit sehr viel Geld.» Und doch war Picasso lange Jahre hindurch ein eifriger Anhänger des Kommunismus!
In den sechziger Jahren wurden Rocksänger wie Bob Dylan mit Protestsongs reich, in denen sie das Establishment anprangerten, es kümmere sich

mehr um Geld und materielle Dinge als um Menschenrechte und soziale Reformen. Später baute sich Dylan in Malibu am Pazifik zum Preis von über zwei Millionen Dollar eine ultramoderne Villa. Es gibt eine endlose Reihe von Beispielen für paradoxe Verhaltensweisen und ambivalente Empfindungen dem Geld gegenüber. Die Menschen leugnen den Wert des Geldes ab und vergöttern es dennoch. Sehr häufig beneiden und hassen sie diejenigen, die mehr Geld als sie selbst haben, und fürchten und verabscheuen jene, die weniger haben. Manche würden alles Erdenkliche tun, um Geld zu erlangen; andere behandeln es wie Unrat. Will man die verwirrenden Widersprüche klären und Ursprünge und Wesen der paradoxen Verhaltensweisen zum Geld ausdeuten, ist es erforderlich, die Welt der Realität und der Nüchternheit zu verlassen und in die Welt der Phantasie und der unbewußten Motivation einzudringen.

DIE VERBORGENEN ZUSAMMENHÄNGE

Es gibt eigentlich nur wenig konkrete Forschungsergebnisse über die psychologische Bedeutung und Verwendung des Geldes. Die vorhandene Literatur geht fast ausschließlich auf Sigmund Freud und die psychoanalytische Schule zurück. Andere theoretische Forschungen in der Psychologie haben das Thema fast gänzlich ausgeklammert oder übersehen. Die Tatsache, daß es kaum psychologische Untersuchungen über diesen so wichtigen Bereich des Verhaltens gibt, deutet darauf hin, daß dies ein mit vielen Peinlichkeiten behaftetes Gebiet ist und machtvolle Wahrheiten über Menschen und ihre Motivationen enthält, Wahrheiten, die selbst für

Psychiater und Psychologen allzu peinlich werden könnten.
Die Freudsche Psychologie basiert auf der Prämisse, daß der Einzelmensch mit bestimmten grundlegenden Instinkten ausgestattet ist und daß die Wechselwirkung zwischen diesen instinktmäßigen Antrieben und der Umwelt die Persönlichkeit formt. Der Analytiker ist ein geistiger Archäologe. Das zu Erforschende ist der unbewußte Geist des Patienten, und der verborgene Schatz besteht aus jenen Erlebnissen in der Vergangenheit, die dort abgelagert wurden, wenn sie zu schwierig oder zu traumatisch waren, um verarbeitet zu werden.
Der Psychoanalytiker befaßt sich als Therapeut mit der Erforschung des unbewußten Geistes des Patienten, um jene besondere Kombination von inneren Trieben und Umwelterfahrungen herauszufinden, die die betreffende Person zu einem in seiner Art einmaligen menschlichen Wesen machen. Auf der anderen Seite versucht der Psychoanalytiker als Wissenschaftler, die bei vielen Patienten vorhandenen Ähnlichkeiten und Muster von Wechselwirkungen zwischen Trieben und Erlebnissen herauszufinden, um Gesetze und Theorien über menschliche Verhaltensweisen zu entwickeln.

DER «ALLMÄCHTIGE DOLLAR» IST IN WIRKLICHKEIT «SCHMUTZIGE PROFITGIER»

Von Psychoanalytikern und jenen, die sich im Zusammenhang mit der Freudschen Literatur für die unbewußte psychologische Bedeutung des Geldes interessieren, wird sehr häufig die bekannte Ver-

allgemeinerung zitiert, daß Geld und Fäkalien gleichzusetzen seien. Dies ist sicherlich nicht die einzige, aber vermutlich die häufigste unbewußte Gleichsetzung.
Die psychologische Ableitung dieses Vergleichs erklärt sich so: Einer der grundlegenden instinktmäßigen Triebe ist auf sinnliche Befriedigung ausgerichtet. Dieser Trieb wird als «Libido» bezeichnet. Im ersten Lebensjahr geben die hochentwickelten Nervenenden im Mund die größte Gelegenheit zur libidinösen Befriedigung. Bis zum zweiten und dritten Lebensjahr sind auch die Nerven im After lustempfindlich geworden, und die anale Aktivität ist der Mittelpunkt der libidinösen Energie. Im vierten und fünften Jahr erfolgt dann der Wechsel zu den Genitalien.
Nach der psychoanalytischen Theorie entwickeln sich häufig zwischen dem zweiten und dritten Jahr solche Wesenszüge der Persönlichkeit, die später die Auffassung des Menschen vom Geld beeinflussen. Mehrere Ereignisse, die für die spätere Entwicklung bedeutsam sind, spielen sich in dieser analen Periode ab:

1. Das Kind empfindet instinktmäßige libidinöse Lust bei der Verrichtung des Stuhlgangs.
2. Dieses Verhalten löst verschiedenartige Reaktionen der Umgebung aus.
3. Die typischste Reaktion besteht darin, das Kind einem bestimmten Toilettentraining zu unterwerfen.
4. Die Reaktion der Eltern auf das Ergebnis des Toilettentrainings reicht vom höchsten Lob, wenn das Kind in das vorgeschriebene Gefäß entleert, bis zu Drohungen und Strafen, wenn es «schmutzig» bleibt.
5. Während dieser Periode strebt das Kind auch

nach der Erlangung von Selbständigkeit und Eigenwilligkeit.

6. Das Toilettentraining kann dann zu einem Schlachtfeld werden, auf dem ein Machtkampf zwischen Kind und Eltern ausgefochten wird, ein Konflikt, der sich um die Frage dreht, ob das Kind seine Schließmuskeln selbst beherrschen will oder ob es meint, sich dem elterlichen Verlangen unterwerfen zu müssen, aus Furcht vor Strafe oder Liebesentzug.
7. Gleichzeitig sind Kinder dafür bekannt, daß sie umfangreiche und häufig verzerrte Phantasien über ihren Stuhlgang haben; sie können sehr stolz darauf sein, weil der Stuhlgang eine Schöpfung ihres eigenen Körpers ist; die Entleerung kann eine körperliche Verstümmelung (wie der Verlust des Penis) darstellen oder mit der Vorstellung einer Geburt verwechselt werden.
8. Diese Phantasien werden bis zu einem gewissen Grad durch die Reaktion der Umgebung beeinflußt, doch wegen der geringen Erfahrung und des geringen intellektuellen Begriffsvermögens des Kindes bleibt die Wahrscheinlichkeit der Wahrnehmungsverzerrung groß.
9. Die Verwirrung wird größer, wenn die Eltern über die Verrichtung des Kindes in den Nachttopf große Freude äußern und den Stuhlgang anfangs wie eine wertvolle Gabe behandeln, später jedoch als häßlichen und übelriechenden Schmutz bezeichnen.

Nur wenige Menschen erinnern sich an ihre Erfahrungen im Toilettentraining. Dieser Vorgang findet zumeist im unbewußten Bereich statt. Vieles davon wird verdrängt. Wenn jedoch das Analstadium der Entwicklung traumatisch ist, bleibt die normale psychologische Entwicklung teilweise auf dieser Stufe stehen. Der von Sigmund Freud am meisten betonte Ursprung des Traumas liegt in vorzeitigen und übermäßigen elterlichen Forderungen in bezug auf das Toilettentraining; zu einem Trauma kann es allerdings auch kommen, wenn in diesem Zeitraum die Sicherheit oder das Selbständigkeitsgefühl des Kindes auf andere Weise bedroht sind.

Wenn die Bedürfnisse des Kindes in schwerwiegender Weise übergangen werden und die psychologische Entwicklung im Analstadium stehenbleibt, werden andere wichtige Lebensaspekte, so auch das Geld, gleich behandelt wie das Verrichten des Stuhlgangs. Geldanhäufung durch einen Geizigen kann zum Beispiel symbolisch mit der Weigerung eines Kindes verglichen werden, den Stuhlgang zu verrichten. Der Trotz, mit dem das Kind entgegen dem elterlichen Verlangen seinen «wertvollen» Stuhlgang zurückhält, führt nach und nach zur Abschirmung aller wertvollen Besitztümer vor einer Welt, die als feindselig und fordernd empfunden wird. Da es schon für ein kleines Kind offensichtlich ist, daß die meisten Menschen das Geld als wertvollen Besitz betrachten, ist der Übergang vom Stuhlgang zum Geld ein leichter Schritt. Im Gegensatz zum «geizigen» hat das «verschwenderische» Kind gelernt, daß die Unterwerfung unter den elterlichen Willen bei der Verrichtung des Stuhlgangs Lob und Zuneigung bringt. Da sie früh gelernt hatten, daß Stuhlentleerung mit Zuneigung gleichzusetzen ist, entwickeln manche Menschen Durchfallserscheinungen, wenn sie sich unsicher fühlen oder wenn sie Lob und Zuneigung besonders benötigen. Andere, bei denen das Geld die Stelle des Stuhlgangs eingenommen hat, können

verschwenderisch Geld ausgeben, statt den Stuhlgang zu verrichten. Dies ist eine symbolische Form des Durchfalls.
Die Ähnlichkeit zwischen Geld und Exkrementen beruht auf den Extremen von Emotion und Wert, die ihnen beigemessen werden. Für manche ist Geld vulgär und abstoßend; dennoch ist es für viele der begehrteste Besitz auf der Welt. Das gleiche gilt für Exkremente. Sie sind der wertloseste Unrat und strömen unangenehmen Geruch aus. Dennoch ist für ein kleines Kind die Schaffung von Exkrementen aus seinem eigenen Körper ein Anlaß zu Freude und Verwunderung, und die Exkremente sind sogar das vielleicht wertvollste Erzeugnis in seinem jungen Leben. Diese Ähnlichkeit veranlaßte den bekannten Literaturprofessor Norman O. Brown zu der Bemerkung: «Mit ihrem berühmten Paradoxon, der Gleichsetzung von Geld und Exkrementen, ist die Psychoanalyse die erste Wissenschaft, die feststellt, was der nüchterne Verstand und die Dichter schon lange gewußt haben — daß das Wesen des Geldes seine absolute Wertlosigkeit ist.»
Bei dem Versuch, die Bedeutung unbewußter Motive zu erforschen, lernten Freud und seine Anhänger nicht nur aus den Träumen und Gedankenverbindungen ihrer Patienten, sondern suchten auch in anderen Darstellungen des Unbewußten Bestätigung — in Sagen, Märchen, Bräuchen und Aberglauben. Schlüsse lassen sich auch aus sprachlichen Ausdrücken ableiten, da mundartliche und volkstümliche Ausdrucksweisen häufig Einblicke in unbewußte Bedeutungen gestatten. In der Terminologie des Geldes gibt es eine Anzahl gebräuchlicher Redensarten, die auf eine anale Gedankenverbindung hindeuten. Das Geld wird als «schmut-

zig» bezeichnet. Einen Wohlhabenden nennt man auch einen «stinkreichen» Mann. Der Pokerspieler gibt Geld in den «Topf». Ein Spieler, der all sein Geld verspielt hat, fühlt sich wie «ausgenommen». Die Gleichsetzung von Geld und Exkrementen ist nicht unbedingt universal. In einer Kultur, wo es kein Geld gibt oder kein Anreiz besteht, Geld anzuhäufen, wird eine solche Gleichsetzung auch nicht existieren. Die Menschen verwenden das, was ihnen zur Verfügung steht, um ihre emotionalen Konflikte auszudrücken. Gibt es kein Geld, so tritt ein anderes Ventil an dessen Stelle. Hinzu kommt, daß in Kulturen, wo den Toilettensitten keine besondere Bedeutung beigemessen wird, auch dem Geld nur verhältnismäßig geringe Beachtung geschenkt wird. Bei den Dakota-Indianern zum Beispiel gab es keinerlei nennenswertes Toilettentraining. Dem persönlichen Besitz wurde ebenfalls nur wenig Wert beigemessen, und Ansammlungen großer Reichtümer gab es nicht. Wenn einem Krieger das Pferd des Nachbarn gefiel, wurde es ihm geschenkt, ohne daß man eine Gegengabe erwartete. Bei den Dakotas gab es erstaunlich wenige Fälle von Habsucht, Neid und Machtkämpfen. Wenn jemand etwas hatte, das ein anderer benötigte, so war dies ein ausreichender Grund, es dem anderen zu schenken.

Die Verhaltensweisen in bezug auf Kindererziehung und privaten Besitz von Geld haben sich in China seit der Machtergreifung der Kommunisten dramatisch verändert. Die Strafen sind weniger streng, und die Übernahme von wünschenswerten Verhaltensmustern wie Disziplin usw. wird durch subtilen Druck und inneren Zwang erreicht, nicht mehr durch Prügel oder andere Formen physischer Gewalt. Das Toilettentraining wird ziemlich frühzeitig abgeschlossen, aber durch gutes Zureden und im wesentlichen ohne emotionalen Beiklang. Der Druck, sich der Gruppennorm anzupassen, kommt von der Familie, der Schule und dem Staat: Immer wird die Gesellschaft über den einzelnen gestellt. Infolgedessen gibt es nur sehr wenige Gelegenheiten oder Anreize zur Anhäufung von Reichtum oder persönlichem Eigentum. Individuelle Unterschiede gibt es nur in geringem Umfang, und das Geld wird nicht als Maßstab der Überlegenheit betrachtet.

Es wäre offensichtlich zu vereinfachend, von einer gleichwertigen Beziehung der Verhaltensweisen zum Geld und zum Stuhlgang zu sprechen. Die Auffassung vom Geld wird auch von Einflüssen bestimmt, die keine Verbindung zum Toilettentraining haben. Allgemein läßt sich jedoch sagen, daß in Familien und Kulturen, wo ein frühzeitiges Toilettentraining durchgesetzt wird und eine Analfixierung die Folge ist, die große Wahrscheinlichkeit besteht, daß sich bestimmte Charakterzüge wie Ordnungsliebe, Pünktlichkeit, zwanghafte Reinlichkeit und Hartnäckigkeit entwickeln. Mit solchen Charaktereigenschaften ist man psychologisch prädisponiert, auf wichtige Dinge im Leben, so auch auf das Geld, in bestimmter Weise zu reagieren. Zum Beispiel hält der Geizige nicht nur sein Geld zurück, sondern wahrscheinlich auch Kenntnisse und Gefühle und alles andere, was er als wertvoll empfindet.

Das Verhältnis zum Geld ist niemals ein alleinstehendes Phänomen; es ist vielmehr Teil der gesamten Persönlichkeitsstruktur und mit dem kulturellen Hintergrund und Wertsystem verbunden. Wenn man die geheime Einstellung eines Menschen zum Geld kennt, ist es daher leichter, sein Verhalten in

vielen anderen Lebensbereichen zu begreifen, die auf den ersten Blick keine Beziehung zum Geld haben.
Die symbolische Gleichsetzung von Geld und Fäkalien ist nicht nur das Resultat von inneren Spannungen während der Phase der analen Aktivität. Auch in anderen Entwicklungsstadien können innere Spannungen den Menschen zur Ausbildung weiterer unbewußter Assoziationen mit dem Geld prädisponieren. Im ersten Lebensjahr, dem oralen Stadium, konzentrieren sich die Konflikte zumeist auf Abhängigkeit, Vertrauen und Probleme der Entwöhnung. Wenn im oralen Entwicklungsstadium ein Trauma eintritt, kann ein Oralkomplex die Folge sein. Dies bedeutet, daß dahin tendiert wird, Spannungen durch Eßverhalten zu lösen oder durch etwas, das in symbolischer Beziehung dazu steht. Geld kann in solchen Fällen zum Ersatz für die Brust oder die Flasche werden, und es wird versucht, aus ihm ein Gefühl der Wärme, Sicherheit und Zuneigung zu beziehen. Andererseits wird Geldmangel als Bedrohung der Sicherheit aufgefaßt und kann Gefühle der Leere, der Niedergeschlagenheit oder des Liebesentzugs auslösen.
Auf das Analstadium folgt in der psychosexuellen Entwicklung das Genitalstadium. Die Probleme dieses Stadiums beziehen sich hauptsächlich auf die Beherrschung der Blasenmuskeln und auf das Auftreten genitaler Sexualimpulse. Eine übermäßige Frustration und die daraus entstehende Komplexbildung können in diesem Stadium schließlich zu einer Assoziation von Geld mit sexuellem Verlangen und körperlicher Attraktivität führen.
Da die symbolische Verbindung des Geldes mit instinktmäßigen Motivationen unbewußt stattfindet, ist natürlich jemand, der eine solche Verbindung

hergestellt hat, sich nicht im klaren darüber, daß für ihn das Geld einen Ersatz für Milch, Sicherheit, Liebe, Sexualität oder Stuhlgang darstellt. Doch die Tatsache allein, daß ein Trieb unbewußt ist, bedeutet nicht, daß er als Motivator des Verhaltens weniger machtvoll ist. Ein unbewußter Trieb ist lediglich weniger augenfällig und deshalb schwieriger zu entdecken. Nur wenige Menschen haben eine Vorstellung davon, wo ihr Verhalten zum Geld herrührt, auch wenn sie Vernunftgründe dafür anführen. Und die grundlegenden Verhaltensweisen zum Geld ändern sich im Laufe des Lebens nur selten. Trotz seiner größeren Lebenserfahrung ist die Auffassung eines Sechzigjährigen vom Geld im allgemeinen jener ähnlich, die er als Dreißigjähriger vertreten hatte. Dies bekräftigt die Meinung, daß die Verhaltensweisen zum Geld eine unbewußte und irrationale Basis haben.

Als Nick Scanlos die High School absolviert hatte, verließ er die kleine Stadt in Pennsylvania, wo er seine ersten achtzehn Lebensjahre verbracht hatte, und reiste nach Los Angeles. Er war ein ehrgeiziger junger Mann, der sich vorgenommen hatte, reich zu werden. Als Hilfskellner in einem teuren Restaurant im Westen von Los Angeles trat er seinen ersten Job an. Er mietete ein billiges Zimmer, aß nur das, was er an seiner Arbeitsstelle kostenlos zugesteckt bekam, und gab das meiste Geld für Kleidung aus. Nachdem er sich so eine gute Garderobe angeschafft hatte, begann er, an einem Abend der Woche einen Nachtklub oder ein Nobelrestaurant zu besuchen. Wenn er es sich leisten konnte, verabredete er sich; doch ob allein oder in Begleitung, er verhielt sich wie ein Wohlhabender. Er kleidete sich tadellos, bestellte die teuersten Gerichte und gab reichliche Trinkgelder.

Als Zweiunddreißigjähriger eröffnete er mit Unterstützung von Freunden seine eigene Bar mit Grillroom. In den nächsten dreißig Jahren besaß oder leitete Nick eine Anzahl besserer Restaurants in Hollywood, Westwood und im Westen von Los Angeles. Mit einigen hatte er Erfolg, mit anderen nicht. Doch aus der Art, wie Nick Geld ausgab, konnte niemand ersehen, ob er viel oder wenig davon hatte. Er kaufte immer nur das Beste.
Nick ist jetzt über sechzig Jahre alt, hat kein Geld auf seinem Konto und lebt von einer Sozialrente. Nick drückt dies so aus: «Einen Tag im Monat lebe ich wirklich. Die restlichen Tage existiere ich nur.» An diesem einen Tag im Monat schenkt er einer Freundin Blumen und spendiert Konfekt, Champagner und Logenplätze im Theater. Die restlichen Tage des Monats vegetiert er nur und wartet auf die nächste Rentenzahlung.

WEITERE EINBLICKE IN DEN IRRGARTEN

Die Freudsche Psychoanalyse stellt die umfangreichste Theorie über die Persönlichkeitsentwicklung dar. Sie ist auch die einzige Theorie, die den Versuch macht, den Ursprung der irrationalen, emotional bestimmten Bewertung zu erklären, die manche Menschen dem Geld beimessen. Ein Verständnis für die Freudschen Lehrmeinungen trägt dazu bei, einen Sinn in das sonst sinnlos Erscheinende hineinzubringen. Die Freudsche Theorie kann jedoch nicht alle denkbaren Erklärungen liefern.
Andere psychologische Theorien stimmen mit Freud, der den instinktmäßigen Antrieben besonderen Wert beimaß, nicht überein, doch die mei-

sten gehen davon aus, daß nahezu das gesamte Verhalten erlernt ist. Die meisten stimmen auch darin überein, daß ein irrationales Verhalten im Erwachsenenalter eine Folgeerscheinung zuvor erlernten Verhaltens ist und vielleicht bis in die frühe Kindheit zurückreicht. Viele betonen jedoch in stärkerem Maße als Freud die Rolle der kulturellen und sozialen Einflüsse bei der Erlernung der grundlegenden Verhaltensweisen und Wertmaßstäbe. Es ist offensichtlich, daß es beim Verhältnis zum Geld und zum Gelderwerb eine wichtige Rolle spielt, ob man in einem kapitalistischen oder in einem sozialistischen Land lebt, ob man in einer Periode des Überflusses oder des wirtschaftlichen Niedergangs aufwächst, ob man in eine Familie der Oberschicht oder in eine der Unterschicht hineingeboren wird und ob man in einem hochentwickelten oder einem unterentwickelten Land lebt.

Kulturelle Einflüsse lassen sich nicht übersehen. Sie spielen bei der Ausbildung des Einzelmenschen eine bedeutsame Rolle. Dennoch sind sie nur ein Teilaspekt. Manche Menschen kehren ihrer überlieferten Kultur den Rücken und passen sich mühelos einer neuen an, die auf radikal anderen Verhältnissen aufbaut. Joseph Hirshhorn, ein Einwanderer, der in den Slums von Brooklyn aufgewachsen war, sammelte ein Vermögen von über hundert Millionen Dollar in Wertpapieren an und verkehrte schließlich in gesellschaftlichen Kreisen, wo er auf gleicher Stufe mit Staatschefs und Führern großer Wirtschaftsunternehmen stand.

Auch Frank Woolworth hatte eine vergleichbare Lebensgeschichte. Er stammte aus einer verarmten kleinen Farm im Staat New York, begann seine geschäftliche Tätigkeit mit geborgtem Geld und baute sich allmählich eine Kette von Billigläden in den Vereinigten Staaten und in Europa auf. Auf der anderen Seite steht Albert Schweitzer, der bekannte Philosoph, Musiker, Theologe und Arzt. Er gab ein behagliches, intellektuell anregendes und potentiell einträgliches Leben in Europa auf und zog als Arzt in den afrikanischen Dschungel.

Von Wichtigkeit sind in diesem Zusammenhang auch die Forschungen der Sozialpsychologen. Ihre Studien über das Wesen der Gruppenkonflikte zeigen, weshalb viele Leute sowohl gegenüber den Reichen als auch den Armen Haß oder Furcht empfinden. Die Verachtung der Armen wird im allgemeinen offen zugegeben. Häufig ist sie allerdings als Mitleid kaschiert, und manchmal hängt sie mit rassischen Vorurteilen zusammen. Die Verachtung richtet sich mitunter auch gegen Verhaltensweisen, die die Mehrheit den Armen zuschreibt, wie: «Sie sind faul» oder «sie sind dumm».

Konflikte zwischen Gruppen und Konflikte zwischen Einzelmenschen lassen sich auf zwei Hauptursachen zurückführen — Neid und Bedrohung der Sicherheit. Der Neid ist ein starker Motivator und richtet sich gegen eine Person oder eine Gruppe, die etwas Wünschenswertes besitzt. Er fördert Feindseligkeit und Aggression und führt häufig zur Zerstörung dessen, was man sich erwünscht, wie auch der Person oder der Gruppe, die es besitzt. Gefahren für die Gruppensicherheit können real oder eingebildet sein. Sie können Drohungen mit physischer Gewalt oder finanzieller Vernichtung einschließen. Die meisten Drohungen sind jedoch gegen den Status, den Ruf oder das Selbstverständnis der Gruppe gerichtet. Leute mit Geld betrachten häufig Leute mit weniger Geld als eine Bedrohung ihres «höheren Status», und sie fürchten, auf die Stufe der ärmeren Gruppe «hinabgezogen» zu werden. Dies führt zu antagonistischen Empfindungen gegenüber jenen, die sozial auf einer niedrigeren Stufe stehen. Wenn die Armen nicht nur als psychologische, sondern auch als ökonomische Bedrohung empfunden werden, weil sie bereit sind, für weniger Lohn zu arbeiten, dann wird die Feindseligkeit ihnen gegenüber zunehmen.

Konflikte zwischen Gruppen, wozu Empfindungen wie Furcht, Feindseligkeit und Mißtrauen gehören, sind schärfer ausgeprägt, wenn die Gruppenmitgliedschaft eingeschränkt ist. Eine Organisation, der jeder beitreten und von der sich jeder trennen kann, zieht zumeist keine feindseligen Empfindungen auf sich. Wo jedoch die Mitgliedschaft beschränkt ist, verstärkt sich die Gruppenidentifikation, und zwischen den Mitgliedern und Nichtmitgliedern entwickeln sich Barrieren. Wenn sich Barrieren verstärken, verringert sich die Kommunikation zwischen Gruppen, und an die Stelle von Verständigungsbereitschaft tritt Mißtrauen. An vielen Universitäten hängt die Aufforderung zum Beitritt zu einer Studentenvereinigung in nicht geringem Maße vom finanziellen Status der Familie ab. Die Exklusivität solcher Vereinigungen ist natürlich eine klare Abgrenzung gegenüber der Masse der anderen Studenten, und oft entwickelt sich zwischen den Mitgliedern und Nichtmitgliedern eine gewisse Animosität.

Häufig stellt schon das reine Vorhandensein oder Nichtvorhandensein von Geld eine Barriere dar. Ohne selbst reich zu sein, ist es schwierig, unter Reichen zu leben, obwohl es gelegentlich vorkommt. Einige weniger Wohlhabende verstehen es, durch gute Kleidung und richtiges Benehmen den Eindruck zu erwecken, reich zu sein. Manche Reichen kleiden und verhalten sich wie Arme und

nähern sich dadurch so an sie an, daß der wirtschaftliche Unterschied nicht mehr auffällt. Im allgemeinen verwenden jedoch die Reichen in einer Gemeinschaft ihr Geld, um sich von den weniger wohlhabenden Gemeinschaftsmitgliedern abzusondern. Unterschiede werden zu Barrieren, und je mehr sich die wohlhabende Gruppe in Kleidung, Wohnstil, Sprache, Gewohnheiten, Moralgrundsätzen und ähnlichen Aspekten unterscheidet, desto mehr entfremdet sie sich von der Masse der anderen und desto mehr Ressentiments und Feindseligkeit wird sie auf sich ziehen.
Auf gleiche Weise können Arme in einer Gemeinschaft ein Gemeinschafts- und Sicherheitsgefühl entwickeln, indem sie sich gleichartig kleiden, eine gemeinsame Ausdrucksweise entwickeln und die gleichen Tätigkeiten ausüben. Je mehr diese Charakteristiken sie im Rahmen der Gesamtheit als etwas Besonderes erscheinen lassen, desto eher werden sie als Bedrohung empfunden und desto eher ziehen sie Argwohn und Feindseligkeit auf sich.

GELD UND SCHULDGEFÜHLE

Eine der kulturellen Kräfte, die zur Formung des amerikanischen Charakters beigetragen hat, ist die puritanische Ethik, die auch protestantische Ethik genannt wird. Man braucht natürlich nicht im religiösen Sinne ein Protestant zu sein, um im Sinne der protestantischen Ethik zu leben. Man begegnet dieser Lebensart auch bei Katholiken, Juden oder Atheisten. Erforderlich ist dabei lediglich, daß man von früher Kindheit an nach einer Moralphilosophie erzogen wird, die lehrt, daß harte Arbeit, Selbstaufopferung und Dulden tu-

gendhaft, Genußsucht und Wohlleben aber sündig seien.
Von allen Todsünden ist vom puritanischen Standpunkt aus wahrscheinlich die «Selbstsucht» die schlimmste Sünde. Geringere Sünden können unter bestimmten Umständen vergeben werden, doch Selbstsucht ist der sicherste Weg zur Hölle. Es gilt als Schande, sich irgendwelchen Vergnügungen hinzugeben, und es wird als unverzeihliche Sünde betrachtet, etwas zu besitzen oder zu begehren, das nur der persönlichen Befriedigung dient. Spielsachen sind gemeinschaftlich zu benutzen. Gibt es Eiscreme, dann sollen alle etwas davon bekommen. Eitelkeit und Stolz werden verabscheut.
Nach der protestantischen Ethik erzogene Kinder werden ständig ermahnt, von ihren bösen, selbstsüchtigen Gewohnheiten abzulassen. Es werden ihnen alle Arten von Strafen angedroht — auf Erden wie im Jenseits —, wenn sie nicht die Gefühle und das Wohl der Eltern, Verwandten, Freunde und aller armen und leidenden Menschen in der Welt vor ihre eigenen Wünsche stellen. Die schlimmste aller Strafen ist jedoch jenes alles durchdringende Schuldgefühl, das die Menschen jedesmal plagt, wenn sie etwas haben wollen, das etwas besser ist als das, was die Nachbarn haben, oder wenn sie zu bekennen wagen, daß sie anders, besser, klüger oder reicher als ein anderer sein wollen.
Jedermann weiß um die Folgen dieser Kindererziehung. Wer sie nicht am eigenen Leib erfahren hat, kennt jemanden, der darunter gelitten hat. Ein Beispiel hierfür ist George Hanson. George wuchs als einziger Sohn skandinavischer Einwanderer in einer kleinen Stadt des amerikanischen Mittelwestens auf. Als Kind konnte George seinen Vater nie zufriedenstellen, so sehr er sich auch bemühte.

Sein Vater war ein schwer arbeitender, gottesfürchtiger Mann, dem es widerstrebte, seinen Sohn zu loben. Er gab immer sein Bestes und erwartete von allen anderen, besonders von George, daß sie sich ebenso verhielten. Auch wenn George etwas Besonderes leistete, wies sein Vater auf andere Bereiche hin, wo der Junge sich verbessern konnte. Der Schwerpunkt lag immer im Negativen. George gab es nie auf, seinen Vater zufriedenstellen zu wollen, obwohl sich dabei eine schwerwiegende Verstimmung entwickelte. Ein Haßgefühl gegenüber seinem Vater hätte ihm also unerträgliche Konflikte gebracht, und so verbannte George diese Empfindung in sein Unterbewußtsein. Gelegentlich jedoch, wenn er von seinem Vater getadelt wurde, gewannen Frustration und Wut die Oberhand, und dann ballte er die Fäuste und murmelte zu sich selbst: «Ich wünschte, er wäre tot!»

Im Hause gegenüber wohnte Ellen Murphy. Ihr Vater war Fleischer und verdiente gut, doch das Geld war knapp, da sieben Kinder zu ernähren und zu kleiden waren. Ellen war das jüngste von fünf Mädchen. Sie war ein lebhaftes, frohes Kind mit ausgeprägter Phantasie. Stundenlang konnte sie träumen und sich vorstellen, sie würde eines Tages eine Filmschauspielerin werden, schöne Kleider tragen und gut aussehende Verehrer haben. Die Kleider, die sie tatsächlich trug, stammten von ihren älteren Schwestern. Ellens Mutter schalt sie häufig wegen ihrer Oberflächlichkeit. Sie schärfte ihr immer wieder ein, sparsam und fromm zu sein. Sie sprach von Hölle und Verdammnis und den Tugenden der Selbstaufopferung.

Neben den Murphys wohnten die Fergusons. Die Fergusons hatten drei Söhne: Thomas, Warren und Wade. An den Wochenenden und in den Sommerferien halfen Thomas und Warren im väterlichen Holzhandel. Wade blieb jedoch, sooft es sich einrichten ließ, in seinem Zimmer, hörte sich Rockmusik an oder spielte auf seiner Gitarre. Gelegentlich verdiente er sich durch Singen und Spielen in den Lokalen des Ortes etwas Geld. Sein Musiklehrer war der Meinung, daß Wade Talent hätte und eine musikalische Karriere aufbauen könnte. Seine Eltern waren jedoch über diese Pläne äußerst aufgebracht, denn sie waren entschlossen, ihn in den Familienbetrieb eintreten zu lassen.

Millionen von Amerikaner wie Europäer sind in Verhältnissen aufgewachsen, die jenen ähneln, in denen George Hanson, Ellen Murphy und Wade Ferguson lebten. Solche Verhältnisse tragen dazu bei, auf der Grundlage von harter Arbeit und Fleiß eine gesicherte wirtschaftliche Zukunft aufzubauen. In vielen Fällen schränken sie jedoch die Anhäufung von Reichtum ein und verderben die Freude an dem Geld, das man sich tatsächlich erwirbt. Das Endergebnis einer solchen Erziehung ist eine Persönlichkeit, die im wesentlichen charakterisiert ist durch Selbstverleugnung, Selbstunterschätzung und einen überwältigenden Schuldkomplex. Die Arbeit verleiht ein Gefühl der Vollendung und Genugtuung, während anderseits unproduktive Muße zu Unbehaglichkeit, ja selbst zu Angstgefühlen führen kann.

Man hat beobachtet, daß viele Leute, die nach dem Wertsystem der protestantischen Ethik leben, beim Erwerb von viel Geld Schuldgefühle entwickeln. Die protestantische Ethik richtet sich nicht gegen Geld an sich, sondern nur gegen allzu großen Reichtum oder gegen allzu leicht erworbenes oder ostentativ zur Schau gestelltes Geld. Gegen Geld ist nichts einzuwenden, solange es das Ergebnis

harter Arbeit ist, da harte Arbeit als charakterbildend angesehen wird. Nun ist natürlich die aufgewendete Energie selten das einzige Kriterium für den Ertrag einer Arbeit. Ein erfolgreicher Rocksänger kann bei einem Auftritt mehr Geld verdienen als ein tüchtiger Bergarbeiter im ganzen Jahr. Ein im Schweiße seines Angesichts arbeitender Bergmann hat in seinem ganzen Leben nicht genügend Arbeitsstunden zur Verfügung, um reich zu werden. Dennoch setzt der puritanische Kodex «leicht verdientes» Geld mit Unredlichkeit und Sündhaftigkeit gleich und preist harte Arbeit, egal ob sie zu Reichtum führt oder nicht.
Die Schuldgefühle, die durch eine Befolgung der Grundsätze der protestantischen Ethik hervorgerufen werden können, manifestieren sich auf zwei Arten: Sie können der eigentlichen Handlung vorausgehen oder ihr folgen. Wer etwas tut, das ein Schuldgefühl hervorruft, wird Empfindungen des Unbehagens, der Unzufriedenheit, des Abscheus vor sich selbst verspüren. Gehen Schuldgefühle der Handlung voraus (man nennt dies gelegentlich «antizipierende Schuld»), dann wird die Person gewöhnlich einen Grund oder einen Anlaß finden, um die Tat nicht zu vollbringen.
Die meisten Menschen verspüren ein bewußtes und direktes Schuldgefühl, wenn sie absichtlich etwas tun, das sie als falsch betrachten. Vieles ist jedoch nicht offensichtlich «falsch», und das daraus entstehende Schuldgefühl ist ebenfalls nicht offensichtlich. Das Unbehagen, das sich einstellt, wird vielleicht gar nicht als Schuld erkannt. Zum Beispiel litt Wade Ferguson häufig an Übelkeit oder anderen unbestimmten körperlichen Symptomen, wenn seine Mutter ihn tadelte, daß er durch sein Gitarrespielen Zeit vergeude.

Wer sich seiner Schuldgefühle bewußt wird, kann positive Schritte unternehmen, um sie loszuwerden. Er kann versuchen, die Handlungen rückgängig zu machen, die die Schuldgefühle hervorrufen; er kann sich um Wiedergutmachung bemühen oder um Vergebung, wenn er einem anderen Unrecht zugefügt hat.

Hingegen ist die Lösung nicht so leicht, wenn die Schuld unbewußt ist und nicht direkt erlebt wird. Da der Mensch sich nicht im klaren ist, was die Schuldgefühle hervorgerufen hat, und das Unbehagen gewöhnlich nicht einmal als Schuld erkannt wird, ist es außerordentlich schwierig, durch positive Schritte die Situation zu bereinigen. In diesem Falle kann Schuld zu psychosomatischen Beschwerden führen, depressive Stimmungen verursachen oder auch in unbewußte Versuche der Selbstbestrafung umschlagen. Bei Menschen, die sich wegen reichlichen Geldverdienens schuldig fühlen, ist es nicht ungewöhnlich, daß sie für soziale Zwecke spenden, daß sie durch schlechtes Anlegen Geld einbüßen oder daß sie verschwenderische Ausgaben machen, bis das ganze Geld dahin ist. Jemand kann ein Vermögen verlieren oder Gelegenheiten zum Geldverdienen versäumen, wenn er seine Schuldgefühle dadurch aufwiegen will, daß er «absichtlich» Entscheidungen trifft, die statt zum Erfolg zum Fehlschlag führen müssen.

Schlechte Entscheidungen in Geldangelegenheiten waren es auch, die George Hanson veranlaßten, fachlichen Rat einzuholen. Mit fünfunddreißig Jahren konsultierte George einen Psychologen, da seine geschäftlichen Verhältnisse ihm unbegreiflich waren und ihn immer mehr ärgerten. Er war ein intelligenter, hart arbeitender, schöpferischer Mann, der noch immer versuchte, durch Erfolge im

Geschäftsleben seinem Vater zu imponieren. Nach dem Schulbesuch arbeitete er bei seinem Vater, der eine kleine, aber einträgliche Druckerei besaß. Nach einigen Jahren beschloß er, sich selbständig zu machen. Er hatte sich etwas Geld erspart und konnte weitere Geldmittel bei der Bank borgen. Damit kaufte er sich ein kleines Möbelgeschäft von einem Nachbarn, der sich zur Ruhe setzen wollte. Er arbeitete hart, dekorierte die Auslagen um, sorgte für neuartige Werbemaßnahmen, und das Geschäft begann zu florieren.
Als das Nachbargebäude frei wurde, pachtete es George und erweiterte seinen Laden. Er beschäftigte weitere Angestellte und begann bereits am Fernsehen für sein Geschäft zu werben. Die Umsätze schnellten noch mehr in die Höhe. Als nächstes beschloß er, einen weiteren Laden am anderen Ende der Stadt zu eröffnen. Hierbei hatte er sich jedoch eine schlechte Geschäftslage ausgesucht. Obwohl er viel Arbeit und Geld in das neue Unternehmen hineinsteckte, mußte er bald nicht nur den neuen, sondern auch den alten Laden schließen. Nach drei Jahren harter Arbeit und Selbstaufopferung stand George auf der Straße, ohne Geld und ohne Job.
George gab sich jedoch nicht so leicht geschlagen. Als er das zweite Mal auf dem besten Weg war, ein wohlhabender Mann zu werden, nahm er sich einen Teilhaber, der mit dem Firmengeld durchbrannte. Beim dritten Mal steckte er seinen schwer erworbenen Gewinn in Waren, die sich nicht verkaufen ließen. Als er jetzt zum vierten Mal im Begriff war, sein Vermögen zu verlieren, suchte er dringend Rat und Hilfe, um herauszufinden, weshalb er gerade dann immer von Fehlschlägen heimgesucht wurde, wenn er dabei war, die Früchte har-

ter Arbeit und sorgfältiger Vorbereitungen zu ernten.

Nach einer Anzahl von Sitzungen beim Psychologen wurde festgestellt, daß das zugrundeliegende selbstzerstörerische Verhalten durch Schuld motiviert war. Vereinfacht sah dieser Prozeß etwa folgendermaßen aus:

1. Von früher Kindheit an entwickelten sich bei George starke, jedoch verdrängte feindselige Gefühle gegenüber seinem Vater, weil er sich von ihm abgewiesen fühlte.
2. Sein Antrieb, erfolgreich zu werden, war ein Versuch, die Anerkennung seines Vaters zu gewinnen.
3. Außerordentlich günstige finanzielle und geschäftliche Abschlüsse hätten ihn jedoch erfolgreicher als sein Vater werden lassen.
4. Erfolgreicher als sein Vater zu sein, wurde unbewußt gleichgesetzt mit der Vernichtung seines Vaters und der Übernahme der Rolle des Vaters.
5. Um sich von Schuldgefühlen wegen der symbolischen Vernichtung seines Vaters freizuhalten, sorgte George deshalb für Rettung in letzter Sekunde, indem er alles, wofür er gearbeitet hatte, zunichte machte. Somit konnte er in einer untergeordneten, doch für ihn sichereren finanziellen Position bleiben.

Als George in der Lage war, seinen Zorn auf seinen Vater zu begreifen und zu akzeptieren, brauchte er ihn nicht mehr zu begraben. Er konnte seine Emotionen offener ausdrücken und vermochte auch die negativen Empfindungen gegenüber seinem Vater zu analysieren, und gleichzeitig schwanden seine Schuldgefühle. Er entwickelte nicht nur eine gesundere, reifere Beziehung zu seinem Vater, son-

dern fühlte sich auch nicht mehr getrieben, auf Biegen oder Brechen der größte Geschäftsmann in der Stadt zu werden.
Unbewußte Schuldgefühle sind außerordentlich schwierig zu behandeln, da sie ja bereits der Wortbedeutung nach über den Bereich des Bewußtseins hinausreichen. Bevor er sich in Behandlung begab, hätte George kategorisch bestritten, daß er seinem Vater gegenüber Wut und Feindseligkeit empfand. Er respektierte seinen Vater, obwohl sie einander nicht sehr nahe standen. Und da er sich selbst für einen aufgeklärten, modernen Menschen hielt, wäre es ihm noch unglaubwürdiger erschienen, wenn ihm jemand gesagt hätte, daß er wegen dieser Empfindungen, von denen er nichts wußte, Schuldgefühle hege. Und dennoch waren es genau diese Schuldgefühle, die ihn dazu brachten, seine Wut von Anfang an zu verdrängen.
Ellen Murphys Problem war etwas anders gelagert. Nach dem Besuch der High School verließ sie ihr Elternhaus und zog in eine große Stadt, wo sie in einer Werbeagentur Arbeit fand. Allmählich entwickelte sie eine Vorliebe für das Schreiben von Manuskripten in traditioneller, aber geschmackvoller Art. Als die Agentur in Konkurs ging, überredete ein Bekannter Ellen, sich selbständig zu machen. Eine Zeitlang arbeitete sie freiberuflich und eröffnete schließlich eine eigene kleine Agentur. Die meisten Arbeiten führte sie selbst aus. Sie hatte nur wenige Kunden, doch diese hielten zu ihr und waren mit ihrer Arbeit zufrieden. Obwohl sie eine attraktive Frau war, heiratete sie nicht, sondern widmete ihr Leben der Arbeit, die ihr als Ventil für ihren Ideenreichtum diente.
Ellen hatte nur geringen gesellschaftlichen Verkehr. Sie fand wenig Zeit, für ihren kleinen Be-

kanntenkreis. Persönliche Bedürfnisse hatte sie kaum, und ihre Lebensweise war einfach und spartanisch. In ihrer Branche, die zu einem großen Teil auf persönliche und gesellschaftliche Kontakte angewiesen ist, hielt Ellen sich Jahre hindurch abseits. Sie vermied es, auf Partys, an Sitzungen und gesellschaftlichen Veranstaltungen zu erscheinen. In der Zwischenzeit kamen weniger fähige Konkurrenten gut voran, während ihr eigener Umsatz stagnierte.

Für ihr ungeselliges Verhalten fand sie vielerlei Ausreden und Erklärungen; doch psychologisch betrachtet war es noch immer das Verhalten eines kleinen Mädchens, das die Kleider seiner älteren Schwestern tragen muß. Sie hatte keine Gewissensbisse, wenn sie Kunden erklärte, sie müßten Geld ausgeben, um Geld zu verdienen. Sie selbst hatte jedoch zu starke Schuldgefühle, um Geld für teure Kleider, für ihre Wohnung und ihre Unterhaltung auszugeben, obwohl sie wußte, daß es sich geschäftlich vorteilhaft auswirken würde.

Und Wade Ferguson wurde nie ein Star in der Musikwelt. Er und seine beiden Brüder sind zu je einem Drittel am Familienbetrieb beteiligt. Wade ist verheiratet, hat zwei Kinder und lebt in einer komfortablen Wohnung im Neubauviertel der Stadt. Jeden Dienstag nimmt er an einem Essen des Rotary-Clubs teil. Er singt im Kirchenchor.

Eine Zeitlang war die Familie jedoch über Wades Verhalten enttäuscht. Als er aufwuchs, tolerierte man noch seine «Faulheit», doch als er im ersten Semester das College verließ und nach Hollywood zog, war er zu weit gegangen. Zunächst versuchten seine Eltern noch, sich damit zu trösten, daß er seine unsinnige Handlungsweise schon bald bereuen werde. Doch Wade nahm Aushilfsarbeiten an und verbrachte viel Zeit mit Komponieren. Als er eines Tages aufgeregt am Telefon mitteilte, daß ein Verlag für einige seiner Songs Interesse bekundet habe, war Wades Familie überzeugt, daß er von seinem Lebenswandel nicht ablassen wollte und daß etwas Drastisches unternommen werden müsse.

In Briefen und am Telefon verstärkte seine Mutter ihr Bitten und Jammern, sein Vater belehrte ihn eindringlich, und Thomas und Warren verfolgten ihre Taktik der Gespräche «von Mann zu Mann» mit Wade. Schließlich entwickelte sich bei ihm eine Stimmung der Niedergeschlagenheit und Frustration, teilweise als Ergebnis dieser ständigen Bombardierung. Die ihm in der Kindheit eingepflanzten Schuldgefühle gingen auf, und Wade «kam zu sich». Er gab seinen Traum auf, im Showgeschäft reich zu werden, und kehrte zur Sicherheit und Stabilität des Familienunternehmens zurück. Er konnte mit dem Schuldgefühl nicht fertig werden, für etwas bezahlt zu werden, das ihm Vergnügen bereitete, für etwas Schöpferisches und Angenehmes. Schließlich begann er sogar, sich tugendhaft dabei vorzukommen, daß er zehn Stunden täglich bei einer Arbeit zubrachte, die er nicht mochte.

Die puritanische Ethik mit ihrer Betonung von harter Arbeit, Fleiß, der Überwindung von Mißgeschick und, in gewisser Weise, auch die Tugend der Geschäftstüchtigkeit haben dazu beigetragen, die USA wie auch verschiedene europäische Länder zu wohlhabenden Industrienationen zu machen. Sie hat aber auch dazu beigetragen, bei sehr vielen Menschen verwirrende und paradoxe Auffassungen über das Geld zu erzeugen. Die Ethik lehrt, daß die Menschen hart arbeiten und Opfer bringen sollen, um Geld zu verdienen; daß sie es aber nicht genießen sollen, wenn sie es verdient haben. Die Lehre sagt weiterhin, daß zu leicht verdientes Geld ein «Werk des Teufels» sei; nach längerer Zeit durch harte Arbeit angesammeltes Geld sei jedoch ein Beweis dafür, daß man «Gnade bei Gott» gefunden habe. Nach dieser Ethik können sowohl das Vorhandensein als auch der Mangel an Geld Schuldgefühle hervorrufen, und das Geld kann die Tugend eines Menschen sowohl schützen als auch zerstören.

Wenn Sie sich wie die meisten Menschen im Irrgarten des Geldes gefangen fühlen und nicht wissen, wie Sie dorthin gelangten und wie Sie herauskommen können, dann stehen Sie damit bestimmt nicht allein da. Sie fragen sich vielleicht, weshalb Sie für Luxusgüter ungehemmt Geld ausgeben, jedoch vor dem Kauf von Tomaten zurückschrecken, weil sie ein wenig teurer als am Vortage sind. Vielleicht verspüren Sie beim Gewinn einer Wette oder bei einem schnellen Verdienst für eine einfache Aufgabe nicht ein Gefühl der Freude, sondern der Niedergeschlagenheit — oder vielleicht haben Sie den Wunsch, dieses Geld für etwas Besonderes zu verwenden. Vielleicht beklagen Sie sich bitter über Ihre Arbeit oder die schlechte Bezahlung und stellen dann plötzlich fest, daß Sie nie ernsthaft daran gedacht haben zu kündigen oder zu versuchen, eine andere Stellung zu finden.

Welche Widersprüchlichkeiten Sie auch immer in Ihrem eigenen Verhältnis zum Geld feststellen, sie sind stets das Ergebnis eines vorhergehenden Lernprozesses. Wie alle komplexen Verhaltensweisen ist auch das Verhalten dem Geld gegenüber erlernt. Positive und negative Erfahrungen in der Kindheit, der kulturelle Einfluß und Früherziehung tragen dazu bei, das Verhältnis zum Geld zu definieren. Wenn sich diese Einstellung zum Geld jetzt als lästig und unangemessen herausstellt, kann man sie ändern. In den folgenden Kapiteln wollen wir die psychologischen Bedeutungen verschiedener Formen des Geldwahns erforschen und die Mittel, mit denen sie behandelt werden können, damit das Geld einen vernünftigen Platz in unserem Leben einnehmen kann.

4
Die Verfolgung einer Illusion

Ruhm und Reichtum sind der Stoff, aus dem die Träume gemacht sind. In Märchen wie Aschenbrödel oder Dornröschen deutet der Schluß «Und sie lebten glücklich bis ans Ende ihrer Tage» darauf hin, daß das glückliche Paar nicht nur ineinander verliebt, sondern auch sehr reich war.

Vorstellungen von Geld und Ruhm regen die Phantasie von Millionen junger Menschen an, und das Versprechen von Reichtum ist die Verlockung, die das Leben vieler Leute aus allen Altersgruppen formt. Welches Kind hat nicht davon geträumt, eines Tages ein Filmstar, Schauspieler oder Berufssportler zu werden — also berühmt und reich zu sein?

Alice Cooper, der männliche Rockstar mit dem weiblichen Vornamen, ist ein Mann, dessen Traum Wirklichkeit wurde, als er noch in seinen Zwanzigerjahren war. Nach einem schwierigen Beginn wurde Cooper, zu dessen bizarrem Auftritt auch das Singen in Gegenwart einer lebenden Boa Constrictor gehörte, über Nacht zu einem Millionär. «Das wichtigste war, erst mal eine Million Dollar zu verdienen. Sonst hätte sich die Anstrengung nicht gelohnt», sagte Alice. «Ich bin ein echt amerikanischer Rocksänger. Ich habe amerikanische Ideale. Ich liebe Geld.»

Auf jeden Alice Cooper, dessen Träume wahr werden, kommen Tausende, deren Träume unerfüllt bleiben. Doch die miserablen Aussichten scheinen niemanden abzuschrecken, der entschlossen ist, seinen Traum Wirklichkeit werden zu lassen. Die Zauberkraft des Geldes ist so groß, daß nur wenige Menschen mit Logik oder Vernunft reagieren. Die zauberkräftige Bedeutung des Geldes reicht bis ins Altertum zurück. Antike Münzen trugen das Abbild des Herrschers des Landes, in dem sie geprägt worden waren, und die magischen Kräfte, die dem Herrscher beigemessen wurden, übertrugen sich symbolisch auf die Münzen. Solche Münzen hatten dann mehr die Funktion eines Talismans als die eines Handelsinstruments.

Die Magie des Geldes hat im Laufe der letzten zweieinhalb- bis dreitausend Jahre an Kraft gewonnen. Und je mehr Menschen dem Geld untertan wurden, desto mehr haben sich auch die Rolle und das Wesen seiner Zauberkraft verstärkt. Die Mythen und Rituale sind komplexer geworden, die Geldpriesterschaft hat sich erweitert und schließt jetzt auch Bankiers, Gesetzgeber, Buchhalter, Anwälte, Makler und Finanziers ein.

Die grundlegende Magie des Geldes hat sich durch diese Entwicklungen aber nicht gewandelt. Wer Geld hat, ist mit großer Macht ausgestattet. Mit einer Handvoll Geld kann ein sonst unbedeutender Mensch andere veranlassen, ihn zu bedienen und ihm alle Wünsche zu erfüllen — seine Schuhe zu putzen, seine Kleidung zu säubern, sein Weinglas vollzuschenken, kurz gesagt, ihn wie einen König zu behandeln.

Der Verlauf der Geschichte wird, zum Guten oder

zum Bösen, beständig durch die Macht des Geldes gelenkt. Das internationale Machtgleichgewicht verlagert sich in der heutigen Zeit wegen der wirtschaftlichen Bedeutung des arabischen Öls. Kriege werden weniger aus ideologischen als aus ökonomischen Gründen geführt.

Die Amerikanische Revolution beispielsweise begann mit einem Streit über Steuerabgaben. Die Gewerkschaften entwickelten sich aus einem organisierten Kampf um höhere Löhne. Auf der anderen Seite beruht das organisierte Verbrechen auf der Tatsache, daß manche Menschen bereit sind, für illegale Leistungen Geld anzunehmen. Schon Jesus Christus wurde für dreißig Silberlinge verraten, was einem heutigen Gegenwert von etwa fünfzig Mark entspricht.

Das Geld verleiht nicht nur die Kraft, andere Menschen und ihr Verhalten zu kontrollieren und zu lenken, sondern dient auch als eine Art Amulett, als Schutz vor mutmaßlichem Unheil oder Schaden. In einer Welt voll bekannter und unbekannter Gefahren vermittelt Geld oft ein Gefühl der emotionalen Sicherheit. Emotional unsichere Menschen suchen ihre Minderwertigkeitskomplexe häufig dadurch zu kompensieren, daß sie Geld als Bollwerk gegen befürchtete Angriffe auf ihre Person anhäufen.

Für manche besitzt das Geld magische Heilkräfte. Für Menschen, die beim Schrumpfen der Finanzen Angstgefühle entwickeln, bedeutet eine Geldspritze zugleich eine plötzliche Rückkehr zur normalen Stimmungslage. Wenn das Gefühl der Zufriedenheit von der Höhe des Bankkontos abhängig ist, kann ein Abfluß von Geldmitteln Niedergeschlagenheit hervorrufen. In solchen Fällen ist Geld ein besseres Mittel zur Stimmungsaufhellung als alles andere, was die Medizin bisher entwickelt hat. Bei Mangel an intensiver Psychotherapie ist eine Geldspritze bei vielen Menschen mit neurotischen finanziellen Problemen wahrscheinlich die geeignete Behandlung — obwohl die Besserung nur vorübergehend ist und die Symptome bald wiederkehren.

Karl Schroeder hatte eine kleine, aber gutgehende Bäckerei. Fast das ganze Jahr über war er in gedrückter Stimmung. Wenn der Zuckerpreis um fünfzig Pfennig je Pfund stieg, kam er niedergeschlagen und mit Kopfschmerzen nach Hause. Wenn Feiertage kamen, besonders vor Weihnachten, war Karl jedoch ein ganz anderer Mensch. Er begrüßte die Kunden mit freundlichem Lächeln und scherzte mit den Verkäufern. Wer ihn nicht kannte, dachte sich vielleicht, daß sein Verhalten mit der Feiertagsstimmung zusammenhinge. Nur seine Frau und wenige gute Bekannte wußten, daß seine Fröhlichkeit das direkte Ergebnis größerer Umsätze und Gewinne in der Festtagszeit war.

Redensarten wie «Wo Geld vorangeht, da stehen alle Türen offen» und «Geld macht Häßliche schön» weisen darauf hin, daß der Wirkung des Geldes offenbar keine Grenzen gesetzt sind. Mit Leichtigkeit kann es den menschlichen Charakter verändern.

In der «Irren von Chaillot» von Jean Giraudoux heißt es: «Geld zu haben bedeutet, tugendhaft, ehrbar, schön und klug zu sein. Und keines zu haben bedeutet, häßlich, langweilig, dumm und nutzlos zu sein.»

DIE SCHWARZE MAGIE DES GELDES

Nicht alle Kräfte des Geldes wirken positiv; manchmal wirken sie wie ein Fluch. Als José Sanchez, ein Kaufmann aus Miami in Florida, einen Handleser, für die Lösung seiner persönlichen Probleme konsultierte, wurde ihm gesagt, er stehe unter dem Einfluß des «Bösen» in dem Geld, das er verdient und gespart hatte. Er solle das Geld zum Handleser bringen, um es «exorzieren» zu lassen, was er auch tat.

Nach einiger Zeit ging er zur Polizei und klagte, daß seine Probleme immer noch ungelöst, dafür aber seine ganzen Ersparnisse in Höhe von 20 000 Dollar verschwunden seien.

Während es leicht ist, Mr. Sanchez für einen naiven und leichtgläubigen Menschen zu halten, der einem Scharlatan seine Ersparnisse anvertraute, ist es schwieriger, seinen Aberglauben zu widerlegen, daß er das Opfer «bösen Geldes» geworden sei. Nicht wenige sind überzeugt, daß die «schwarze Magie» des Geldes die Seelen verdirbt und Elend und Unglück heraufbeschwört. Viele Menschen glauben fest daran, daß Geld «die Wurzel allen Übels» sei. Deshalb bedeutet das Armsein zugleich ein Unverdorbensein, das den Schutz vor Sünde, Korruption und allen Mächten des Bösen genießt.

Geld und Tugend werden häufig als entgegengesetzte Pole betrachtet. Redensarten wie «arm aber ehrlich» wirken banal, während «reich aber ehrlich» eher widersprüchlich klingt. Verbrechen, Laster und Unredlichkeiten bringen im allgemeinen erheblich mehr Geld ein als ehrliche Arbeit. In den meisten Fällen muß derjenige, der sehr schnell sehr viel Geld haben will, zwischen Reichtum und

Tugend wählen. Und nicht selten trägt das Geld den Sieg davon.
Im Jahre 441 v. Chr. schrieb Sophokles: «Es ist das Geld, das Städte vernichtet und Männer von Herd und Heim vertreibt, das die angeborene Unschuld verzerrt und verdirbt und die Unredlichkeit zur Gewohnheit werden läßt.» Die Ausdrucksweise ist zwar etwas steif, doch der Satz könnte ebensogut aus der Feder eines zeitgenössischen Schriftstellers stammen. Mehr als zweitausend Jahre später ließ John Ingalls, Senator von Kansas, in einer Rede vor dem amerikanischen Senat sein Mißtrauen und seine Abneigung in ähnlicher Weise erkennen. «Geld», verkündete er, «ist das Werkzeug der Spieler und Spekulanten und das Idol des Geizigen und des Diebes ... Niemand, der in Not war, hat je im Geld einen treuen Verbündeten gefunden. Es ist vertragsbrüchig und hat keinen Freund, den es nicht früher oder später betrügt.»
Unrechtmäßig erworbenes Geld nennt man «schmutziges Geld». Viele Leute, die für Geld «ihre Seelen verkaufen», bereuen es später. Die Schuldgefühle wegen ihres Fehlverhaltens können viele Formen annehmen; es ist jedoch offensichtlich, daß viele, die ihr Vermögen auf skrupellose Weise erworben haben, einen Zwang zur Selbstreinigung verspüren und ihr Geld verschenken. Manche der großen humanitären Stiftungen verdanken ihr Entstehen den Schuldgefühlen ihrer Begründer. So verwendete Alfred Nobel, durch seine Erfindung des Dynamits zu einem der reichsten Männer der Welt geworden, einen Teil seines Vermögens zur Gründung einer Stiftung, um jährlich Preise an solche Personen auszuzahlen, die wertvolle Beiträge zum «Wohl der Menschheit» geleistet hatten. Nobel fühlte sich schuldig, denn die

Sprengstoffe hatten ihn zwar reich gemacht, jedoch den Tod seines Bruders und die Erkrankung seines Vaters verursacht, und sie brachten mehr Unheil im Krieg als Nutzen im Frieden.

DIE FURCHT VOR DEM ÜBERFLUSS

Nach Reichtum zu streben, gehört zur westlichen Lebensart. Zur gleichen Tradition gehört aber auch, den Überfluß zu fürchten. Die puritanische Ethik fordert, daß der Reichtum nur bei gleichzeitigem Vorhandensein eines «guten Charakters» statthaft ist. Der Charakter entwickelt sich, indem man widrigen Umständen entgegentritt und sie überwindet. Als Beispiel dafür wird oft Horatio Alger angeführt, der sich mit dem Besen in der Hand emporarbeitete und nach vielen Bemühungen schließlich Chef des Unternehmens wurde. Jegliche Abkürzung auf dem Weg zur Spitze wird als negativ empfunden, da dies die Entwicklung des Charakters behindert, die erforderlich ist, um den Versuchungen des Reichtums zu widerstehen.
Vom puritanischen Standpunkt aus werden der Spekulant und der Spieler verachtet, da sie reich werden wollen, ohne Widrigkeiten zu überwinden und ohne Beiträge für die Allgemeinheit zu leisten. Obwohl er selbst ein Spekulant war, trat Andrew Carnegie als Befürworter der puritanischen Ethik in Erscheinung. In einer Ansprache mit dem Motto «Der Weg zum Geschäftserfolg — ein Gespräch mit jungen Männern» drückte er es so aus: «Als Zielsetzung ist der Erwerb von Reichtümern äußerst unedel; ich setze voraus, daß Sie den Reichtum nur als ein Mittel anstreben, das Sie in eine bessere Lage versetzen soll, um später Ihrer

Generation nützlich zu sein.» Im Gegensatz hierzu beruht die Spekulation auf der Überzeugung, daß es möglich sei, schnell und ohne das vorgesehene Maß an Entbehrungen wohlhabend zu werden.
Professor John P. Sisk von der Universität von Gonzaga behauptet in einer Abhandlung über die Furcht vor dem Reichtum, die Furcht beruhe darauf, daß «Reichtum, so wie Leidenschaft, Verlust der Beherrschung» bedeute.
Dies heißt, daß bei Anhäufung von Reichtum das Geld schließlich den Menschen, und nicht der Mensch das Geld beherrscht. Der Wohlhabende läßt sich leicht durch Geld und Besitz fesseln und verliert damit die Freiheit, unabhängige Entscheide zu treffen. Das Geld diktiert, wo und wie man lebt. Es schränkt den Kreis der Freunde und Bekannten ein und legt den Rahmen der Betätigungen fest.
Als Bill Harvey zum Vizepräsidenten der Firma ernannt wurde, stieg sein Gehalt beträchtlich, und die Familie zog in ein vornehmes Stadtviertel. Die Kinder wurden auf Privatschulen geschickt, und Bills Frau, Beverly, stellte eine Haushalthilfe ein. Die Harveys traten dem Country-Club bei. Sie hatten häufig Geschäftsfreunde zu Gast, und so verbrachten Bill und Beverly selten einen Abend allein und fanden kaum Zeit, frühere Freunde und Nachbarn zu besuchen. Beverly sah sich gezwungen, mehr Geld für Kleidung und Schönheitspflege aufzuwenden, um ihrer neuen Umgebung gerecht zu werden, und Bill konnte es sich nicht mehr erlauben, in seinen bequemen, aber abgetragenen Jeans und Sporthemden herumzulaufen.
Vor dem Umzug arbeitete Bill gern im Garten. Er freute sich auf die Wochenenden, wenn er den Rasen mähen, die Hecke schneiden und in Gesell-

schaft eines Nachbarn ein Bier trinken konnte. Da jedoch die neuen Nachbarn durchwegs Gärtner beschäftigten, meinte Bill, es sich nun nicht mehr erlauben zu dürfen, selbst seinen Rasen zu mähen. Statt dessen fing er an, Golf zu spielen. Doch das Golfspiel erschien ihm zu ernsthaft und machte ihm nicht soviel Spaß wie die Gartenarbeit, die ihm Entspannung und Vergnügen bereitet hatte.

In seinen ersten Berufsjahren hatte Bill gelegentlich ein paar Wertpapiere gekauft. Beim Frühstück las er dann begeistert die Morgenzeitung und verglich die neuen Börsenkurse mit den alten, wobei er versuchte, Gründe für die Schwankungen herauszufinden. Jetzt war er ein wohlhabender Mann, der viele Wertpapiere besaß, und die Mühen, die er aufwenden mußte, um die Börsentendenz zu erfassen, wurden zu einem todernsten Geschäft. Mit dem Spaß war es vorbei. Immer mehr hatten Bill und Beverly das Gefühl, wichtige Bereiche ihres Daseins nicht mehr zu beherrschen. Sie wußten aber nicht, wie es dazu gekommen war.

Im tieferen Gefühlsbereich hat der Verlust der Kontrolle noch eine etwas andere Bedeutung. Reichtum bedeutet zugleich Überfluß an Geld, ein grenzenloser Strom dessen, was für ein sehr angenehmes Leben erforderlich ist. Im Gegensatz hierzu setzt die puritanische Weltauffassung Schranken in allen Bereichen und fordert, Dinge wie Geld, Zeit, Hilfsmittel, Energie, Sex und Emotionen sparsam zu behandeln. Die Entwicklung des «Charakters» ermöglicht es den Menschen, der Versuchung zu widerstehen, eines dieser wesentlichen Dinge zu vergeuden. Wenn jedoch etwas in unbeschränkter Menge vorhanden wäre — Geld zum Beispiel —, dann bestünde kein Anlaß, es zu erhalten, zu sparen oder zu investieren. Kurz gesagt, es gäbe keinen Grund, eine Herrschaft über das Geld und damit die Kontrolle über dessen Verwendung auszuüben.

LEICHT VERDIENTES GELD

In vergangenen Zeiten versuchten die Alchimisten, billige Metalle in Gold zu verwandeln. Die meisten handelten aus Habsucht, einzelne jedoch aus edleren Motiven. Sie glaubten, daß Korruption, Habsucht und Verbrechen verschwinden würden, wenn Gold allen Menschen zugänglich wäre. Die Alchemie, eine Mischung aus Wissenschaft, Magie und Religion, scheiterte. Jedoch bleibt der Traum von «Straßen, die mit Gold gepflastert sind» oder einem endlosen Zufluß von Geld in den Vorstellungen vieler Menschen erhalten. Es ist der Traum des Spielers, der über ein System nachdenkt, das ihm zum sicheren Gewinn verhilft. Es ist der Traum des Spekulanten, des Erfinders, des geschäftlich Ehrgeizigen. Und der Eckpfeiler einiger wirtschaftlicher Theorien ist die Überzeugung, daß die Reichtümer der Erde in ausreichendem Maße vorhanden seien, um die Bedürfnisse und Wünsche aller Menschen zu befriedigen.

Ob dies zutrifft, ist in Wirtschaftskreisen umstritten. Doch wie wirkt sich die Theorie für den Einzelmenschen aus? Da Geld wiederum Geld erzeugt, ist es für einen Menschen theoretisch möglich, einen nie endenden Zufluß von Geldmitteln zu bewirken. Wer so reich ist wie Howard Hughes oder J. Paul Getty, kann beispielsweise hundert Millionen Dollar in achtprozentigen steuerfreien Obligationen anlegen. Die Zinsen für diese Anlage würden jährlich acht Millionen Dollar einbringen, und bei sol-

chen Einnahmen brauchte man nie das Kapital anzutasten. Es ist denkbar, daß solche Einkünfte beständig weitergehen könnten.
Obwohl jeder weiß, daß die Ölvorräte des Nahen Ostens begrenzt sind, verhalten sich manche arabischen Ölmagnaten so, als würden die Quellen nie versiegen. Sie scheinen das Geld fast ebenso schnell auszugeben, wie das Öl aus dem Boden sprudelt. So wird berichtet, daß Adnan Khashoggi, ein saudiarabischer Geschäftsmann, ein Jahreseinkommen von 500 Millionen Dollar haben soll. Bei einem Besuch in New York mietete er eine ganze Etage im Luxushotel Waldorf Towers. Er reist in einem Jet vom Typ Boeing 727, der mit goldenen Armaturen ausgestattet ist, und besitzt eine Jacht, die größer und besser ist als jene, die dem verstorbenen Aristoteles Onassis gehört hatte. Am ausgabefreudigsten von allen ist jedoch der Emir von Kuwait, Scheich Sabah al-Salim al-Sabah. Der Scheich beschäftigt achtzig Leute, die nichts anderes zu tun haben, als ihm beim Geldausgeben zu helfen.
Menschen, die ihre persönlichen Reichtümer als unbegrenzt ansehen, sind meistens Opfer einer Illusion. Dies trifft besonders dann zu, wenn viel Geld in kurzer Zeit oder ohne große Mühe erworben wurde. In solchen Fällen hat es für den Erwerber oftmals den Anschein, als ob das Geld wie durch Zauberkraft plötzlich dagewesen sei, wodurch er sich durch das Schicksal oder eine höhere Macht begünstigt vorkommt. Um diese Illusion zu testen, scheint er häufig den Drang zu verspüren, festzustellen, ob das Geld schneller ausgegeben werden kann als es hereinkommt, das heißt, ob der Zustrom wirklich unerschöpflich ist.
Ein von dieser fixen Idee Besessener war Michael

Nesmith, seinerzeit Mitglied der begeistert gefeierten Rockgruppe «The Monkees». Über Nacht wurde der ärmliche Musiker-Autodidakt zu einem Teenager-Idol. In zwei Jahren verdiente er etwa drei Millionen Dollar, gab aber noch mehr als diese Summe aus. Als die «Monkees» im Jahre 1969 auseinandergingen, betrug Nesmiths rückständige Steuerschuld 330 000 Dollar, und er mußte seine teuren Autos und sein Haus im Wert von einer halben Million Dollar seinen Gläubigern überlassen. «Es schien mir alles so unwirklich», sagte er. «Einmal hatte ich fast eine Million Dollar auf meinem Konto.» Indem er jedoch alles Erdenkliche kaufte, wurde er das Geld schneller los als es hereinkam, womit sich bestätigte, daß seinem Geldzufluß tatsächlich Grenzen gesetzt waren.

Was sind die Implikationen, wenn der Reichtum als grenzenlos empfunden wird und ein solcher Geldüberfluß die Notwendigkeit der Kontrolle oder Erhaltung überflüssig macht? Gäbe es tatsächlich einen endlosen Zustrom von Geld — warum sollte man es nicht wegwerfen, verbrennen oder darauf verzichten? Weshalb erzeugt die Möglichkeit eines solch unkontrollierten Verhaltens Furcht und Sorge?

Die Antwort lautet: Offenbar besitzt Geld viele grundlegende emotionale Bedeutungen. Jeder Psychotherapeut hat schon Äußerungen seiner Patienten gehört, die befürchteten, die Kontrolle über ihre Gefühle zu verlieren, besonders über ihre Aggressionsgefühle. Der Verlust der Kontrolle über die Gefühle wird gleichgesetzt mit dem Verrücktwerden, mit dem Sterben, mit dem Begehen von Mord oder Vergewaltigung. Für manche bedeutet dies auch, ein hilfloses Opfer einer übermächtigen Gewalt zu werden. Andererseits gibt die

Aufrechterhaltung der Kontrolle dem Menschen ein Gefühl der Sicherheit — oder zumindest die Illusion der Sicherheit.
Wenn man ein Kind zu einem wohlerzogenen Erwachsenen heranreifen lassen will, muß man ihm Verhaltensregeln beibringen. Eltern, die es versäumen, dem Verhalten ihrer Kinder Schranken zu setzen, verursachen bei den Kindern häufig Gefühle von Unsicherheit. Auf der anderen Seite ist damit zu rechnen, daß zu strenge Eltern ihre Kinder zu furchtsamen, steifen und übermäßig gehemmten Menschen machen. Wenn sie heranwachsen, stellen sich bei diesen Menschen übermäßige Verdrängungserscheinungen ein, und sie haben Angst davor, jene Emotionen zu enthüllen, die ihnen als schlecht und unerwünscht eingetrichtert wurden. Je mehr diese Gefühle und Emotionen unterdrückt werden, desto übermächtiger scheinen sie zu sein und desto bedrohlicher wirkt der Verlust der Kontrolle.
Und die Furcht ist manchmal gerechtfertigt, denn es sind Fälle bekannt, wo sehr ruhige und passive Menschen, die ihre Emotionen unterdrückten, zu Massenmördern wurden, als die unterdrückte Wut plötzlich hervorbrach und ihre Abwehrmechanismen nicht mehr funktionierten.
Die Furcht vor dem Reichtum erklärt die Unfähigkeit vieler Leute, mit plötzlich erworbenem Geld zurechtzukommen. Denn eigentlich ist es ja eine Furcht vor dem Verlust der Kontrolle über die unerwünschten, verdrängten Gefühle. Diesen Leuten fehlt die Selbstdisziplin, um mit dem Geld richtig umzugehen. Ihr Verhalten ließe sich vergleichen mit der Einstellung eines übermäßig streng erzogenen Jugendlichen, der auf dem College mit der unerwarteten Freizügigkeit nichts anzufangen weiß.

Nach einer Periode, die von ungehemmten Impulshandlungen geprägt ist, fühlt sich der Student so zermürbt, daß er sich gern jeder von außen kommenden Autorität unterwirft. Wenn sich keine realistische Selbstdisziplin entwickeln kann, wird der Mensch von äußeren Regulativen abhängig, die ein Gefühl der Sicherheit vermitteln.

Der zuvor erwähnte Michael Nesmith war davon überzeugt, daß er im Unterbewußtsein versuchte, sein Geld loszuwerden. «Ich wollte einfach von dem verrückten Zeug loskommen», kommentierte er. Er behauptete, der glücklichste Tag seines Lebens sei jener gewesen, als er seinem Rolls-Royce und seiner Villa in Bel Air den Rücken kehren konnte und unbeschwert in einem Volkswagen wegfuhr.

Es ist nicht das Geld als solches, das viele Menschen ängstlich macht, sondern die Fehlauffassung, daß der verfügbaren Geldmenge keine Grenzen gesetzt und die Ausgaben daher unkontrollierbar seien. Ein unbegrenzter Geldbetrag gestattet es, das Geld sinnlos zu vergeuden, in ihm zu «schwimmen», ohne Rücksicht auf die Folgen. Wenn dieses unbeherrschte Verhalten Ängstlichkeit hervorruft, sucht der Mensch verzweifelt nach einer Gewißheit, daß es doch Grenzen, daß es Ordnung und Beherrschung geben müsse und daß die Rückkehr zu einem Gefühl der Sicherheit möglich sei. Wenn die Geldquelle versiegt und der Mensch wieder mittellos dasteht, stellt sich häufig ein unerwartetes Gefühl der Erleichterung ein, weil dies eine Bestätigung dafür ist, daß Grenzen vorhanden sind und daß in der Welt wieder Ordnung herrscht. Das Wissen um die Grenzen des Einkommens wirkt als Ausgleichsfaktor, wo innere Regulative fehlen.

Bei manchen kehrt ein Gefühl der Normalität wieder ein, wenn sie ihren Reichtum aufgeben. Die Menschen scheinen sich fast allen Verhältnissen anpassen zu können, wenn ihnen genügend Zeit gegeben wird, doch ein schneller Wechsel erzeugt bei vielen ein Chaos. Wer plötzlich viel Geld erwirbt, nimmt meistens zahlreiche drastische Veränderungen in seinem Lebensstil vor. Wenn diese Veränderungen zu radikal ausfallen, sieht er oft — bewußt oder unbewußt — die einzige Möglichkeit einer Rückkehr zur Normalität darin, dieses Geld wieder loszuwerden.
Wo Reichtum zur Isolierung und Entfremdung von früheren Freunden führt, wo er hochgradiges Mißtrauen erzeugt, kann die Abkehr vom Überfluß sogar ein Ausdruck des gesunden Verlangens sein, zu einem Lebensstil und zu Beziehungen zurückzukehren, die als natürlich empfunden werden. In diesem Fall kann es ein Hinzielen auf eine positive Weiterentwicklung sein.

DIE MAGISCHE LÖSUNG

Trotz schlagender Gegenbeweise glauben Millionen von Menschen, daß Geld ein Allheilmittel sei, das die meisten Probleme lösen hilft. Und wenn wenig Geld dafür nicht ausreicht, sind sie überzeugt, daß viel Geld zum Ziele führt.
Das Geld besitzt eine fast universale magnetische Kraft, die Menschen aus allen Gesellschaftsschichten anzieht. Und nicht wenige haben einen unstillbaren Gelddurst, der nie gelöscht werden kann, ohne Rücksicht auf die Höhe des angesammelten Geldbetrages.
Die Sucht, etwas zu erwerben, was sich in übergro-

ßer Menge nicht verwenden läßt, ist rational nicht zu erklären, auch wenn es sich dabei um Geld handelt. Die Erklärung liegt in unbewußten emotionalen Antrieben begründet. So hat man bei Forschungen über wohlhabende Selfmademen festgestellt, daß bei ihnen Fälle von Tod oder Scheidung der Eltern sehr häufig vorgekommen waren, was ein hohes Maß an Unsicherheit in den ersten Lebensjahren zur Folge hatte. Viele dieser Männer begannen offenbar schon als Jungen damit, so viel Geld anzusammeln, daß ein späteres Scheitern unwahrscheinlich wurde. Da sie bereits als Kinder Verantwortung zu tragen hatten, versuchten sie, sich selbst und anderen zu beweisen, daß sie auf die Versorgung durch die Eltern nicht angewiesen waren.

Die Suche nach Reichtum und die Suche nach dem Glück gehen häufig Hand in Hand. Nicht selten ruft aber eher die Verfolgung als die Verwirklichung des Reichtums Glücksgefühle hervor. Immer wieder erinnern sich reich gewordene Männer und Frauen daran, daß die glücklichsten Jahre ihres Lebens jene gewesen waren, in denen sie sich bemühen mußten, mit wenig Geld zurechtzukommen. Menschen, die nur auf Gelderwerb aus sind, stellen nach Erreichung ihres Zieles häufig fest, daß das Geld ihnen keine Erfüllung ihrer Träume gebracht hat.

Ein wohlhabender Patient drückte dies seinem Therapeuten gegenüber einmal so aus: «Als ich feststellte, daß sich das Glück mit Geld nicht erkaufen läßt, besaß ich schon fünf Millionen Dollar. Was mache ich jetzt damit?»

Daß der Versuch, Glück durch Geld zu ermöglichen, auf einem Trugschluß beruht, hat neben vielen anderen auch Benjamin Franklin zum Ausdruck gebracht. «Geld», meinte er, «hat noch nie einen Menschen glücklich gemacht, und wird es auch nicht tun. Nichts liegt in seinem Wesen, das Glück bewirken kann. Je mehr ein Mensch davon hat, desto mehr begehrt er. Statt ein Vakuum auszufüllen, schafft es ein solches.»

Reich gewordene Menschen sind häufig deshalb verbittert oder über ihre Wohlhabenheit enttäuscht, weil sie allzuviel davon erwarten. Sie messen dem Geld Zauberkräfte bei, die es nicht besitzt, und fühlen sich dann betrogen, weil der Reichtum ihre phantastischen Erwartungen nicht erfüllt. Wenn man an Wunder glaubt, sind die Chancen, enttäuscht zu werden, besonders groß. Wenn man wirklich erwartet, daß Geld auf wundersame Weise alle Probleme lösen kann, wird man sich natürlich betrogen fühlen, wenn die an das Geld geknüpften Erwartungen nicht erfüllt werden.

Wer hingegen nichts Zauberkräftiges vom Geld erwartet, hat die Möglichkeit, es richtig einzuschätzen und braucht es wegen der vielen anderen Dinge, die es nicht zu leisten vermag, durchaus nicht zu verachten.

Ein Großteil der «Zauberkraft» des Geldes ist tatsächlich eine Illusion. Wie der Nikolaus und Kobolde und Geister, die für jene, die an sie glauben, wirkliche Erscheinungen sind, ist auch die Zauberkraft des Geldes ein Ergebnis unbewußter Bedürfnisse und Wahrnehmungen. Wie bereits erwähnt, kann das Geld mit einer Anzahl unbewußter Bedürfnisse und Wünsche in Zusammenhang gebracht werden.

Die Geldgier steht, vom psychoanalytischen Standpunkt betrachtet, mehr im Zusammenhang mit oralen als mit analen Frustrationen. Der Mensch mit einem unersättlichen Appetit auf Geld ist dem

Hungernden nicht unähnlich, dessen einziges Ziel es ist, Nahrung zu verschlingen. Ein solcher Mensch fällt gierig über das Essen her, ohne Rücksicht auf normale Tischsitten, wobei er so weit gehen kann, daß er mit beiden Händen die Nahrung in den Mund stopft. Jeder Bissen wird verschlungen, als sei er der letzte Happen, den es zu ergattern gilt, und er wird gierig ergriffen, bevor er im Mund verschwindet. Der Geldgierige reagiert auf Geld ähnlich wie der Hungrige auf Nahrung.

Der Geldhungrige hat sich als Kleinkind in irgendeiner Weise vernachlässigt gefühlt. In seinen ersten Lebensmonaten kann das vernachlässigte Kind noch nicht immer zum Ausdruck bringen, ob es hungrig ist nach Nahrung, Zuneigung oder einer anderen Form der Belohnung in seiner Abhängigkeit. Es muß hinnehmen, was man ihm gibt. Wenn ihm jedoch die Erfüllung seiner Bedürfnisse ständig verweigert wird, lernt es nie zu vertrauen. Wird das vernachlässigte Kind älter, lernt es, sich selbst das zu nehmen, wonach es verlangt, und wartet häufig nicht mehr darauf, daß ihm jemand das Erwünschte als Geschenk anbietet. Und bei diesem Nehmen eignet sich das Kind so viel an, wie es nur erlangen kann, da keine Gewißheit besteht, ob später etwas nachkommt.

So betonte Alfred Adler, der Begründer der Individualpsychologie: «... (Das Kind) könnte ein abnormes Interesse am Essen und an der Nahrung zeigen, und seine Neigung, Dinge zu sammeln und zu horten, könnte sich im späteren Leben zu einer Konzentration auf das Geldverdienen entwickeln.»

HABGIER, NEID UND GELDHUNGER

Die britische Kinderanalytikerin Melanie Klein, die eine großangelegte Untersuchung über die Phantasien kleiner Kinder, besonders Phantasien oraler Natur, durchgeführt hat, liefert eine Erklärung für den Ursprung der Habgier und des Geldhungers. Solange sich das Kind im Mutterleib befindet, werden alle seine Bedürfnisse ohne eigenes Dazutun erfüllt. Und sogar nach der Geburt gibt es noch eine kurze Periode, wo das Kind sich selbst und seine Mutter als eine Einheit betrachtet. Doch dann lernt das Kind zwischen dem Ich und dem Nicht-Ich zu unterscheiden und entwickelt ein unbestimmtes Gefühl der Abhängigkeit von der äußeren Welt. Da sich die Welt des Kleinkindes um die Ernährung und andere Formen der oralen Befriedigung dreht, ist das Nicht-Ich im wesentlichen die Brust oder ihr Gegenstück, die Flasche. Wenn das Kleinkind satt und zufriedengestellt ist, fühlt es sich entspannt, sicher und geliebt. Wenn es hungrig ist, fühlt es sich bedroht, vernachlässigt und reagiert mit Zorn.

Um mit dem durch die unstete Welt verursachten Streß fertig zu werden, versucht nach Auffassung Melanie Kleins das Kleinkind, diese Welt ständig in die «gute Brust» und die «schlechte Brust» zu unterteilen. Die gute Brust befriedigt; die schlechte Brust vernachlässigt. Wenn die schlechte Brust dominiert, das heißt, wenn die Welt mehr enttäuscht und abweist als Belohnung spendet, empfindet das Kind eine überwältigende Angst und eine Bedrohung seiner Existenz. Um mit diesem Trauma fertig zu werden, entwickelt das Kind eine Sehnsucht nach der Sicherheit und Wärme, die es einst gekannt hatte, eine Phantasie der «unerschöpflichen

Brust.» Dieses Verlangen nach «einem Land, in dem Milch und Honig fließen», ist in Wirklichkeit ein Versuch, in einen Zustand zurückzukehren, in dem die Bedürfnisse automatisch erfüllt wurden, wie es im Mutterleib oder an der Mutterbrust der Fall war. Je enttäuschender und bedrohlicher die Welt dem Kleinkind erscheint, desto verzweifelter ist das Verlangen, zur Geborgenheit der guten Brust zurückzukehren.

Auf diese Art empfindet das Kleinkind die «Güte» der guten Brust in übersteigertem Maße, wobei es glaubt, sie könne die eigenen Bedürfnisse auf wundersame Weise für alle Zeiten befriedigen. Werden ihm diese «magischen Gaben» vorenthalten, empfindet das Kind Neid auf die Brust. Der Neid führt zur Feindseligkeit und zu einem Verlangen, die Brust zu verschlingen, teils aus Zorn, teils aber aus dem Wunsch heraus, sie sich einzuverleiben und damit immer unter Kontrolle zu behalten. Dies würde es dem Kind erlauben, sich sicher zu fühlen. Als Folge des Wunsches, das Wertvollste in seinem Leben zu zerstören, können sich aber auch Schuldgefühle einstellen.

Der Vorgang, der sich unbewußt in einem Kind abspielt, das die unerschöpfliche Brust sucht, prädisponiert es dazu, als Erwachsener grenzenlosen Reichtum zu suchen. Das Kind, das der Brust wundersame Eigenschaften beimißt, wird zu einem Erwachsenen, der Zauberkräfte im Geld sucht. Hunger, Habsucht, Neid und Schuldgefühle, die einst der Brust gegolten hatten, werden jetzt auf das Geld angewendet. Der Mensch fühlt sich leer und vernachlässigt und empfindet das Geld als ein Mittel, um den Hunger zu stillen. Nur der unerschöpfliche Zustrom von Geldmitteln, wie die Vision der nie versiegenden Brust, scheint die Hab-

gier befriedigen zu können, und der Mensch empfindet Neid auf jegliche Geldquelle außerhalb seines Einflußbereichs.
Da viele dieser Menschen gelernt haben, Schuldgefühle wegen ihrer Habgier und ihres Neides zu empfinden, wird es für sie unmöglich, sich nach dem Erwerb an dem Geld zu freuen. Es wird dann erforderlich, es wieder loszuwerden, um die Schuld wiedergutzumachen. Dieser Vorgang könnte die Tatsache erklären, daß so viele Menschen, die ihre Karrieren nur nach dem Gelderwerb ausrichten, den Drang zu verspüren scheinen, ihr Geld schnell wieder auszugeben.
Sucht man in Wirklichkeit die unerschöpfliche Brust, wenn man ein Vermögen anhäuft, so ist es offensichtlich, daß das zugrundeliegende Bedürfnis mit Geld nie erfüllt werden kann. Das Geld ist in diesem Fall ein Symbol oder ein Ersatz, und ein Ersatz kann nie ein wirkliches Bedürfnis befriedigen, das in der Kindheit unerfüllt blieb. Sigmund Freud meinte hierzu: «Das Glück ist die vertagte Erfüllung eines vorgeschichtlichen Wunsches. Deshalb bringt der Reichtum so wenig Glück; Geld ist nicht ein Kindheitswunsch.»

5
Die Vieldeutigkeit des Geldes

Das Geld ist, vielleicht noch mehr als die Liebe, ein Lebenselixier. Es ist ein machtvoller Motivator, der das menschliche Verhalten bestimmt. Die meisten scheuen weder Arbeit noch Mühe, um es zu erwerben, und einige rauben und töten sogar dafür. Als durchschnittlicher Lohnempfänger kann man damit rechnen, etwa 83 000 Stunden im Leben zu arbeiten, um soviel Geld zu verdienen, wie zur Dekkung der Lebenskosten und allfälliger Vergnügungen erforderlich ist.

Doch was ist dieses Geld? Vom Standpunkt des Ökonomen aus gesehen besitzt es einen übereinstimmend anerkannten Wert und kann für Waren oder Leistungen eingetauscht werden. In den meisten Fällen ist es ein Stück Metall oder Papier, bei vielen primitiven Gesellschaften werden Tierhäute, Federn oder Perlen als Zahlungsmittel verwendet, bei den Eingeborenen der Karolinen-Insel Yap sind es große Steine. In unserer Zivilisation werden Münzen und Papiergeld allmählich durch Schecks und Kreditkarten als Zahlungsmittel abgelöst.

Theoretisch wird der ökonomische Wert des Geldes von der Regierung bestimmt, die es herausgibt.

Früher wurde in den Vereinigten Staaten der Wert eines Dollars durch eine bestimmte Menge Gold oder Silber gestützt, die sich die Regierung als Rücklage hielt. Letzten Endes wird der Geldwert jedoch durch das Gesetz von Angebot und Nachfrage bestimmt. Das Geld ist soviel wert, wie man bereit ist, dafür herzugeben. Weil die Regierung der Vereinigten Staaten es so bestimmt hat, ist der Dollar immer einhundert Cents wert. Zu anderen Zeiten könnte er jedoch acht, zehn oder achtzehn Eier wert sein — je nach der Verfügbarkeit der Eier.

Wenn ein Dollar hundert Cents wert ist oder aber vierzehn Eier oder eine bestimmte Menge Benzin, dann besteht allgemeine Übereinstimmung hinsichtlich seines ökonomischen Wertes. Sein psychologischer Wert wird jedoch mehr nach einem persönlichen Maßstab beurteilt. Der Arme mißt dem Geld im allgemeinenen einen höheren Wert bei als der Wohlhabende. Diese Unterschiedlichkeit ist von den Psychologen Jerome Bruner und C. C. Goodman in ihren aufsehenerregenden Versuchen über die Geldauffassungen reicher und armer Kinder aufgezeigt worden. Als sie zur Darstellung verschiedener Münzen Kreise zeichnen sollten, übertrieben die armen Kinder die Größe der Münzen und zeichneten beträchtlich größere Kreise als die reichen Kinder. Und je höher der Geldwert der Münze war, desto größer waren auch die Unterschiede in der Beurteilung durch die beiden Gruppen. Die Forscher kamen aufgrund dieser Ergebnisse zum Schluß, daß arme Kinder eher als reiche das Geld überbewerten. Eine kürzlich durchgeführte Untersuchung über das Verhalten reicher und armer Kinder in Hongkong bestätigt die Beurteilung von Bruner und Goodman und

zeigt überdies, daß sozialökonomische Unterschiede in der Auffassung von Geld nicht auf Amerikaner beschränkt sind.
Der psychologische Wert oder die Bedeutung des Geldes wird gewöhnlich durch emotionale Bedürfnisse verzerrt. Das Geld hat gewisse irrationale Eigenschaften, die häufig seine konventionellen Funktionen überschatten. Es ist absurd, wenn ein Mann, der in Seelenruhe Tausende von Dollars an der Börse gewinnt oder verliert, nachts nicht einschlafen kann, weil er drei Dollar bei einem Pokerspiel verloren hat. Oder wenn seine Frau wegen eines Billigangebotes fünf Salatköpfe kauft und dann drei davon verderben läßt, weil sie sie nicht verwenden kann. Oder wenn seine Tochter sechs Monate braucht, um ihren Chef um eine Gehaltserhöhung zu bitten, die schon längst überfällig war. Oder wenn sein Bruder sich ruiniert fühlt, wenn sein Kontostand unter zehntausend Dollar fällt.
Die Bedeutung, die dem Geld beigemessen wird, beeinflußt wesentlich die Art und Weise des Verdienens, Sparens und Ausgebens. Da diese Bedeutung ein dominierendes Bedürfnis in dem jeweiligen Menschen widerspiegelt, ist sie auch in allen größeren Bereichen seines Verhaltens erkennbar.
In einer der wenigen Forschungsstudien über die Bedeutung des Geldes kamen Paul Wernimont und Susan Fitzpatrick, zwei Psychologen der 3M-Company in Minnesota, zu interessanten Feststellungen. Sie fanden, daß das Geld nicht nur unterschiedliche Bedeutungen bei verschiedenen Leuten hat, sondern daß auch bedeutsame Unterschiede zwischen Berufsgruppen bestehen. Zu ihren Schlußfolgerungen zählen die nachstehenden Sätze:
«Die Feststellungen ergeben einige sehr überein-

stimmende und recht scharfe Beurteilungsunterschiede der Bedeutung des Geldes zwischen den Gruppen, die eine Vollzeitbeschäftigung in der Industrie haben, und Gruppen ohne feste Anstellung. Die Gruppe der Festangestellten betrachtet das Geld viel positiver, als eine gute, wünschenswerte, wichtige und nützliche Sache. Die Gruppen ohne feste Anstellung, besonders College-Studenten, scheinen ein gespanntes, von Unzufriedenheit geprägtes Verhältnis zum Geld zu haben, doch tendieren sie dazu, die Bedeutung des Geldes in wirtschaftlicher Hinsicht herunterzuspielen und auf jene herabzusehen, die das Geld höher bewerten. Ihr offenbar verkrampftes Verhältnis zum Geld wollen sie nicht eingestehen, und sie gehen über positive Bewertungen geringschätzig hinweg.»

GELD IST EIN STATUSSYMBOL

Viele der mit Geld in Zusammenhang gebrachten Bedeutungen sind symbolischer Art und mit anderen Bedürfnissen und Werten eng verflochten. Wenn sich jemand durch Geldbesitz bedeutsam und überlegen fühlt, bedeutet Geld im Leben dieses Menschen mehr als nur den Gegenwert der Waren, die sich mit ihm kaufen lassen. Für viele Menschen ist Geld ein Statussymbol. Einer der Vorteile des Besitzes von Geld in unserer Zivilisation besteht darin, daß es den Wert des Besitzenden in den Augen vieler Menschen steigert. Je mehr Geld die Leute haben, desto «bedeutsamer» werden sie. Ein Bankdirektor wird eher viel Wesen um einen Kunden machen, der eine große Geldsumme einzahlt, und dagegen einen anderen, der nur ein kleines Sparkonto hat, unbeachtet lassen. Börsenmakler,

Ladenbesitzer oder Hotelpagen kümmern sich persönlich um den wohlhabenden Kunden — wer wenig Geld hat, muß schauen, wie er sich selbst behilft. Augenfällige Besitztümer — Kleidungsstükke, Schmuck, Autos, Wohnungseinrichtungen, aber auch teure Eßwaren und Getränke — sind ein Versuch, den eigenen Reichtum anderen gegenüber zur Schau zu stellen, um damit die eigene Überlegenheit zu beweisen. Seltsamerweise sind solche Versuche nicht immer erfolglos.
Im Idealfall sollte man die Menschen nach ihren Taten, nicht nach dem Inhalt ihrer Brieftaschen beurteilen. Doch Ideale sind eine Rarität auf dem Markt. Es macht wenig aus, ob man sein Geld durch harte Arbeit, durch eine Erbschaft, durch Betrug oder durch einen hohen Lotterie-Gewinn erworben hat. Wenn es sich um den Status handelt, fragt man nicht nach dem «Wie», sondern nach dem «Wieviel».

DER URSPRUNG DES GELDES

In primitiven Gesellschaften und im Tierreich können nur die Stärksten und Schnellsten überleben. In der modernen zivilisierten Gesellschaft werden die Mittel zum Lebensunterhalt — Nahrung, Kleidung und Unterkunft — mit Geld gekauft. Im Verlauf einer Periode von mehreren tausend Jahren ist Geld ein Ersatzmittel für Stärke und Schnelligkeit geworden. Die Männer stehen nicht mehr in direktem Konkurrenzkampf um Nahrung für ihre Familien, sondern in indirektem um Geld, um Nahrungsmittel zu kaufen. Während dieser Entwicklungsperiode hatte das Geld vielerlei Verwendungszwecke und Bedeutungen.

Seltsamerweise hat das Geld von Anfang an mehr eine psychologische oder symbolische als eine ökonomische Bedeutung gehabt. William Desmonde ist den Ursprüngen des Geldes in alten religiösen Riten nachgegangen, wo Geld als ein Symbol bei Opferzeremonien diente. Seine Verwendung als Zahlungsmittel im Handel kam erst später. In der Antike, besonders in Griechenland und Rom, spielte das rituelle Schlachten und Verspeisen eines göttlichen Stiers beim religiösen Opfer eine sehr bedeutende Rolle, und aus dieser Zeremonie entwickelte sich später das Münzwesen.
Bei diesen alten Kommunionszeremonien empfing der Gott einen Teil des Fleisches des Opfertieres, und der Rest wurde unter die Teilnehmer des Rituals aufgeteilt. Die Portion, die jeder einzelne empfing, war durch seine gesellschaftliche Position bestimmt. Einen Anteil zu erhalten, bedeutete symbolisch, Mitbürger zu sein. Vom Festessen ausgeschlossen zu werden, bedeutete, aus der Gesellschaft ausgestoßen zu sein.
Dieses Ritual ist mit nur geringen Abwandlungen bis heute in England erhalten geblieben. Zuwendungen von großen Fleischportionen aus den königlichen Viehherden erhalten Männer in hoher gesellschaftlicher Position, wie der Premierminister, der Schatzkanzler, der Gouverneur der Bank von England, der Lordoberrichter und die Erzbischöfe von Canterbury und York.
Allmählich lösten jedoch Metallmünzen die Fleischportionen als Statussymbole ab. Diese Münzen wurden vom Fürsten seinen Untertanen als Zeichen von Anerkennung und Ehrung geschenkt, häufig als Würdigung der Leistung, die der einzelne dem Staat erbracht hatte. Als größte Ehrung galt es, eine goldene Medaille zu empfan-

gen; nachgeordnet waren silberne und bronzene Medaillen — eine Sitte, die noch heute bei Sportwettkämpfen wie den Olympischen Spielen gepflegt wird.
Historisch gesehen, hatte das Geld also zunächst eine Bedeutung als Statussymbol, der später die Bedeutung als Zahlungsmittel folgte. Die tiefe psychologische Symbolik des Geldes als ein Maßstab der gesellschaftlichen Stellung hat sich im Unterbewußtsein der Menschen seit über zweitausend Jahren nicht geändert. Im Gegensatz hierzu hat der bewußte, rationale Verstand die Vorstellungen von der Bedeutung des Geldes bis zu dem Punkt abgewandelt, wo sein einziger wirklicher Wert nur darin besteht, als Tauschobjekt für Waren und Leistungen zu dienen. Diese Kluft zwischen den sogenannten rationalen und irrationalen Bedeutungen des Geldes hat sich somit im Laufe der Zeit erheblich vergrößert.

DIE PSYCHOLOGISCHEN BEDEUTUNGEN DES GELDES

Status ist nicht die einzige irrationale Bedeutung des Geldes. Geld kann mehrere andere psychologische Bedürfnisse symbolisieren und in vielfältiger Weise verwendet werden, um diese Bedürfnisse zu wecken oder zu befriedigen. Zu den verbreiteten Bedürfnissen, bei denen Geld eine Rolle spielt, gehören Sicherheit, Macht, Liebe und Freiheit.

Sicherheit (Das «Sicherheit-über-alles»-Syndrom): Die emotionale Sicherheit ist häufig mit der finanziellen Sicherheit verflochten. Das seelische Wohlbefinden von sicherheitsorientierten Menschen hängt ganz von der Höhe ihres Bankkontos ab. Je mehr Geld sie haben, desto zuversichtlicher sind sie, mit der «gefährlichen» Umwelt fertig zu werden. Das Geld hilft, Unheil abzuwehren. Es wird zur emotionalen «kugelsicheren Weste». Sicherheitsorientierte Menschen halten am Geld fest, als ob ihr Leben davon abhinge. Ohne Geld fühlen sie sich verängstigt und verwundbar, ohne Selbstvertrauen und in ihrer Entscheidungsfreiheit gehemmt. Mit Geld fühlen sie sich sicher.

Jim Harper wurde in der Depressionszeit der dreißiger Jahre geboren. Er stammte aus einer großen Familie, in der nie etwas ausreichte — weder Geld, Essen, noch Zärtlichkeit — um ein echtes Gefühl von Sicherheit zu entwickeln. Die Familie zog von einem Ort zum anderen, so daß es nur wenige Gelegenheiten gab, Freundschaften zu schließen oder Wurzeln zu schlagen. Jim war ein schüchterner und sensibler Junge und hatte Schwierigkeiten im Umgang mit anderen Kindern, besonders mit Mädchen.

Als Erwachsener schien Harper die meisten Zeichen von Schüchternheit und Unsicherheit abgelegt zu haben. Er hatte eine feste Stellung und legte seinen Lohn zum Teil auf seinem Sparkonto und in Wertpapieren an. Er arbeitete in einer großen Firma mit starken gewerkschaftlichen Bindungen, die ihm einen gesicherten Arbeitsplatz, eine gute Betriebsrente und zahlreiche andere Sozialleistungen gewährte. Bei mehreren Gelegenheiten lehnte er die Übernahme von Positionen ab, die ihm mehr Lohn, aber weniger Sicherheit geboten hätten.

Wie für die meisten Menschen, die Geld mit Sicherheit gleichsetzen, war für Harper das Geld etwas, das man sparen und nicht gleich ausgeben sollte.

War eine Ausgabe unvermeidlich, dann wurde sie vorsichtig, mitunter widerwillig vorgenommen. Rechnungen wurden sofort bezahlt, weil ihm das ein Gefühl der Sicherheit gab. Eine Rechnung wurde wie eine Verpflichtung aufgefaßt — als etwas, das erledigt werden mußte, um Ärger, Kritik oder Spott der Außenwelt zu vermeiden. In seinen Vorstellungen bestand ein großer Unterschied zwischen dem «Müssen» und «Wollen» in seinem Leben. Seine Verpflichtungen — wie das Bezahlen einer Rechnung — erfüllt man, weil man dies tun muß. Es sonst einfach auszugeben — für einen Kinobesuch oder für irgendein Kleidungsstück, das einem gerade gefällt — ist eine beinahe schmerzliche Erfahrung.
Jim Harper führte genau Buch über seine Ausgaben, die er so niedrig wie möglich hielt, und war deshalb immer über seinen Vermögensstand orientiert. Wenn Einkäufe erforderlich wurden, las er Warentestberichte durch; er ließ sich von Fachleuten beraten und kaufte nur dort, wo Billigangebote vorlagen. Wenn er sich von seinem Geld schließlich trennte, war er sicher, den günstigsten Einkauf gemacht zu haben, der sich zu diesem Zeitpunkt tätigen ließ.
Für Unterhaltungen und Vergnügungen hatte Harper nur wenig Zeit oder Geld übrig. Freude und Genugtuung empfand er, wenn er beobachtete, wie sich sein Kontostand erhöhte. Alles in allem führte er nach seinen Vorstellungen kein schlechtes Leben. Deshalb war es ein großer Schock für ihn, als ihm eines Tages seine Frau eröffnete, daß sie sich scheiden lassen wolle. Der Schock war so groß, daß er sich trotz der auf ihn zukommenden Kosten entschloß, psychologischen Rat zu suchen.
Harper wußte, daß seine Frau nicht glücklich war,

hatte sich aber an ihre Klagen gewöhnt. Er kannte dies alles schon sein Leben lang von seiner Mutter her und war der Ansicht, daß Frauen so seien und man sich damit abfinden müsse. Was ihm in Wirklichkeit Kummer machte, war die Tatsache, daß seine Frau ihn wegen eines anderen Mannes, eines freiberuflichen Schriftstellers, verlassen wollte. Am meisten quälte ihn die Frage, weshalb sie ihr Leben in Sicherheit gegen die finanziell ungewisse Existenz an der Seite eines Autors eintauschen wollte.

In der Therapie erfuhr Jim Harper, daß die Wurzel seiner Unsicherheit eine tiefsitzende Furcht vor dem Verlassenwerden war. Dies war eine übersteigerte Reaktion auf die Gefühle der Hilflosigkeit und Abhängigkeit, die er als kleines Kind gegenüber sehr strengen, kalten und unsicheren Eltern gehabt hatte. Er übernahm ihre Ängstlichkeit und übergroße Sorge im Hinblick auf das Geld, und sein Motto im Leben wurde: «Wenn ich genügend Geld habe, kann ich mein Leben führen, auch wenn mich alle im Stich lassen.» Geld wurde zum Symbol der Sicherheit, zu einem zuverlässigen Ersatz für die spärliche Sicherheit, die ihm seine Eltern geboten hatten. Er erfuhr auch, daß seine Sucht nach Geld, das ihm eigentlich hätte Schutz bieten sollen, für seine Frau ein wesentlicher Grund war, weshalb sie ihn verlassen wollte.

Wenn man sich aus Sicherheitsbedürfnissen dem Geld zuwendet, so führt dies unweigerlich zu einem Gefühl der Entfremdung von anderen Menschen. Die Bedürfnisse nach intensiven Beziehungen zu Mitmenschen werden in ein Bedürfnis nach Geld umgewandelt, um Unsicherheit und Ängste zu kompensieren. Im Laufe der Zeit wird jedoch die Furcht vor Geldeinbußen zur Hauptquelle der Unsicherheit. Solche Menschen sind nicht mehr in der Lage, sich für andere emotional einzusetzen, da die Furcht vor einer möglichen Abweisung zu groß ist, und errichten deshalb einen «emotionalen» Schutzwall, um andere von sich fernzuhalten. Im Extremfall verwandelt sich ihre Furcht, verletzt oder abgewiesen zu werden, in eine Angst, man könnte ihnen ihr Geld wegnehmen.

Ein bekanntes Beispiel für diese Art eines Verfolgungswahns lieferte der Schauspieler W. C. Fields, der solche Angst davor hatte, um sein Geld betrogen zu werden, daß er etwa zweihundert, über die ganze Welt verstreute Bankkonten eröffnete — jedes unter einem fiktiven Namen. Bei seinen Bemühungen, seine «Verfolger» abzuschütteln, war er so erfolgreich, daß nach seinem Tode im Jahre 1946 nur 45 dieser Konten aufgefunden werden konnten. Man schätzt, daß etwa 600 000 Dollar aus seinem Vermögen auf diese Weise «untergegangen» sind.

Macht (Das «Machtgier»-Syndrom). Für manche Menschen hat Geld die Bedeutung von Macht. Mehr als der Erwerb von Autos, Häusern oder täglichen Bedarfsartikeln gilt ihnen der Zugewinn von Einfluß, Herrschaft und Kontrolle. Der Drang zur Macht steht gewöhnlich im Zusammenhang mit Aggressivität und der Entschlossenheit, um jeden Preis zu gewinnen. Er ist häufig der Schlüssel zur «Größe», ein unwiderstehlicher Antrieb für Politiker, Generäle, Arbeiterführer und Wirtschaftsbosse.

Was das Geld betrifft, so liegt sein Hauptwert in seiner Fähigkeit, Hindernisse aus dem Weg zu räumen, die den Machthungrigen bedrängen könnten.

Im Zweikampf überwältigt der Sieger seinen Gegner durch körperliche Überlegenheit. In den weitaus komplizierteren und differenzierteren Machtkämpfen übernimmt das Geld die Rolle der körperlichen Kraft bei der Überwältigung des Gegners. Man kann das höchste Angebot abgeben, Anwälte und Steuerexperten beschäftigen, Werbemaßnahmen ergreifen und all das tun, was im Kampf um die Überlegenheit zum Vorteil gereicht.
Geld mag zwar das erklärte Ziel der nach Macht strebenden Menschen sein; doch selbst der Erwerb eines riesigen Vermögens braucht nicht zu bedeuten, daß der Machthungrige in seinen Anstrengungen nachläßt. Die Lebensgeschichte von John D. Rockefeller ist dafür bezeichnend. Als einer der erfolgreichsten und rücksichtslosesten Großkapitalisten aus der Zeit um die Jahrhundertwende häufte er bereits als verhältnismäßig junger Mann ein riesiges Vermögen an. Trotz seines Reichtums lebte er sparsam und gab nur wenig für sich selbst aus. Er zog Brot und Milch der teuren französischen Küche vor. Seine Familie mußte ihn zum Kauf neuer Anzüge überreden, wenn die alten schon sehr abgetragen waren. Da er für das so beharrlich erworbene Geld keine praktische Verwendungsmöglichkeit hatte, begann er damit, es zu verschenken. Allein im Jahre 1919 soll er über 138 Millionen Dollar verschenkt haben.
J. Paul Getty setzte sich im Alter von vierundzwanzig Jahren zu Ruhe, nachdem er seine erste Million erworben hatte. Nach zwei Jahren der Untätigkeit trat er wieder in das Geschäftsleben ein und arbeitete sich zu einem der reichsten Männer der Welt empor. Obwohl sich bei ihm der Traum der meisten Leute, sich mit einem schönen Vermögen zur Ruhe setzen zu können, erfüllt hatte, war er nicht zufrie-

den. Das Geld als solches war nicht das Ziel. Die Verwendung des Geldes zur Erzielung politischer Macht ist so alt wie die Politik selbst. Mit nur wenigen Ausnahmen wird der Kandidat, der das meiste Geld aufwendet, ins Amt gewählt. Wählerstimmen werden gegen Schenkungen und Zuwendungen eingetauscht. Korruption auf allen Regierungsebenen ist die Regel; doch die Regierungen stürzen erst dann, wenn dies zu offensichtlich wird. Die amerikanische Öffentlichkeit war empört, als gegen Vizepräsident Spiro Agnew der Verdacht laut wurde, im Weißen Haus Bestechungsgelder empfangen zu haben, und die Enthüllung, daß Millionen Dollar unerlaubt in den Fonds zu seiner Wiederwahl gewandert waren, trug wesentlich zum Sturz Richard Nixons bei.

Auch die Geschichte des früheren japanischen Premierministers Kakuei Tanaka zeigt die Beziehung zwischen Geld und politischer Macht. Geboren in einem kleinen Ort der Niigata-Präfektur, gelangte Tanaka als Fünfzehnjähriger nach Tokio, nur mit dem Grundschulabschluß und wenig Geld in der Tasche. Durch Ehrgeiz und harte Arbeit wurde er schon als Neunzehnjähriger Inhaber einer Handelsfirma. Innerhalb weniger Jahre erzielte er Umsätze von vielen Millionen Dollar. Im Jahre 1947 wurde er Parlamentsmitglied und machte dann seinen Weg als Politiker. Im Alter von vierundfünfzig Jahren wurde er der jüngste Premierminister in der Nachkriegsgeschichte Japans. Tanakas politischer Erfolg basierte auf einer Erscheinung, die von den Japanern als «Geldmacht» oder «kinken» bezeichnet wird. So ist bekannt, daß er beispielsweise 1972 mindestens 34 Millionen Dollar für Darlehen und Geldgeschenke an Mitglieder seiner Liberaldemokratischen Partei aufwendete, um seine Wahl zum Parteivorsitzenden sicherzustellen, was die automatische Ernennung zum Premierminister zur Folge hatte. Im Verlauf seines Aufstiegs zur politischen Macht wurden wiederholt Korruptionsanklagen gegen Tanaka erhoben, doch gelang es ihm bis 1976 eine gerichtliche Verfolgung zu verhindern. In jenem Jahr wurde er unter der Anklage festgenommen, von den Lockheed-Flugzeugwerken Bestechungsgelder in der Höhe von 500 Millionen Yen (etwa fünf Millionen DM) angenommen zu haben. Er hätte aber bereits 1974 zurücktreten müssen, als eine japanische Zeitschrift mit einer Aufstellung seiner geheimen Bankkonten, Scheinfirmen und gefälschten Steuererklärungen seine «kinken»-Vergangenheit aufdeckte. Da er über keinen auf Ausbildung und Familienbeziehungen beruhenden Einfluß verfügte, wie die meisten erfolgreichen Politiker, glaubte Tanaka, sich nur auf sich selbst und auf seine Macht verlassen zu können. Für ihn wirkte es sich ungünstig aus, daß Macht auch Geld bedeutete, denn in einer Zeit, als Japan nach moralischer Haltung in seiner politischen Führerschaft suchte, wurde Tanakas totale Ausnutzung der Geldmacht zu einer unerwünschten Erscheinung.

Die Gleichsetzung von Geld mit Macht kann bis in antike Zeiten zurückverfolgt werden. Beim Opfermahl sollten die Eigenschaften des Stiers, wie Stärke und Mut, auf die Teilnehmer übergehen. Vermutlich sollten auch antike Münzen die magischen Kräfte, das «Mana», des Fürsten enthalten. Wie der Stier, war auch der Fürst von einer magischen Kraft erfüllt, die auf jeden Gegenstand überging, mit dem er in Berührung kam. Deshalb diente die Münze ursprünglich als Talisman, der seinem Eigentümer große Macht vermittelte.

Der verzehrende Machthunger beruht zum Teil auf dem Kindheitserlebnis der Allmacht. Man ist allgemein der Auffassung, daß das Kleinkind für kurze Zeit nach der Geburt nicht fähig ist, zwischen sich selbst und der Außenwelt zu unterscheiden. Man vermutet daher, daß das Kleinkind sich selbst als Mittelpunkt des Universums auffaßt und alles andere als Erweiterung seiner selbst. Dieser Zustand wird «kindliche Allmacht» genannt, eine unbewußte Vorstellung, die Welt beherrschen zu können. Wenn diese Illusion durch die allmähliche Erkenntnis zerstört wird, daß das Ich und das Nicht-Ich nicht ein und dasselbe sind, bleibt im Kind eine gewisse Angst zurück. Statt sich selbst als allmächtig aufzufassen, steht das Kleinkind jetzt der Realität gegenüber, daß es hilflos und für sein Weiterleben vollständig von anderen abhängig ist. Das Ausmaß der Angst und Enttäuschung, das diese Erkenntnis mit sich bringt, hängt ab von den Bedürfnissen des Kindes, dem Grad der Beachtung durch seine Umwelt und dem Gefühl des Kindes, wie sicher oder gefährlich das Abhängigsein ist.
Eine der Möglichkeiten, mit der als gefährlich empfundenen Welt fertig zu werden, bestünde darin, in den Zustand der kindlichen Allmacht zurückzukehren. Da dies in Wirklichkeit unmöglich ist, wird das Ziel nie erreicht, es sei denn in der Phantasie, durch Selbsttäuschung. Wer nach der Allmacht sucht, ist allein schon von der Suche besessen, obwohl er vielleicht im Unterbewußtsein ahnt, daß das Ziel unerreichbar ist. Geld und Macht werden häufig zu symbolischen Ausdrücken dieser Suche.
Der Psychoanalytiker Otto Fenichel hat die Vermutung geäußert, daß irrationale Verwendungsarten von Geld auf der Suche nach Macht häufig

unbewußte Versuche darstellen, kindliche Empfindungen von Allmacht wiederzugewinnen. Der irrationale Drang zur Macht sowie der irrationale Drang nach Sicherheit entstammen unbewußten Empfindungen von Hilflosigkeit und der Furcht vor dem Verlassenwerden. Im Gegensatz zu den auf Sicherheit bedachten Menschen, die sich vor dem Verlassenwerden und der Not zu schützen suchen, bemühen sich jedoch nach Macht orientierte Menschen, stark genug zu werden, um andere zwingen zu können, bei ihnen zu bleiben und sich nach ihrem Willen zu richten.

Für das Kleinkind bedeutet die Ernährung nicht nur die Quelle der Stärke, sondern auch der Sicherheit und der Spannungsverminderung. Wenn das Baby hungrig ist, ruft der Entzug der Brust oder der Flasche sowohl Angst als auch Wut hervor. Dauert der Entzug lange an, setzt Panik ein, da das Kleinkind instinktiv eine tatsächliche Bedrohung seiner Existenz spürt. Die Entwicklung späterer Abwehrmaßnahmen, wie das Streben nach Allmacht, stellt einen Versuch dar, ein derartiges Trauma künftig zu vermeiden. Bei vielen, denen als Kleinkinder auf diese Weise die «Quelle» entzogen wurde, stellt sich eine unersättliche Gier ein, und das Geld wird zum Symbol der Ernährung. Doch als bloßer Ersatz für die nur in der Phantasie existierende unerschöpfliche Brust kann es den ständigen Hunger nie befriedigen. Nach Macht ausgerichtete Menschen erringen nie genügend Macht, und sie erwerben nie genügend Geld. Wie viele, die nie genug zu essen hatten, werden sie habsüchtig. Ihr Motto ähnelt dem Ausspruch des Horaz, der vor zweitausend Jahren sagte: «Erwerbt Geld; erwerbt es ehrenhaft, wenn ihr könnt; wenn nicht, erwerbt es mit allen Mitteln.»

Wenn die hochfliegenden Pläne von Männern wie Kakuei Tanaka oder Spiro Agnew in sich zusammenstürzen, sind die Leute im allgemeinen entsetzt über die anmaßende Art, mit der sich machthungrige Persönlichkeiten über Gesetz und Moral hinwegsetzten. Man hat die Vermutung geäußert, daß unbewußte Schuldgefühle für den Sturz vieler Mächtigen mitverantwortlich sind. Die Offenheit, mit der sie ihre Macht zur Schau stellen, wird als Aufforderung gewertet, gefaßt und bestraft zu werden, um die zugrundeliegende Schuld wiedergutzumachen.

Vielleicht trifft diese Interpretation in gewissen Fällen zu. Aus unserer Erfahrung bei der Behandlung machtorientierter Personen dieses Typs scheint jedoch eine andere Hypothese stichhaltiger zu sein. Die Arroganz, mit der solche Menschen verlangen, daß sich die Welt nach ihnen richte, und mit der sie voraussetzen, daß die Regeln der gewöhnlichen Leute nicht für sie gelten, läßt den Schluß zu, daß sie wirklich glauben, ihre kleinkindlichen Vorstellungen der Allmacht wiedererlangt zu haben. Ihr Verhalten weist darauf hin, daß zumindest zeitweilig die Selbsttäuschung der Allmacht als Realität akzeptiert wird, und sie setzen voraus, daß ihre Handlungen von gewöhnlichen Sterblichen nicht mehr in Frage gestellt werden. Diese Selbsttäuschung wird durch die Tatsache bestärkt, daß sie «Berge versetzt» haben und Zielen nähergekommen sind, die für die meisten Menschen als unerreichbar gelten. Erst wenn ihre politischen und finanziellen Machtgebäude zusammenstürzen, stehen sie der rauhen Wirklichkeit gegenüber, daß sie schließlich nur Menschen sind, die keine Allmacht besitzen.

Man hat folgende These aufgestellt: Je intensiver

ein Mensch vom Drang zur Macht angetrieben wird, desto stärker kompensiert er die zugrundeliegenden Gefühle der Hilflosigkeit und Erniedrigung. Bei manchen machtorientierten Geschäftsleuten oder Politikern gewinnt man oft den Eindruck, daß sie ihre Energie der Arbeit widmen, um ihr Selbstvertrauen zu stärken, da sie sich sexuell unsicher fühlen.

Eine interessante Studie über die Beziehungen zwischen Geld und sexuellen Funktionsstörungen wurde von Dr. Paul Frisch, einem früheren Psychologieprofessor an der Universität von Adelphi, und seiner Frau Ann, ebenfalls eine Psychologin, durchgeführt. Aufgrund einer Untersuchung von dreißig männlichen Personen, die alle beruflich mit der Börse zu tun hatten und die aus nicht sexuellen Gründen bei ihnen in Behandlung waren, stellten sie fest, daß eine bestimmte Wechselbeziehung zwischen dem sexuellen Verhalten dieser Personen und dem Dow-Jones-Index bestand. Wenn die Börsenkurse stiegen, steigerte sich auch der sexuelle Trieb; wenn die Kurse fielen, gab es sexuelle Probleme in größerem Ausmaß.

Die Ergebnisse dieser Studie verweisen zwar auf interessante Möglichkeiten; es wäre jedoch zu einfach, daraus Ursache und Wirkung ableiten zu wollen. Sexuelle Funktionsstörungen stellen selten ein einseitiges Problem dar. Sexuelle Beziehungen sind ein grundlegendes Mittel der Kommunikation. Deshalb ist es nicht nur bedeutsam, was der männliche Partner sich selbst über seine Zulänglichkeit einredet, wenn die Kurse fallen, sondern auch das, was seine Partnerin ihm direkt oder indirekt im Hinblick auf seine Anziehungskraft als erfolgreicher oder als nicht erfolgreicher Mann zu verstehen gibt.

Liebe (Das «St.-Nikolaus»-Syndrom). Für manchen ist Geld ein symbolischer Ausdruck der Liebe. Emotional gehemmte Eltern, die Liebe und Zärtlichkeit nicht frei zum Ausdruck bringen können, geben ihren Kindern statt dessen Süßigkeiten, Geschenke oder Geld. Wenn diese Kinder groß werden, wird Geld allmählich mit Liebe gleichgesetzt. Geld, oder sein Gegenwert in Form von Geschenken, wird als Zeichen der Zuneigung oder Abweisung gegeben oder zurückgehalten. Dies gilt nicht nur für zwischenmenschliche Beziehungen. In niedergedrückter Stimmung kann der Mensch sich dadurch selbst verwöhnen oder «lieben», indem er sich einen Luxus gönnt. Andererseits kann man sich auch etwas verweigern, wenn man sich schuldig fühlt.

Wenn Geld Liebe bedeutet, dann ist es außerordentlich schwierig, objektiv darüber zu urteilen, wie man es weggibt oder empfängt. Bezahlen Sie im Restaurant eine Rechnung, auch wenn sie nicht stimmt, weil Sie befürchten, die Bedienung könnte auf Sie böse sein? Kaufen Sie ein bestimmtes Wertpapier, das Ihnen Ihr Anlageberater empfiehlt, weil Sie mit ihm befreundet sind, nicht etwa, weil Sie es für eine gute Investition halten? Bezahlen Sie Ihrer Sekretärin ein zu hohes Gehalt, oder geben Sie Ihrem Friseur ein zu hohes Trinkgeld, weil Sie mit diesen Personen auf besonders gutem Fuße stehen möchten? Geben Sie Ihren Kindern ein zu großzügiges Taschengeld, weil Sie von ihnen geliebt werden wollen?

Als Frances Morgan sich in psychologische Behandlung begab, war sie geneigt, sich in diesem Sinne zu verhalten. Sie war das einzige Kind berufstätiger Eltern. Diese besuchten fleißig Vorträge und Cocktailpartys, nahmen sich aber nur selten Zeit für Frances. Sie ließen ihre Tochter von den besten Babysittern betreuen und schickten sie auf die besten Schulen. Sie beschenkten sie, wenn sie gute Zeugnisse nach Hause brachte. Frances war eine gute Schülerin, der das Lernen nicht schwerfiel. Sie stellte fest, daß sie für jeden Dollar, den sie zur Belohnung erhielt, vier Eiscremeportionen für ihre Mitschülerinnen kaufen konnte, was gleichzeitig bedeutete, daß diese einige Minuten lang ihre Freundinnen wurden.

Frances verbrachte ihr Leben, indem sie Zuneigung kaufte und verkaufte — oder andere Dinge, die eng damit zusammenhingen. Ihr Bedürfnis nach Liebe war jedoch so groß, daß sie häufig übers Ohr gehauen wurde. Falsche Freunde nutzten ihre Großzügigkeit und Leichtgläubigkeit aus und mißbrauchten ihren Drang nach Zuneigung, um mit ihr ein übles Spiel zu treiben. Sie ging auf fast alle Bitten ein, weil sie nie gelernt hatte, nein zu sagen.

Nur wenige würden abstreiten, daß Liebe ein bedeutsames psychologisches Bedürfnis darstellt. Für manche ist sie das bedeutsamste Bedürfnis. Für Frances, die nie an sich selbst das Erlebnis verspürt hatte, wirklich geliebt zu werden, war der Drang nach Liebe allumfassend. Bei ihr kam zum Ausdruck, was der bedeutende Psychologe Abraham Maslow «Liebesmangel» genannt hatte. Dieser Liebeshunger ist ein pathologischer Mangel an einem erforderlichen Bestandteil für das Persönlichkeitswachstum, vergleichbar mit einer Vitamin-Mangelerscheinung. Und dieser nagende Hunger nach Liebe trieb Frances dazu, Zuneigung auf neurotische Arten zu suchen: sie zu kaufen.

Während der Machthungrige das Geld einsetzt, um seine Verwundbarkeit zu kompensieren, verwendet es der Liebeshungrige, um das Gefühl zu unterdrücken, nicht geliebt zu werden. Der Liebeshungrige neigt dazu, sich von anderen Menschen zu entfremden; er kann anderen nur schwerlich Liebe geben, weil er so wenig zu verschenken hat. Wie Frances, betrachten viele das Geld als Maßstab der emotionalen Wertschätzung. Nach ihrer Heirat faßte sie die Unfähigkeit ihres Ehemannes, sehr viel Geld zu verdienen, als Zeichen dafür auf, daß er der Familie nicht genügend Liebe schenke. Sie fühlte sich als Mensch abgewertet, wenn sie nicht mindestens hundert Dollar in der Tasche hatte. Ihre Kinder bekamen nie ein regelmäßiges Taschengeld, sondern einen Betrag, dessen Höhe davon abhing, ob sie folgsam waren oder nicht. Ihr Verständnis für zwischenmenschliche Beziehungen beruhte völlig auf wirtschaftlicher Grundlage: Je mehr sie sich um andere kümmerte, desto mehr gab sie für diese aus; je mehr andere für sie ausgaben, desto mehr, vermutete sie, kümmerten sich diese um sie.

In der Psychotherapie stellte Frances bei der Erkenntnis ihrer neurotischen Probleme fest, daß sie für ihre Verbindung von Geld und Liebe zwei Hauptgründe hatte. Der erste war ein einfaches, nachahmendes Erfassen eines von ihren Eltern vorgelebten Verhaltensmusters. Da die Eltern nicht fähig waren, ihre Zuneigung offen und direkt zu zeigen, schenkten sie statt dessen das, was sie am höchsten einschätzten — Geld.

Der zweite Grund war weniger bewußt und in gewisser Weise eine Erweiterung des ersten. Er bekräftigte im wesentlichen die Gleichsetzung von Geld und Stuhlgang in der Psychoanalyse, die im dritten Kapitel erörtert wurde. Im Verlauf der Therapie konnte sich Frances mit großer Klarheit daran erinnern, wie sie sich als kleines Mädchen bemüht hatte, die Liebe von Mutter und Vater zu erringen. Sie hatte gelernt, daß es in der Hauptsache darum ging, ein «gutes», sauberes und folgsames Kind zu werden. Im Hinblick auf das Toilettentraining war Frances besonders folgsam. Sie wollte das tun, was «richtig» war, um die Zustimmung und Liebe ihrer Eltern zu gewinnen. Als sie erkannte, daß die Eltern sich über ihre Stuhlgang-«Gaben» freuten, versuchte sie, sich selbst zu übertreffen, um ihnen ihre Liebe zu zeigen.

Für den, der das Geld symbolisch verwendet, wirkt es sich tragisch aus, daß er nicht weiß, daß ein Symbol eben nur ein Symbol und nicht die Realität ist. Der Mensch, der einen Mangel an Liebe mit Geld auszugleichen sucht, ist mit jenem vergleichbar, der sehr viel Zucker ißt, um einen Salzmangel zu beheben. Wieviel Zucker man auch essen mag, das Salz fehlt immer in der Diät. Ein Mann, der sich wenig anziehend und nicht liebenswert vorkommt, könnte das Gefühl haben, schöne Frauen würden ihn begehrenswert finden, wenn er reich wäre. Doch wenn er tatsächlich reich wird und die Frauen ihn anhimmeln, dann wird er wahrscheinlich argwöhnen, daß sie in Wirklichkeit von seinem Geld und nicht von ihm selbst angezogen werden, und wird sich noch immer nach Liebe sehnen.

In seiner posthum in London veröffentlichten Autobiographie «As I See It» verriet J. Paul Getty, daß er sich mit seinem Geld nicht Liebe erkaufen konnte — obwohl er dies versucht hatte. Der von fünf Ehefrauen geschiedene Getty bemerkte: «Alle nahmen mir übel, daß ich mich am meisten um die Geschäfte kümmerte. Doch keine von ihnen schien mir übel zu nehmen, daß ich sie an den geschäftlichen Gewinnen teilhaben ließ.» Während ihm

Hunderte von Frauen Anträge machten, gab er sich nicht der Illusion hin, daß dies wegen seiner blauen Augen geschah. «Die Anziehungskraft, die ich ausstrahle, hat eine andere Farbe — das Grün der Dollarscheine», schrieb er.

Freiheit (Das «Freiheit-über-alles»-Syndrom). Ein weiterer immaterieller Begriff, den die Menschen vielfach mit Geld zu kaufen suchen, ist die Freiheit. Der Begriff ist natürlich relativ, und die Verfolgung der Freiheit kann vielfältige Formen annehmen. Auch die Rolle des Geldes im Verhältnis zur Freiheit ist unterschiedlich. Manche Menschen lassen sich von ihrem Verlangen zur Geldanhäufung versklaven, während andere ihre Freiheit darin erblicken, daß sie dem Geld und dem Materialismus den Rücken kehren.
Freiheit und Sicherheit sind in mancher Hinsicht unvereinbar. Wo das Bedürfnis nach Sicherheit vorherrscht, wird der Mensch eine feste Stellung bevorzugen, mit normalen Arbeitsstunden und Tätigkeiten, eingeschränkter Verantwortlichkeit und einer vorgezeichneten Zukunft. Wo Freiheit der stärkere Antrieb ist, rebelliert der Mensch häufig gegen die Tagesroutine, die Bevormundung im Hinblick auf Bewegungsfreiheit und Initiative und alles andere, das unnötige Abhängigkeit bringt. Bei solchen Menschen kommt es vor, daß sie gern länger und für weniger Lohn arbeiten, wenn dies mehr Unabhängigkeit gewährleistet. Sie wollen die Chance haben, ihr eigenes Leben vorzuzeichnen, ihre eigenen Entscheidungen zu treffen und auf ihre eigene Art Erfolge zu erringen. Sie sind im allgemeinen abenteuerlustig und gewillt, Risiken auf sich zu nehmen.

Menschen, die von einem Verlangen nach Freiheit und Unabhängigkeit motiviert werden, betrachten das Geld häufig als Mittel zum Kauf der Zeit, um das zu tun, was sie tun wollen. Wenn sie genügend Geld haben, um für ihren Lebensunterhalt aufzukommen, widmen sie sich in der zur Verfügung stehenden Zeit ihren Interessen und Launen und brauchen nicht mehr dem Geld selbst nachzulaufen. Wenn sie kreativ veranlagt sind, werden sie schreiben, malen und modellieren. Wenn nicht, dann haben sie die Freiheit zum Reisen oder zum Studieren. Am wichtigsten erscheint ihnen, etwas Eigenständiges zu tun, und Geld verschafft ihnen die Möglichkeit dazu. Das Geld als solches ist nicht bedeutsam. Wie sie ihr Geld ausgeben, mag nach anderer Leute Meinung vernünftig oder sinnlos sein — doch für sie ist es stets gerade richtig. Je nach Charakter oder Vermögen können sie rücksichtslose Spielernaturen oder vorsichtige Geldanleger sein — doch im allgemeinen sind sie auf der Suche nach etwas Neuem und Andersartigem, das für sie eine Herausforderung bedeutet.
Art und Henry Stevens wuchsen in einer ziemlich freizügigen Atmosphäre auf. Sie kamen mit den unterschiedlichsten Aktivitäten in Berührung und entwickelten beide zahlreiche Interessen und Hobbys. In der Schule zeigten sie eine Vorliebe für Diskussionen. Wenn sie ein Thema mochten, so zeigten sie gute Leistungen; umgekehrt schnitten sie schlecht ab, wenn sie etwas nicht interessierte. Schon als kleine Kinder nahmen sie an den Familiengesprächen teil, und man fragte sie nach ihrer Meinung, wenn eine Entscheidung anstand. Selten wurde ihnen etwas aufgebürdet, und zumeist konnten sie sich herausreden, wenn sie etwas übernehmen sollten, das ihnen nicht zusagte. Sie verab-

scheuten alles, was für sie eine Fessel bedeutete oder was sich mit ihrer Freizügigkeit nicht vereinbaren ließ.
Art wählte im College Englisch als Hauptfach und bestand die Diplomprüfung. Er entschloß sich, Lehrer zu werden, da ihm dies im Sommer freie Zeit zum Reisen und Schreiben ließ. Nach zwei Jahren im Lehrberuf hatte er das bürokratische Verfahren im Schulwesen satt und kündigte. Er begann, Lehrmittel zusammenzustellen, die er Schulen in seiner Umgebung verkaufen konnte. Schon bald besaß er eine eigene Druckerei, in der er seine Materialien herstellte. Nach einigen Jahren verkaufte Art sein Geschäft. Er legte sein Geld in steuerfreien Obligationen an und verbringt jetzt seine Zeit damit, Bücher zu schreiben, die sich nicht verkaufen lassen. Doch er sagt, er sei nie zuvor so zufrieden wie jetzt gewesen.
Henry, Arts jüngerer Bruder, verließ vorzeitig das College. Er versuchte sich in verschiedenen Berufen, konnte aber keinen finden, der ihm zusagte. So schied er aus dem Arbeitsmarkt aus. Er verbrachte das nächste Jahr mit dem Versuch, «zu sich selbst zu finden». Zuletzt hörte man, daß er in eine Kommune eingetreten sei und «von der Hand in den Mund» lebe. Zu Art, mit dem er noch in Verbindung steht, soll Henry gesagt haben, daß er sehr zufrieden sei. Man könnte daraus schließen, daß jeder der beiden Brüder auf seine Weise Freiheit und Unabhängigkeit gefunden hat — Art durch den Erwerb von Geld, Henry dadurch, daß er die Jagd danach aufgab.
Die einem starken Drang nach Freiheit zugrundeliegenden Triebkräfte reichen von einer allgemeinen Rebellion gegen die Autoritäten bis hin zu einem hohen Grad der Selbstverwirklichung. Man-

che Menschen scheiden aus dem Berufsleben vorzeitig aus, weil sie meinen, mit den anderen nicht wetteifern zu können; andere sind so selbstsicher, daß sie sich über jede Herausforderung freuen. Eine Anzahl von Studien, die auf der sozialen Lerntheorie des Psychologen Julian Rotter fußen, beschäftigen sich mit einer Persönlichkeitsdimension, die man «Kontrollstelle» nennt. Personen mit einer «inneren Kontrollstelle» betrachten Belohnungen als eine Folge ihres eigenen Verhaltens, während Personen mit einer «äußeren Kontrollstelle» diese auf Kräfte aus der Außenwelt zurückführen, wie das Schicksal, den Zufall oder Mitmenschen. Wer eine «innere Kontrollstelle» besitzt, glaubt eher daran, sein eigenes Leben bestimmen zu können, als von äußeren Kräften abhängig zu sein. Sie werden mehr von ihren eigenen Bedürfnissen, Wertvorstellungen und Wünschen gelenkt und lassen sich weniger von anderen Leuten überreden. So betrachtet hat es den Anschein, daß die meisten, wenn nicht sogar alle Menschen mit einem entschiedenen Drang zur Unabhängigkeit eine «innere Kontrollstelle» besitzen müßten.
Die meisten Menschen haben schon einmal davon geträumt, genügend Geld zu erwerben, um sich vom Arbeitszwang zu befreien und ihre Zeit so zu verbringen, wie es ihnen gerade paßt. Viele sind jedoch enttäuscht, wenn dieser Traum Wirklichkeit wird. Es gibt unzählige Menschen, die mit Ungeduld ihrem Ruhestand entgegensehen und sich auf die viele Freizeit freuen, in der sie alles Angenehme unternehmen wollen, zu dem sie bisher nie gekommen waren. Doch schon bald nach ihrer Pensionierung finden sie ihr Leben langweilig und nichtssagend, und dann geht es mit ihnen körperlich und seelisch bergab.

Auf der anderen Seite gibt es manche Menschen wie Art Stevens, die ihre Zeit zur Erreichung ihres größten Potentials ausnutzen, wenn sie die Freiheit haben, ihren Interessen nachzugehen. Nachdem Somerset Maugham genügend Geld erworben hatte, um sich ganz der Schriftstellerei widmen zu können, behauptete er, daß dieses Geld ihm die Freiheit und das Privileg gewähre, seinen Beruf zu meistern. Er drückte dies so aus: «Ich fand, daß das Geld wie ein sechster Sinn war, ohne den ich nicht das Beste aus den anderen fünf Sinnen machen konnte.»

Das Ziel, dem Art Stevens nachstrebte und das Maugham schließlich erreichte, ist ein Beispiel dessen, was Maslow «Selbstverwirklichung» nennt. Er behauptet, daß sich alle menschlichen Bedürfnisse in einem hierarchischen Muster entwickeln. Wenn Bedürfnisse einer niedrigen Stufe ausreichend erfüllt werden, entstehen Bedürfnisse einer höheren Stufe. Die meisten Grundbedürfnisse sind physiologischer Art. Wenn die physiologischen Bedürfnisse nach Nahrung und Wasser erfüllt sind, kann der Mensch die nächsthöhere Stufe der Bedürfnisbefriedigung anstreben, nämlich die Sicherheit.

Auf die Sicherheitsbedürfnisse folgen wiederum die Bedürfnisse nach Liebe, Wertschätzung und schließlich die Selbstverwirklichung. Wenn man gezwungen ist, seine Energie ganz oder teilweise bei der Verfolgung einer Befriedigungsart niedrigerer Stufe einzusetzen, wird der Fortschritt auf dem Wege zu einem gereiften, sich selbst verwirklichenden Erwachsenen behindert oder zum Stillstand gebracht.

Bis zu einem bestimmten Ausmaß können die physiologischen Grund- und die Sicherheitsbedürfnisse durch Geld erfüllt werden. Bei Bedürfnissen höherer Stufe ist dies offenbar nicht möglich. Jedoch kann Geld, wie im Falle von Art Stevens, mitunter verwendet werden, um die Zeit zur Selbstverwirklichung zu erkaufen.

Der Verlust der kindlichen Allmacht stellt eine entscheidende Periode in der Entwicklung der Persönlichkeit dar. Die Reaktion des Kindes auf die Erfahrung, von anderen völlig abhängig zu sein, ist richtungsweisend für die Entwicklung späterer Verhaltensmuster. Der Schutzsuchende wird nach dem Gefühl der Sicherheit streben, der Machthungrige wird versuchen, Erniedrigungen zu vermeiden und die Allmacht wiederzugewinnen, und der nach Liebe Hungernde wird bei anderen nach Zeichen der Zuneigung suchen. Auf Freiheit ausgerichtete Menschen versuchen, ihre Abhängigkeit von anderen zu leugnen, und neigen zur Selbstüberheblichkeit. Im allgemeinen fürchten solche Menschen, in irgendwelche Verwicklungen, auch emotioneller Art, zu geraten. Eher werden sie zu Anführern als zu Gefolgsleuten, doch häufig sind sie Einzelgänger. Sie verwenden Geld, um sich aus der Sklaverei der Gleichförmigkeit und der Beherrschung durch andere freizukaufen. Gedankenfreiheit und Bewegungsfreiheit sind für ihr Glück ausschlaggebend, und sie wehren sich dagegen, von anderen finanziell oder emotional abhängig zu werden.

Sicherheit, Macht, Liebe und Freiheit sind nicht die einzigen psychologischen Motive für den Erwerb und die Verwendung von Geld. Neben diesen weitverbreiteten Motiven lassen sich noch viele andere erwähnen, wie Bequemlichkeit, Rachsucht, Bildung und sogar Sexualität. Man muß allerdings die Tatsache im Auge behalten, daß sich psychologische Bedürfnisse nicht bei allen Menschen in gleicher Art zeigen und daß mehrere Bedürfnisse gleichzeitig auftreten können. Keine zwei Menschen sind in ihrem Wesen identisch: Sie haben verschiedenartige Bedürfniskombinationen, die wiederum auf verschiedenen Hintergründen und Erfahrungen beruhen. Demgemäß schätzt jeder das Geld auf seine eigene, individuelle Art ein und verwendet es entsprechend.

In dem Ausmaß, wie Sie verstehen, wie Geld verwendet wird und was es psychologisch für Sie bedeutet, können Sie auch besser beurteilen, ob Ihr Umgang mit Geld rational ist oder nicht. Das Erkennen eines Problems ist der erste Schritt zur Lösung.

Wie bei allen emotional gefärbten Problemen wird jedoch gewöhnlich bestritten, daß man Geld irrational verwendet. «Andere mögen Geld unvernünftig verwenden, aber nicht ich!» werden die meisten sagen.

Im folgenden werden daher anhand von Beispielen einige der vielen Anhaltspunkte herausgegriffen, die auf eine irrationale Verwendung oder Beurteilung des Geldes hindeuten:

1. Geld spielt für Sie eine größere Rolle als alle anderen Dinge im Leben, wie Gesundheit, Liebe, Familie, Erholung, Freundschaft und Zufriedenheit.
2. Sie kaufen Dinge, die Sie gar nicht brauchen, nur weil sie billig angeboten werden.
3. Sie kaufen Dinge, die Sie nicht brauchen, die «man» jedoch haben sollte, oder die andere beeindrucken könnten.
4. Auch wenn Sie ausreichend Geld haben, haben Sie beim Einkauf von notwendigen Artikeln, wie Kleidern oder Schuhen, Schuldgefühle.

5. Jedesmal, wenn Sie einen größeren Einkauf tätigen, «wissen» Sie, daß Sie übervorteilt werden.
6. Sie geben gern, sogar unüberlegt, Geld für andere aus, doch nur widerwillig für sich selbst.
7. Sie sagen automatisch: «Ich kann es mir nicht leisten», ob es stimmt oder nicht.
8. Sie wissen jederzeit auf den Pfennig genau, wieviel Geld Sie in der Tasche haben.
9. Unabhängig von dem jeweiligen Betrag können Sie sich zum Geldausgeben nur schwer entscheiden.
10. Sie fühlen den Zwang, sich über den Preis fast aller Dinge, die Sie kaufen, zu beklagen.
11. Sie bestehen darauf, bei gemeinsamen Gasthausrechnungen mehr als Ihren Anteil zu bezahlen, weil Sie anerkannt werden wollen oder weil Sie niemandem etwas schulden wollen.
12. Wenn Sie am Monatsende noch Geld übrig haben, fühlen Sie sich erst wieder wohl, wenn es ausgegeben ist.
13. Sie verwenden Geld zur Kontrolle oder Einschüchterung derjenigen, die Ihnen im Weg stehen.
14. Sie fühlen sich anderen, die mehr Geld als Sie haben, unterlegen, auch wenn Sie wissen, daß diese nichts Wertvolles geleistet haben, um es zu erwerben.
15. Sie fühlen sich jenen überlegen, die weniger Geld als Sie haben, ohne Rücksicht auf die Fähigkeiten und Leistungen dieser Menschen.
16. Sie sind davon überzeugt, daß Geld alle Ihre Probleme lösen kann.
17. Sie fühlen sich unbehaglich und nehmen eine Abwehrhaltung ein, wenn man Sie über Ihre persönlichen Finanzen befragt.

18. Bei jedem Kauf, für welchen Zweck auch immer, steht die Preisfrage an erster Stelle.
19. Sie kommen sich «dumm» vor, wenn Sie bei einem Kauf etwas mehr als Ihr Nachbar bezahlt haben.
20. Sie verabscheuen Geld und blicken auf jene herab, die es besitzen.
21. Sie sparen lieber, als daß Sie Geld investieren, weil Sie nie wissen, ob eine Notzeit kommt und Sie Bargeld brauchen.
22. Der Betrag, den Sie gespart haben, ist nie hoch genug.
23. Sie meinen, Geld sei das einzige, auf das Sie sich wirklich verlassen können.

6
Die Sicherheitsfanatiker

Demosthenes, der große griechische Redner, ist eher durch die ungewöhnliche Methode, mit der er das Sprechen vor der Öffentlichkeit erlernte, als durch den eigentlichen Inhalt seiner späteren Reden berühmt geworden. Um einen Sprachfehler zu überwinden, ging Demosthenes an die Meeresküste, wo er seinen Mund mit Kieselsteinen füllte und beim Rauschen der Wellen das artikulierte Sprechen übte. Ein Zitat aus einer seiner Reden, die er vor 2300 Jahren gehalten hatte, deutet auf die Grundhaltung jener Menschen hin, die bei der Verwendung von Geld zunächst nur an die Sicherheit denken. «Es gibt eine Schutzmaßnahme, die den Weisen allgemein geläufig ist ... Und welche? Das Mißtrauen.»

Das Mißtrauen ist die Grundeinstellung des Sicherheitsfanatikers — Mißtrauen gegenüber Menschen, der Welt, der Zukunft. Eine mögliche Ausnahme stellt das Geld dar. Das Geld wird als das vertrauenswürdigste aller Dinge betrachtet, nicht etwa, weil man sich auf seine Kaufkraft verlassen kann, sondern weil der Besitzer des Geldes sich sicherer fühlt. Ängstliche und eingeschüchterte Menschen suchen vor allem nach einem Gefühl der

Sicherheit. Wenn die Abhängigkeit von Eltern oder anderen Autoritätspersonen nicht gleichzeitig dieses Gefühl der Sicherheit vermittelt, so lernt das Kind, den Menschen zu mißtrauen und wird nach etwas anderem suchen, auf das es sich verlassen kann.

Häufig ist es das Geld, das dieses Verlangen zu erfüllen scheint. Der Besitz von Geld vermindert die Ängste, weil sich der Geldbesitzer weniger abhängig von anderen fühlt, und damit nimmt das Geld auch den Platz anderer Menschen als potentielle Sicherheitsquelle ein.

Menschen, die den Charakterzug des Mißtrauens entwickeln, sind ständig auf der Hut, um nicht verletzt zu werden — weder körperlich noch psychologisch oder finanziell. Ursprünglich ist es wahrscheinlich eine physische Furcht — die Furcht vor körperlichem Schmerz, möglicherweise auch die Furcht vor Leid und Tod. Wenn die Bedürfnisse des Kleinkindes nach Nahrung oder frischer Luft unerfüllt bleiben, könnten Leiden und Tod die Folgen sein. Als nächstes könnte die Furcht psychologischer Natur sein — Furcht vor Abweisung, vor Mangel an Liebe, vor Demütigung. Im Endeffekt sucht ein solcher Mensch Sicherheit und Selbstverwirklichung immer mehr im Geld, und die Furcht vor finanziellen Verlusten wird die Oberhand gewinnen.

Mißtrauen und die ständige Furcht, irgend jemand oder irgend etwas könnte einen Geldverlust bewirken, dürfte der beste Schutz gegen einen tatsächlichen finanziellen Verlust sein, denn der Geldbesitzer bleibt beständig auf der Hut. Sein Argwohn macht es ihm andererseits unmöglich, leichten Herzens die Annehmlichkeiten des Wohlstands zu genießen. Die Furcht vor der drohenden Gefahr,

die Sicherheit bietenden Mittel hergeben zu müssen, schafft gewiß keine vergnügliche Atmosphäre. Unsichere Menschen suchen auf unterschiedliche Weise beim Geld Zuflucht, um ihre Sicherheit und ihren Selbstwert intakt zu halten. Wie dies geschieht, wird im folgenden besprochen.
Außerdem werden die jeweiligen Motivationen und die zugrundeliegenden Charakterzüge behandelt, ferner der psychologische Gewinn, den die Person aus ihrem Verhalten zieht, sowie der Preis, den sie an emotionaler Schädigung dafür zu bezahlen hat. Da jedoch alle Sicherheitsfanatiker gewisse gemeinsame Wesenszüge haben, lassen sich zwei Hauptmerkmale bei den verschiedenen Typen finden: Erstens die Umwandlung des Mißtrauens gegenüber Menschen in ein Vertrauen auf das Geld, und zweitens ein Gefühl der Sicherheit im Geld als Kompensation einer emotionalen Unsicherheit. Hierbei ist auch zu berücksichtigen, daß viele Menschen, bei denen das «Sicherheit-über-alles»-Syndrom zum Ausdruck kommt, Charakterzüge zeigen, die mehr als nur einem Typ zuzurechnen sind.

DER ZWANGHAFTE SPARER

Der zwanghafte Sparer führt die Vorstellung vom wirtschaftlichen Verhalten ad absurdum. Es ist klug, für Notfälle zu sparen. Das Sparen zur Ansammlung von Kapital ist notwendig, wenn man investieren oder ein Geschäft eröffnen will. Das Sparen von Geld, um später größere Einkäufe zu machen, ist eine gesunde Finanzplanung. Für den zwanghaften Sparer wird jedoch das Sparen zum Selbstzweck. Gespart wird nicht wegen eines künftigen Nutzwertes, sondern das Sparen als solches

wird als lohnend empfunden. Menschen, die unter einem Zwang leiden, haben das unwiderstehliche Bedürfnis, dieselben Handlungen ständig zu wiederholen. Wenn sie dem Drang zur Ausführung dieser Zwangshandlung widerstehen, fühlen sie sich unruhig, wenn sie sie ausführen, fühlen sie sich erleichtert. Ob sie die Handlung als vernünftig betrachten oder nicht — sie muß ausgeführt werden, damit sie sich sicher genug fühlen, um in anderen Bereichen ihres Daseins wirken zu können.
Der zwanghafte Sparer kann nicht umhin, einen bestimmten Prozentsatz von jeder Lohnzahlung zurückzulegen, bevor er seine Rechnungen bezahlt oder andere finanzielle Verpflichtungen erfüllt. Das für Ersparnisse vorgesehene Geld wird nicht als Einkommen betrachtet. Was dann noch übrigbleibt, wird für die lebensnotwendigen Ausgaben eingeteilt, bis der nächste Zahltag da ist. Wenn am Monatsende ein Restbetrag bleibt, liegt die Wahrscheinlichkeit nahe, daß er ebenfalls auf das Sparkonto gebracht wird. Dagegen ist es unwahrscheinlich, daß er für Vergnügungen ausgegeben oder für Einkäufe verwendet wird, deren Erledigung noch hinausgeschoben werden kann.
Für den zwanghaften Sparer ist es schmerzhaft, für etwas den vollen Preis zu bezahlen. Er empfindet bei einem Einkauf keine Genugtuung, höchstens dann, wenn er einen Gegenstand besonders günstig erworben hat. Die vorgefaßte Meinung im Hinblick auf das Geld überschattet alles, so daß beim zwanghaften Sparer der Preis als einziger Aspekt Gültigkeit besitzt, um welches Ereignis oder welche Ware es sich auch immer handeln mag. Eine Theatervorstellung oder eine Sportveranstaltung wird nicht als Abendunterhaltung angesehen, sondern als Ausgabe eines Zehndollar-

scheins. Ein Urlaub verspricht nicht unbedingt Ausspannen und Erholung. Statt dessen ist er ein Erlebnis aus gemischten Gefühlen, wobei am Ende das Vergnügen an dem Geldbetrag gemessen wird, der ungern der Brieftasche entnommen wurde. Beim zwanghaften Sparer wird die «Sünde» der Geldverschwendung im Urlaub noch verschlimmert durch die «Sünde», dabei auch noch Zeit in unproduktiver Weise vergeudet zu haben. Zwanghafte Sparer halten es mit Benjamin Franklin: «Zeit ist Geld.» Und Zeit, die nicht zum Gelderwerb verwendet wird, ist vergeudete Zeit.
Der bekannte Psychiater und Autor Edmund Bergler berichtet von einem durch Geldbesessenheit hervorgerufenen Extremfall. Im Ersten Weltkrieg war der Mann in einem Dorf stationiert, wo Fleisch knapp und daher sehr teuer war. Eines Abends war er bei einer wohlhabenden Familie zum Essen eingeladen, und wie durch ein Wunder erschien ein Braten auf dem Tisch. Alle brachten ihre Freude zum Ausdruck, mit Ausnahme der Gastgeberin, deren Augen auf den Braten gerichtet blieben. Sie schien die abgeschnittenen Fleischstücke abzuzählen. Als die Portionen ausgegeben wurden, blickte sie von einem Gast zum anderen. Wenn jemand einen Bissen in den Mund steckte, murmelte sie: «Sie essen jetzt Fleisch im Werte von zwölf Francs!» Jeder Bissen wurde mit einem Preis bewertet. Dieser Frau tat nicht nur das Geld leid, sondern sie war so vertieft in die Beobachtung, daß sie selbst zu essen vergaß.

Die Motivation: Fallgeschichten von zwanghaften Sparern zeigen, daß sie als Kinder ängstlich und unsicher waren und nicht zurechtkamen mit einer

Welt, die sie als übermächtig und bedrohlich empfanden. Da ihnen die Eltern kein Gefühl der Sicherheit und des Schutzes vor den tatsächlichen und eingebildeten Gefahren der Kindheit mit auf den Weg gegeben hatten, entwickelten sie nie das, was der Harvard-Professor Erik Erikson «Grundvertrauen» genannt hat. Das Grundvertrauen oder das Mißtrauen ist bedingt durch die Art der Betreuung, die das Kleinkind in seinem jungen Leben erfährt. Erikson betrachtet das Vertrauen als erstes Entwicklungsstadium auf dem Wege zur Reife in der Gesellschaft. Ohne Vertrauen ist ein verantwortliches Erwachsensein unmöglich.
Bei der Geburt von Harry Burns starb seine Mutter. Er wurde von verschiedenen Tanten, älteren Verwandten und Babysittern «bemuttert». Harrys Vater war Bauarbeiter, der sehr viel Geld verdiente, wenn er arbeitete, aber zwischendurch immer wieder monatelang beschäftigungslos war. Häufig mußte er umziehen, wenn er eine neue Arbeit antreten wollte. Harrys Vater machte zahlreiche Überstunden und kam an solchen Tagen sehr spät nach Hause. Wenn er jedoch keine Arbeit hatte, war er niedergedrückt und reizbar. Er beunruhigte sich dann, nicht genügend Geld zu haben, um den Verpflichtungen nachzukommen.
Wie so viele Menschen, die zwanghafte Sparer werden, brachte Harry schon früh im Leben Sicherheit und Geld begrifflich zusammen. Wenn sein Vater arbeitete und Geld verdiente, ließ die Spannung spürbar nach, und die Familie schien nicht mehr von einem Verhängnis bedroht zu sein. Es gab dann nicht nur neue Spielsachen und neue Schuhe, sondern der Vater spielte auch selbst mit den Kindern oder ging mit ihnen ins Kino.
Im Laufe der Zeit entwickelte Harry eine traum-

hafte Vorstellung von einer Menge Geld, die er einmal besitzen wollte. Wenn er nur genügend Geld hätte, glaubte er, würde er von allen Unsicherheiten befreit und vor allen möglichen Gefahren beschützt sein. Bei dem Versuch, mit den Schwierigkeiten des Lebens zurechtzukommen, schränkte er zwangsläufig sein Weltbild ein. Er hatte nie die Sicherheit besessen, die auf dem Vertrauen gegenüber anderen Menschen beruht, und da er mit der Außenwelt nicht fertig wurde, konzentrierte er seine ganze Aufmerksamkeit und Energie auf einen Aspekt dieser Welt — das Geld. Indem er praktisch alle anderen Lebensbereiche außer acht ließ, konnte er nun seine Ängste auf ein Mindestmaß zurückschrauben. Aufgrund seiner Kindheitserlebnisse war Harry nicht in der Lage, realistisch mit auftretendem Streß zurechtzukommen. Wenn Gefahr drohte, verließ er sich ganz auf die schützende Kraft des Geldes, die ihm ein Gefühl der Sicherheit verlieh. Als seine Verlobte sich von ihm trennte, weil er so übermäßig sparsam mit Geld umging, nahm Harry eine zusätzliche Arbeit an und brachte das gesamte Gehalt auf das Bankkonto.

Für den zwanghaften Sparer ist kein Geldbetrag ausreichend, um ihm so viel Sicherheit zu bieten, daß er sein Sparen einstellen könnte. Das Verlangen ist unstillbar. Es tut wenig zur Sache, ob die Kontozahlen in die Hunderte, Tausende oder Millionen gehen; immer wieder wird er von der Furcht befallen, daß durch einen unglücklichen Zufall alles zunichte gemacht werden könnte. Für den Fall, daß die Bank in Konkurs geraten sollte, verstecken manche zwanghaften Sparer auch große Bargeldbeträge im Hause. Doch hierdurch erhöht sich die Furcht, daß jemand einbrechen und das Geld stehlen könnte, was wiederum den Sparer noch argwöhnischer werden läßt.

Der Gewinn: Geld auf der Bank vermindert erstens die emotionale Unsicherheit und zweitens wird der zwanghafte Sparer häufig als beispielhaft wirtschaftlich denkender Mensch gepriesen. Viele Menschen glauben an den tieferen Sinn des Sprichworts: «Wer den Pfennig nicht ehrt, ist des Talers nicht wert.» Sie glauben, daß man reich wird, wenn man jeden Pfennig spart. Die Anführer in diesem Feldzug sind natürlich die Bankiers und die zwanghaften Sparer. Manche zwanghaften Sparer sind so davon überzeugt, daß ihre Einstellung zum Geld von der Gesellschaft gutgeheißen wird, daß sie ihre Sparsamkeit in eine Art religiösen Eifer verwandeln. Durch Sparen kommen sie sich als edle Menschen und jenen überlegen vor, die weniger sparsam sind. Und mancher zwanghafte Sparer wird wohlhabend und kann aufgrund seines gesellschaftlichen und finanziellen Status die Achtung und Bewunderung anderer erringen.

Der Preis: Der vielleicht größte Preis, den zwanghafte Sparer zu bezahlen haben, liegt in den vergeudeten Gelegenheiten zwischenmenschliche Beziehungen einzugehen. Da sie ihre Aufmerksamkeit fast ausschließlich den Finanzen widmen, werden solche Leute ziemlich humorlos und langweilig. Sie können das Leben nicht genießen, und der Umgang mit ihnen macht nicht viel Spaß. Sie können sich schon deswegen nicht entspannt mit anderen unterhalten, weil sie argwöhnen, die anderen könnten ihnen Geld aus der Tasche ziehen. Je mehr Geld sie erwerben, desto mehr machen sie sich Gedanken über mögliche Einbußen. Und je mehr Gedanken sie sich machen, desto weniger können sie ihr Leben genießen. Sie sind nicht entspannt, sondern nehmen ständig eine Abwehrhaltung ein, und viele Menschen, deren Ersparnisse anwachsen, werden immer verschlossener und argwöhnischer.

Zwanghafte Sparer sind aber nicht nur gesellschaftlich isoliert, sondern sie sind gelegentlich auch anfällig für körperliche Beschwerden. Manche knausern bei der Ernährung und vernachlässigen wegen der Kosten ihre Gesundheit. Bei den meisten sind die gesundheitlichen Erfordernisse den finanziellen Wünschen untergeordnet, und selbst wenn reichlich Geld vorhanden ist, sind die Gedanken derart mit den Finanzen beschäftigt, daß ein körperliches Unwohlsein und kleinere Krankheiten manchmal unbeachtet bleiben. Wenn sie sich den Gelderwerb zum Ziel gesetzt haben, arbeiten viele zwanghafte Sparer in Überstunden bis zur Erschöpfung, denn auch ihre Gesundheit ist ihnen weniger wichtig als das Geld. Wegen der ständigen Anspannung, der sich solche Menschen aussetzen, ist auch ein Auftreten psychosomatischer Beschwerden wahrscheinlich.

DER SELBSTVERLEUGNER

Noch mehr als der zwanghafte Sparer vernachlässigt der Selbstverleugner sein körperliches Wohlbefinden. Er geht den Vergnügen und Unterhaltungen des Lebens aus dem Wege. Für den zwanghaften Sparer sind diese selbstzerstörerischen Tendenzen eine Folge seines Vorsatzes, Geld zu sparen. Da er auf Gelderwerb fixiert ist, betrachtet der zwanghafte Sparer andere Zielsetzungen, wie Gesundheit und Zufriedenheit, als relativ unbedeutend. Für den Selbstverleugner hingegen bedeutet die «Selbstaufopferung» schon einen Gewinn an sich. Ein solcher Mensch verkündet gern: «Seht nur, was ich alles entbehre. Die Welt ist gemein und grausam, und den Leuten ist es gleich, ob ich lebe oder sterbe, doch ich lasse mich nicht unterkriegen.» Solche Menschen stellen gern trotz aller trüben Aussichten ihre Tapferkeit zur Schau. An einem Großteil ihres Mißgeschicks sind sie jedoch selbst schuld.

Selbstverleugner fühlen sich schuldig, wenn sie Geld für sich selbst ausgeben. Bei der Nahrung gilt der billige Preis mehr als der Geschmack oder der Nährwert. Aus solchen Gründen würden sie auch altes Brot oder zu lange gelagerte Konserven kaufen. Sie würden es nicht über sich bringen, teure Kleidung zu kaufen, und ihre Kleidung stammt daher vorwiegend aus dem Ausverkauf. Sie leben häufig in weniger komfortablen Wohnungen als andere mit vergleichbarem Einkommen, weil sie keine teure Miete bezahlen wollen. Selbstverleugner geben zwar zu, daß sie einen besseren Lebensstil bevorzugen würden, doch sie können sich diesen einfach nicht «leisten».

Wie hoch das Einkommen der Selbstverleugner auch sein mag, es scheint nie auszureichen, um ihnen besondere Anschaffungen zu ermöglichen. Wenn sie über zusätzliche Einkünfte verfügen, dann finden sie eine Ausrede, um sie nicht für sich selbst, sondern für andere auszugeben, da sie fest daran glauben, daß Geben besser als Nehmen ist. Zwar gönnen sie sich selbst ungern etwas Besonderes, doch sind sie nicht unbedingt abgeneigt, für ihre Kinder oder Freunde Geld auszugeben. Es kommt auch vor, daß sie für wohltätige Zwecke, an denen sie selbst nicht besonders interessiert sind, reichlich Geld spenden, da sie in solchen Fällen keine Schuldgefühle haben, aus der Sache selbst Nutzen zu ziehen.

Selbstverleugner haben einen «Armutskomplex». Sie betrachten die Zukunft pessimistisch und meinen, es sei schon ein Glück, in der Gegenwart zu überleben.

Sie verhalten sich so, als ob bereits morgen die Verarmung über sie hereinbrechen könnte. Indem sie sich selbst nichts gönnen, versuchen sie, das vermeintliche finanzielle Verhängnis möglichst lange hinauszuschieben.

In manchen Fällen erklären Selbstverleugner ihre selbstauferlegte Enthaltsamkeit damit, daß sie für ihren Ruhestand oder für Notzeiten sparen. Für solche Menschen sind zwar alle Zeiten Notzeiten, doch weil es in der Zukunft noch schlimmer kommen könnte, stellen sie weiterhin die Ausgaben zurück. Und wenn sie sich zur Ruhe setzen, wird es klar, daß sie sich weiterhin selbst verleugnen und nicht in der Lage sind, sich das zu gönnen, was sie jahrelang entbehrt hatten.

Die Motivation: Wie alle Sicherheitsfanatiker bemühen sich auch die Selbstverleugner hauptsächlich um Absicherung. Sie haben gelernt, das Leben dadurch zu meistern, daß sie ihre finanziellen und emotionalen Entbehrungen aufbauschen, in der Erwartung, daß andere sie bedauern und vielleicht sogar Hilfe anbieten. Sie fassen Selbstaufopferung und Selbstverleugnung als Tugenden auf und erwarten, daß andere sie wegen ihres Märtyrertums

loben und belohnen werden. Insofern fühlen sie sich sicher.
Peggy Gordon arbeitete als Verkäuferin in einem Drugstore und ging an drei Abenden in der Woche zum College. Sie war keine besonders begabte Studentin, kam aber trotzdem gut mit, weil sie ihre Freizeit zum größten Teil für das Studium aufwendete. Ihre Eltern boten ihr an, sich an ihren Lebenshaltungskosten zu beteiligen, damit sie nicht mehr ganztags arbeiten mußte, doch Peggy weigerte sich, Geld anzunehmen, weil sie sich sonst schuldig gefühlt hätte. Sie sagte zu ihnen: «Ihr habt lange genug hart für euer Geld gearbeitet. Jetzt sollt ihr es genießen. Ich möchte euch nicht zur Last fallen.»
Als sie heranwuchs, sorgten Peggys Eltern für ihr Kind in angemessener Weise. Sie trug gute Kleider wie ihre Mitschülerinnen, und sie bekam ebensoviel Taschengeld wie die anderen Mädchen. Jedoch wurde ihr das Geld nur zögernd gegeben, und sie fühlte sich schuldig, wenn ihr gesagt wurde, daß ihre Eltern finanziell besser dastünden, wenn sie nicht wäre. Offensichtlich tat ihnen das Geld leid, das sie für ihre Tochter ausgaben. Um ihre Schuldgefühle abzubauen und die Zuneigung ihrer Eltern zu erhalten, lernte Peggy daher, ihre Wünsche zu verleugnen und auf ihre Entscheidung, jede Art von Selbstverwöhnung zu unterbinden, stolz zu sein. Auf mancherlei Weise gaben ihre Eltern ihr zu verstehen, daß sie ihr um so mehr Zuneigung schenkten, je weniger Geld sie für sie aufzuwenden brauchten.
Selbstverleugner versuchen, Neid und Feindseligkeit gegenüber jenen, die es bedeutend besser getroffen haben, zu verbergen. Den Wohlhabenden gegenüber empfinden sie aber nicht nur Abnei-

gung, sondern oft auch eine Art Ehrfurcht, da in ihren eigenen Vorstellungen der Wohlstand mit Macht und Autorität zusammenhängt. Indem sie ihren Unmut leugnen und vorgeben, mit weniger zufrieden zu sein, versuchen Selbstverleugner daher, sich vor der Vergeltung durch machtvolle Autoritäten zu schützen, deren Abweisung sie fürchten.

Der Gewinn: Die Erlangung der Sicherheit ist das Ziel der Selbstverleugner. Durch ihre Selbstaufopferung und durch ihr Leugnen, etwas von anderen zu benötigen, hoffen sie, bei den Menschen Bewunderung und Sympathie zu gewinnen und damit Geringschätzung oder Abweisung zu vermeiden. Wenn sie auf diese Weise anderen klarmachen können, daß sie selbst mit ihrem spartanischen Lebensstil zufrieden sind und als Neider keine Gefahr darstellen, werden die anderen wahrscheinlich unbesorgt sein und dazu neigen, sie freundlich zu behandeln. Auf diese Art werden die Angst und das Mißtrauen der anderen auf ein Minimum herabgedrückt, und eine gefahrvolle Welt erscheint ein wenig sicherer. In manchen Fällen können Selbstverleugner andere so manipulieren, daß diese nicht nur mit ihnen sympathisieren, sondern ihnen sogar in Form von Geschenken oder Anleihen offen Hilfe leisten.

Der Preis: Da Selbstverleugner ihren Zustand der selbstauferlegten Entbehrung aufrechterhalten müssen, um sich sicher zu fühlen, tritt sofort dann ein Zustand der Ängstlichkeit und Unsicherheit ein, wenn sie sich mit etwas befassen, was normalerweise als angenehm oder vergnüglich betrachtet wird. Furcht und Mißtrauen tragen nicht zur Schaffung von erfreulichen und zufriedenstellenden Lebensbedingungen bei und verhindern tiefe zwischenmenschliche Beziehungen. Selbstverleugner führen einen Lebensstil, der nicht ihrem Potential entspricht und finden Genugtuung darin, sich selbst zu beweisen, ohne Luxus auszukommen. Dies schränkt die Bereiche ein, in denen sie etwas erreichen können. Deshalb ist ihre Selbstachtung häufig hohl und eine Selbstverwirklichung praktisch undenkbar.

Das Leben mit einem Selbstverleugner wird oft als bedrückend empfunden. Es ist schwierig, etwas zu genießen, wenn der Partner nicht fähig oder nicht willens ist, an der Freude teilzuhaben. Selbst wenn der Selbstverleugner andere verwöhnt, verspüren die Nutznießer häufig Schuldgefühle, weil ihnen klar wird, daß der Preis nicht nur finanzieller Natur war, sondern auch Selbstaufopferung und Selbstverleugnung in sich schloß. In den meisten Fällen übertragen sich die Schuldgefühle der Selbstverleugner auf deren Kinder, die ebenfalls lernen, Vergnügungen aus dem Wege zu gehen und sich bei Selbstverwöhnung schuldig zu fühlen.

DER ZWANGHAFTE GELEGENHEITSJÄGER

Der zwanghafte Gelegenheitsjäger ist ein Fanatiker, wenn es sich um Geldausgaben handelt. Wenn nicht alle Umstände für die Ausgabe sprechen, wird das Geld mit Entschiedenheit zurückgehalten; doch sobald der Gelegenheitsjäger etwas Billiges entdeckt, gibt es für ihn kein Halten mehr. Der gekaufte Gegenstand kann auch minderwertig

sein, oder der Käufer kann keine wirkliche Verwendung für ihn haben — nichts wird ihn abschrecken, wenn der Preis stimmt. Der Anreiz liegt nicht im Erwerb der Sache, sondern im Einkauf zum günstigen Preis.
Ein solcher Gelegenheitsjäger war der sechsundzwanzigjährige Mark Mercer, der als Buchhalter für eine Fernsehgesellschaft arbeitete und zusammen mit einem anderen Junggesellen in einem teuren Apartment-Komplex wohnte. Er verdiente 55 000 Dollar im Jahr, doch er freute sich die ganze Woche über auf den Samstag, den Tag, den er für das «günstige Einkaufen» und damit für das «Geldsparen» ausersehen hatte. Am frühen Samstagmorgen pflegte er die Zeitungen der Woche auf dem Fußboden auszubreiten und alle Anzeigen zu lesen. Dann schnitt er die Lebensmittelangebote heraus und legte sie der Sicherheit halber in einen Briefumschlag. Anschließend notierte er sich alle sonstigen Artikel, die in den Supermärkten angeboten wurden.
Den Rest des Vormittags verbrachte Mark damit, von Laden zu Laden zu gehen und die Artikel zu kaufen, die zum Billigpreis zu haben waren. Nachmittags kaufte er dann weiter ein, wobei er sich billige Kleidung, Möbelstücke oder Autozubehör aussuchte. Waren keine Billigangebote mehr zu sehen, suchte Mark in den Schaufenstern nach anderen günstigen Gelegenheiten, oder er schnupperte in Läden, wo Waren aus zweiter Hand oder Antiquitäten angeboten wurden.
Der Maßstab eines günstigen Einkaufs war für Mark nicht die Tatsache, daß er etwas Gutes zu einem bestimmten Preis erworben hatte, sondern die Frage, wieviel Geld er jeweils eingespart hatte. Er betrachtete es als persönliche Niederlage, wenn

er einmal den vollen Preis bezahlen mußte. Es machte ihm nichts aus, durch die ganze Stadt zu fahren, wenn er ein paar Cents bei einer Tomatenkonserve sparen konnte. Wenn ihm die Butter ausgegangen war und Butter nirgendwo in der Stadt billig angeboten wurde, kaufte er entweder billig angebotene Margarine, oder er kam ganz ohne Fett aus. Marks ganzer Stolz waren die überall getätigten Gelegenheitskäufe, und wenn er von Laden zu Laden eilte, addierte er im Kopf die Summen, die er gespart hatte. Doch er überlegte dabei nie, wieviel Zeit er vergeudete, und er berücksichtigte nicht, daß er Benzin im Wert von einem Dollar verfuhr, wenn er bei seinen Einkäufen vielleicht sechzig Cents einsparte.

Die Motivation: Für den zwanghaften Gelegenheitsjäger stellt das Einkaufen keinen rationalen Prozeß dar. Es ist ein Versuch, das Selbstwertgefühl zu steigern, indem man klüger ist als die anderen — sowohl die Verkäufer als auch jene, die den vollen Preis bezahlen. Die meisten Menschen wägen beim Einkauf den Nutzwert einer Sache gegen den Preis ab. Der Gelegenheitsjäger berücksichtigt nur den Preis. Hat er die Wahl zwischen einem qualitativ hochwertigen Artikel zu einem vernünftigen Preis und einem praktisch wertlosen Artikel zu einem Schleuderpreis, dann wird er sich vermutlich für den weniger teuren entscheiden.

Ein solcher Mensch würde beispielsweise sechs Hemden zu fünf Dollar je Stück kaufen und sie dann wegen ihrer schlechen Qualität kaum jemals tragen, anstatt zwei Fünfzehn-Dollar-Hemden zu kaufen, die sauber gefertigt sind und lange Zeit gut aussehen. Das einen solchen Einkauf begleitende

Triumphgefühl unterstreicht die Irrationalität der Handlung.
Das innere Wesen des zwanghaften Gelegenheitsjägers wird beherrscht von einem nagenden Gefühl der Leere, einem Gefühl, etwas Wesentliches zu entbehren, das Sicherheit und Zufriedenheit gewährleisten könnte. Solche Menschen stammen manchmal aus Familien, wo durch Tod, Scheidung oder Konflikte das Maß der elterlichen Zuneigung eingeschränkt wurde. Oder sie mögen unter dem Eindruck gestanden haben, daß Brüder oder Schwestern bevorzugt und mit mehr Liebe bedacht wurden, als ihnen zustand. In den meisten Fällen war in ihrer Jugend nicht nur das Geld knapp, sondern auch die Zärtlichkeit. Schon früh lernten sie, für das wenige Geld, das sie hatten, möglichst viel «herauszuschlagen», da die Mittel nie ausreichten, um alle Bedürfnisse und Wünsche zu erfüllen. Als Erwachsene bleiben sie im gleichen Verhaltensmuster stecken. Ungeachtet der Höhe ihres Einkommens oder ihrer Ersparnisse, versuchen sie, bei jedem Kauf Geld zu sparen.
Zwanghafte Gelegenheitsjäger versuchen, symbolisch eine Rechnung auszugleichen. Da sie meinen, als Kinder zu kurz gekommen zu sein, versuchen sie nun, die Welt so zu manipulieren, daß sie ihnen mehr als das ihnen Zustehende gibt. Die freudige Erregung bei einem «günstigen Handel» beruht teilweise darauf, daß der Gelegenheitsjäger diese Handlung unbewußt gleichsetzt mit einer Übertölpelung seiner Eltern, um mehr Zuneigung zu erhalten als ursprünglich vorgesehen.
Die Trennungslinie zwischen der Suche nach einem günstigen Handel und der Habsucht ist manchmal schwer zu finden. Der Unterschied ist im wesentlichen gradueller Art. Manche Gelegen-

heitsjäger sind so gefesselt von ihrem Vorhaben, etwas für nichts zu erhalten, daß die Habsucht die Oberhand gewinnt und sie die Übersicht verlieren. So kann es geschehen, daß sie Pfirsiche kaufen, die sie nicht mögen, weil sie billiger sind als Birnen, die sie mögen, und sie kaufen dann die Pfirsiche gleich kistenweise, weil sie nochmals zehn Pfennig pro Kilo sparen.

Der Gewinn: Gelegenheitsjäger gewinnen Vorteile in verschiedener Form. Zunächst leiten sie ein Gefühl der Sicherheit von der Vorstellung ab, daß sie länger als die meisten anderen mit ihrem Geld auskommen. Ihre Gewißheit, klüger als andere gehandelt zu haben, verschafft ihnen ein Überlegenheitsgefühl. Bis zu einem gewissen Grade werden Freunde zu ihnen aufschauen oder sie wegen ihrer Geschäftstüchtigkeit beneiden, und andere fragen sie vielleicht vor Einkäufen um ihren Rat. Dies bestärkt sie in ihrer Selbstachtung. Ihre unterschwellige Unsicherheit und Verwundbarkeit wird zudem durch das Gefühl abgeschwächt, ihre Umgebung dahingehend beeinflussen zu können, ihnen mehr Waren für weniger Geld zu geben.

Der Preis: Obwohl sie ihrem Selbstverständnis nach schlaue Käufer sind, kommen zwanghafte Gelegenheitsjäger häufig zu kurz. Sie konzentrieren sich mehr auf den Preis als auf die Qualität und erhalten deshalb oft minderwertige Ware. Oder sie kaufen Kleidung, die im Ausverkauf angeboten wird, jedoch nicht paßt. Ihre Zwangshandlungen führen sie oft dazu, Dinge zu kaufen, die sie nicht benötigen. So kaufen sie in manchen Discountläden Artikel, die nur in den Schubladen liegen bleiben und nie gebraucht werden. Nicht selten vergeuden sie sehr viel Zeit, um einen geringen Geldbetrag einzusparen — Zeit, die sie auf andere Weise gewinnträchtiger einsetzen könnten.

Obwohl es nach außen hin den Anschein haben mag, als hätten sie ihre Unsicherheit und ihr Mißtrauen in zufriedenstellender Weise überwunden, trifft dies gewöhnlich nicht zu. Der zwanghafte Gelegenheitsjäger läßt sich häufig von unterschwelligen, selbstzerstörerischen Tendenzen leiten. Was wie ein legitimer, günstiger Handel aussieht, kann in Wirklichkeit ein Schwindel sein. Schon so mancher Gelegenheitsjäger ist auf Angebote hereingefallen, die leichten Gewinn versprechen, und hat dabei alles verloren. Wenn solche Menschen ihrer eigenen Geschäftstüchtigkeit übermäßig vertrauen und von ihrer Habgier geblendet werden, kommt es leicht vor, daß sie eine kritische Beurteilung unterlassen und von anderen, die gerissener sind als sie, übervorteilt werden.

Zwanghafte Gelegenheitsjäger, die damit prahlen, viele Artikel zum Billigpreis eingekauft zu haben, können ihre Freunde und Bekannten verärgern. Empfänger von Geschenken, die offensichtlich aus dem Ausverkauf stammen, können unangenehm berührt sein. Gäste können sich zurückgesetzt fühlen, wenn ihnen billige Gerichte vorgesetzt werden. Das führt dazu, daß gerade jene Leute, deren Zuneigung und Freundschaft der zwanghafte Gelegenheitsjäger in Wirklichkeit sucht, sich von ihm zurückziehen. Sie betrachten den Gelegenheitsjäger als «billig» und distanzieren sich von ihm, weil seine stetige Preisbesessenheit sie unangenehm berührt.

DER FANATISCHE SAMMLER

Während manche Menschen Geld anhäufen, sammeln andere Briefmarken, Flaschen, Briefbeschwerer, alte Uhren und vielerlei andere Dinge. Wie das Geldsparen kann auch das Sammeln entweder ein bereichernder Zeitvertreib oder eine Zwangshandlung sein. Der Unterschied zwischen normalem und zwanghaftem Sammeln liegt in der Intensität des Wunsches, einen bestimmten Gegenstand zu erwerben, in den Mühen, die man auf sich nimmt, um eine Sammlung zu erweitern, und im Ausmaß, in dem die Sammelleidenschaft das Leben des Sammlers beherrscht. Manches, was die Leute sammeln, wie Goldmünzen oder Radierungen von Goya, stellt einen tatsächlichen Wert dar. Andere Gegenstände, wie Streichholzschachteln oder Bierdeckel sind wertlos. In manchen Fällen ist der Wert eines Sammelgegenstandes gefühlsbedingt, in anderen ist er symbolischer Natur, von künstlerischer oder ästhetischer Art. Manche Leute finden Freude an dem Gegenstand, den sie besitzen, oder an der Macht, die mit ihm assoziiert wird. Für den fanatischen Sammler stellt die Sammlung fast immer auch einen Geldwert dar, ohne Rücksicht auf die Werte anderer Art, die ihr beigemessen werden.

Die Motivation: Wie das Eichhörnchen, das für den kalten Winter Nüsse anhäuft, erwirbt der fanatische Sammler eine Sammlung von Tabakdosen, Uhren, Spielkarten, Fahrtenmessern oder anderen Artikeln, um in der Lage zu sein, in einer kalten und abweisenden Welt überleben zu können.
Fanatische Sammler wenden sich von anderen

Menschen ab, die ihnen möglicherweise Zuneigung und Sicherheit geben könnten. Statt dessen suchen sie Genugtuung im Besitz von Gegenständen. Und da sie sich fürchten, andere Menschen zu lieben, wenden sie ihre Liebe und Verehrung diesen leblosen Objekten zu. Schon in frühester Kindheit hatten die fanatischen Sammler gespürt, daß ihre Eltern ihnen die benötigte Liebe und Sicherheit nicht geben konnten. Ihnen wurden nur Spielsachen geschenkt, mit denen sie sich beschäftigen mußten. Ihre Identität fanden sie somit durch ihre Besitztümer.

Ernsthafte Sammler bemühen sich nicht nur, immer zahlreichere und bessere Stücke für ihre Sammlungen zu erwerben, sie trennen sich auch nur ungern von irgendwelchen Einzelstücken. Sie besitzen also sowohl eine bewahrende als auch eine vermehrende Natur.

Sie wetteifern auch gern miteinander — zumindest in ihrem Bestreben, die beste Sammlung der jeweiligen Art zu besitzen. Sie setzen ihre ganze Persönlichkeit für die Überlegenheit ihrer Sammlungen ein, und jede geringschätzige Beurteilung ihrer gesammelten Werte wird als Bedrohung der eigenen Person angesehen.

Der Gewinn: Indem er viele Stunden lang über seiner Sammlung verbringt, kann der fanatische Sammler die Vorstellung einer sinnvollen Beschäftigung finden und Gefühle der Einsamkeit und Isolation verdrängen. Viele Sammler, die gehemmt sind und Schwierigkeiten haben, zwischenmenschliche Beziehungen aufzubauen, umgeben sich mit Objekten, die ihnen gefallen und auf die sie menschenähnliche Eigenschaften übertragen. Dies

geht soweit, daß sie mit diesen Objekten geradezu sprechen; sie finden Trost in ihrer Gegenwart und betrachten sie als Freunde. Und auf Gegenstände kann man sich eher verlassen als auf Menschen: Sie stellen keine Forderungen und wetteifern nicht mit dem Besitzer, sie verlassen ihn nicht und verursachen keinen Ärger.
Wenn er die größte Sammlung der Welt zusammenstellt — beispielsweise von Bierdosen — kann sich bei einem wetteifernden Sammler auch ein Gefühl der Überlegenheit und Macht einstellen. Dies ist schwieriger, wenn man nur Geld ansammelt, da es immer wieder Menschen gibt, die mehr haben, soviel Geld ein durchschnittlicher «Sammler» auch erwerben mag. Sogar J. Paul Getty, der als reichster Mann der Welt galt, gab in einem Interview zu, daß er sich nie wirklich reich vorgekommen sei, da im Ölgeschäft «andere» mehr Geld angesammelt hätten als er. Dabei verglich er sich nicht mit anderen Männern, sondern mit Konzernen wie Standard Oil, Gulf, Shell und Texaco. Sammelt man jedoch, anstelle von Geld, Rasierpinsel oder Erstausgaben von Comicbüchern, ist es möglich — sofern man beharrlich bleibt und einen gewissen Geldbetrag einsetzt —, die größte und beste Sammlung der Welt aufzubauen, um die man von allen anderen Sammlern dieses Artikels beneidet wird.
Indem man etwas sammelt, kann man dem schlechten Ruf entgehen, ein Geizhals oder Pfennigfuchser zu sein, auch wenn die Sammlung nur ein Ersatz für Geld ist. Man kann sogar in den Ruf eines Fachmannes auf dem Sammelgebiet kommen, und wer eine Autorität ist, kann gewöhnlich der Achtung und Bewunderung anderer sicher sein.

Der Preis: Menschen, die das Sammeln als Hobby betreiben, finden in ihrer Betätigung und in ihren Erwerbungen eine gewisse Befriedigung. Fanatische Sammler werden dagegen zwanghaft zum Sammeln angetrieben. Der Erwerb eines bestimmten Ölgemäldes oder einer Rarität aus Jade kann zu einer todernsten Angelegenheit werden. Die Besessenheit der Sammler ist stärker als alle anderen Aspekte ihres Daseins, und sie überlegen ständig, wie sie ihre Sammlung ausweiten und wie sie die Gegenstände am günstigsten zur Schau stellen könnten. Die Objekte werden schließlich wichtiger als die Menschen, und fanatische Sammler entfremden sich immer mehr von Freunden und Angehörigen. Gelegentlich argwöhnen sie sogar, daß andere ihnen ihren kostbaren Besitz wegnehmen wollen. Sie neigen dazu, sich von zwischenmenschlichen Beziehungen zurückzuziehen, und häufig kümmern sie sich nicht um Alltagsprobleme, wie das Bezahlen von Rechnungen oder die normale Pflege ihres Autos.
Carlos Ortega wurde als zuverlässiger und tüchtiger Polizist eingeschätzt. Er war seit sechs Jahren im Dienst. Rita, seine Frau, arbeitete als Kinderschwester. Bei Partys und Einladungen war das Ehepaar gern gesehen. Carlos war zurückhaltend und machte den Eindruck eines Mannes, der sich zu benehmen weiß. Demgegenüber war Rita lebhaft, und es war amüsant, sich mit ihr zu unterhalten. Carlos wurde immer eifersüchtiger, und oftmals beschuldigte er sie, mit anderen Männern zu flirten. Allmählich beschäftigte er sich in seiner Freizeit immer häufiger mit seiner Waffensammlung. Anfänglich war es nur eine Ablenkung, eine Art Entspannung nach dem Dienst und eine Möglichkeit, einer Konfrontation mit Rita aus dem

Wege zu gehen. Mit der Zeit wurde die Sammlung fast zu seiner Hauptbeschäftigung.
Schließlich war er in sein Hobby so vertieft, daß es mit seiner Arbeit in Konflikt kam. Wenn er in seinem Funkwagen saß, hatte er Schwierigkeiten, den Anweisungen genau zu folgen. Wie in Tagträumen sann er über eine bestimmte Waffe nach, die er kaufen wollte, und dabei achtete er weniger auf das, was in seiner Nähe geschah. Einmal fuhr er in falscher Richtung in eine Einbahnstraße und entging mit knapper Not einem Unfall. Seine Beschäftigung mit seinen kostbaren Waffen verursachte eine immer tiefere Kluft zwischen ihm und seiner Frau. Sie ärgerte sich darüber, daß er für seine Sammlung so viel Zeit und Geld aufwendete, und es mißfiel ihr, daß er sich stundenlang in Waffenhandlungen und auf dem Schießplatz aufhielt. Und sie konnte mit seiner Sammlung nicht wetteifern. Sie wußte, daß Carlos ihr seine Aufmerksamkeit und Zuneigung entzog und auf seine Waffen übertrug, doch sie konnte sich nicht erklären, weshalb ihn diese Metallstücke so sehr interessierten. Auch Carlos konnte nicht begreifen, weshalb Rita eines Tages in einem Wutanfall alle seine Waffen auf den Fußboden schleuderte. Und ihre Freunde verstanden noch viel weniger, weshalb zwei so nette und intelligente Leute wie Carlos und Rita bald danach die Scheidung beantragten.

WIE MAN DAS SICHERHEITS-SYNDROM BEGREIFT

Während es verschiedene Spielarten des Grundmusters gibt, sind doch bestimmte gemeinsame Charakteristiken bei all jenen erkennbar, die vom

«Sicherheits»-Syndrom gelenkt werden. Ihr wichtigstes Ziel im Leben ist es nicht, glücklich, erfolgreich oder produktiv zu sein, sondern sich gesichert zu wissen. Sie verwenden so viel Zeit und Mühe darauf, nichts einzubüßen, daß sie selten dazu kommen, über tatsächliche Profite nachzudenken.
Sicherheitsfanatiker konzentrieren ihre Aufmerksamkeit auf das Geld und die verschiedenen symbolischen Ersatzformen des Geldes. Ihre Reaktion auf alle Probleme ist die Ansammlung von mehr und mehr Geld, das sie vor jeder erdenklichen Katastrophe schützen soll. Wenn sie sich in irgendeiner Weise beunruhigt oder bedroht fühlen, suchen sie Sicherheit durch Vermehrung des Geldzuflusses.
Das grundsätzliche Problem ist jedoch kein Geldproblem und kann mit Geld auch kaum gelöst werden. Es handelt sich hier um den Charakterzug des Mißtrauens; nicht so sehr um eine Furcht, von anderen in finanziellen Angelegenheiten übervorteilt zu werden, als vielmehr eine Furcht davor, anderen emotional zu vertrauen. Da jedoch die Absicherung als wichtigstes Problem betrachtet wird, ziehen sich Sicherheitsfanatiker von anderen Menschen zurück und setzen ihr Vertrauen auf Geld und Gegenstände. Sie wehren sich dagegen, von anderen abhängig zu werden, wobei sie sich innerlich eigentlich an andere anlehnen möchten. Sie betrachten die Menschen als unzuverlässig und undurchschaubar, während man dem Geld immer trauen kann. Von anderen Menschen kann man abgewiesen oder im Stich gelassen werden, doch am Geld findet man immer einen Halt.
Der zwanghafte Sparer, der Selbstverleugner, der zwanghafte Gelegenheitsjäger und der fanatische

Sammler sind nur einige der vielfältigen Erscheinungsformen des «Sicherheits»-Syndroms. Hier ließe sich beispielsweise auch der Typ erwähnen, der verpaßten Gelegenheiten nachtrauert und in der Vorstellung lebt, das Leben könnte viel besser sein, wenn man nur eine andere Wahl getroffen hätte. Er fühlt sich jedoch sicher, indem er daran glaubt, daß das Geschick es das nächste Mal besser mit ihm meinen werde. Oder der Selbstbestrafer, der durch ständige Geldverluste Unheil heraufbeschwört und zu beweisen versucht, daß man von einer bedrohlichen Welt in Wirklichkeit nichts zu befürchten hat, wenn es gelingt, viele Niederlagen zu überleben. Der zugrundeliegende Prozeß ist jedoch immer der gleiche, ungeachtet der jeweiligen Erscheinungsform. Der Mensch, der als Kind kein Grundvertrauen entwickelte, hat eine Methode erlernt, mit der als gefahrvoll aufgefaßten Welt fertig zu werden, indem er sich nicht auf andere, sondern auf das Geld verläßt.

WIE MAN DIE SICHERHEITSFALLE ERKENNT

Menschen, die dem Sicherheitswahn zum Opfer fallen, neigen dazu, sich darin einzuschließen. Häufig sind sie sich gar nicht bewußt, daß sie in einer Falle stecken, und wenn doch, wissen sie erst recht nicht, wie sie wieder herauskommen. Jeder Mensch ist zwar in vieler Hinsicht einmalig, doch alle Menschen sind sich in anderer Hinsicht gleich. Und alle Sicherheitsfanatiker haben einige der nachstehenden Charakteristiken gemeinsam.
Auch wenn sie den gegenteiligen Anschein erwekken, ist für sie das Geld immer wichtiger als der

Mitmensch: Es spielt die Hauptrolle bei der Schaffung oder Auflösung von Freundschaften.
In den zwischenmenschlichen Beziehungen fehlt die Spontaneität, da die zwanghafte Beschäftigung mit Geld die freie Kommunikation stört. Im Verlauf einer halben Stunde auf einer Cocktail-Party würden die Gedankengänge eines Sicherheitsfanatikers etwa so ablaufen:
«Ich weiß nicht, ob ich verpflichtet bin, die Einladung zu erwidern.»
«Diese Party hat bestimmt viel Geld gekostet.»
«Der Mann mit der Pfeife macht einen interessanten Eindruck, aber er scheint ein Versicherungsvertreter zu sein. Am besten halte ich mich von ihm fern.»
«Ich gehe jetzt am besten weiter. Wenn ich mich zu sehr an diese Gruppe anschließe, wollen sie vielleicht später noch anderswo hingehen, und ich kann mir so etwas nicht leisten.»
«Ich frage mich, warum sich dieser Bursche so sehr für meine Arbeit interessiert. Vielleicht will er feststellen, wieviel Geld ich verdiene.»
«Ich frage mich, wieviel er für diesen Anzug bezahlt hat. Der gleiche Anzug war neulich im Ausverkauf angeboten.»
«Das Paar in der Ecke kommt mir bekannt vor. Ach ja, sie sind ja auch in einem Bentley vorgefahren. Ich glaube, ich werde mich mit ihnen bekanntmachen.»
«Ich würde mich gern von hier verdrücken, aber dann müßte ich mit meiner Freundin noch zum Essen gehen. Darum werde ich wohl noch eine Stunde hier bleiben und ihr dann sagen, daß ich nicht gern spät zum Essen gehe. Wenn wir dennoch ausgehen, wird sie vielleicht ihr Essen selbst bezahlen.»
Der Sicherheitsfanatiker unterhält sich mit Freun-

den oder Bekannten am liebsten über Geld. Die Diskussion kann sich auch um verwandte Themen drehen, wie Steuern, Inflation, Rezession, öffentliche Ausgaben, Löhne oder Investitionen, doch der zugrundeliegende Gedanke ist stets: «Wie kann ich genügend Geld ansammeln, um mich vor jeder möglichen Katastrophe sicher zu fühlen?»

Nahezu jedes Vergnügen ruft beim Sicherheitsfanatiker widersprüchliche Gefühle hervor. Eine Einladung zu einer Geburtstagsfeier bedeutet, daß man Geld für ein Geschenk ausgeben muß. Wenn man zum Konzert gehen will, muß man eine Einlaßkarte kaufen. Der Kauf eines neuen Pullovers wird von Schuldgefühlen begleitet. Erhält man ein Geschenk, so bedeutet dies, daß man ein Gegengeschenk kaufen muß. Nichts, was Geld kostet, bringt ungetrübte Freude.

Beim Austausch von Geschenken mit Freunden oder Verwandten ist die erste Reaktion des Sicherheitsfanatikers: «Hat das Geschenk, das ich weggegeben habe, mehr gekostet als jenes, das ich erhalten habe?»

Der Sicherheitsfanatiker neigt dazu, über Ersparnisse, Einkommen, Vermögensanlagen und alle anderen persönlichen Finanzangelegenheiten Stillschweigen zu bewahren. Außenstehende wissen selten über seine tatsächlichen Vermögensverhältnisse Bescheid; häufig schätzen sie ihn jedoch als finanzschwächer ein, als er in Wirklichkeit ist.

Die Verhaltensmuster wie Sparen, Selbstverleugnung, Jagd nach günstigen Angeboten und Abhängigkeit vom Geld zur Lösung aller Probleme werden um so ausgeprägter, je mehr Geld der Sicherheitsfanatiker erwirbt. Das Geld spielt immer mehr die Hauptrolle bei allen Entscheidungen, die zu treffen sind.

«Wenn ich diesen Anzug vor der Reinigung noch einmal trage, kann ich etwas Geld sparen.» — «Wenn ich bis zum Monatsende warte, kann ich das Hemd im Ausverkauf bekommen.» — «Wenn ich mein Geld in den ersten zehn Tagen des Monats von einem Bankkonto auf ein anderes überweise, bekomme ich vielleicht doppelte Zinsen.» — «Ich werde diesen alten Stuhl vielleicht aufpolstern lassen und mir keinen neuen kaufen.» — «Wenn ich den gleichen alten Anzug jeden Tag zur Arbeit trage, wird der Chef vielleicht ein Einsehen haben und mir eine Gehaltserhöhung geben.» — «Vielleicht bringt es mehr ein, wenn ich mein Geld anlege, aber es ist sicherer auf der Bank.» — «Ich würde im Sommer gern verreisen, aber ich kann es mir nicht leisten.» Bei solchen Überlegungen ist das Geld nicht nur einer von mehreren Beweggründen, sondern es wird zum entscheidenden Beweggrund.

Freundschaften dauern nur selten längere Zeit an, da die Sorgen, die sich der Sicherheitsfanatiker um das Geld macht, eine Barriere bei der Entwicklung enger, intimer Beziehungen darstellen. Wird er wohlhabend, besteht die Wahrscheinlichkeit, daß sich Argwohn und Mißtrauen verstärken und er sich von zwischenmenschlichen Beziehungen zurückzieht, in der Meinung, die anderen interessierten sich nur für sein Geld.

Was der Sicherheitsfanatiker kauft, wird mehr vom Preis bestimmt als von der Qualität oder vom persönlichen Geschmack. Wenn eine Sicherheitsfanatikerin erpicht darauf ist, das Parfum «Chanel No. 5» zu haben, «My Sin» jedoch zu einem viel billigeren Preis bekommen kann, dann wird sie bestimmt «My Sin» kaufen.

Dies sind einige der häufig vorkommenden Charakteristiken, die das «Sicherheits»-Syndrom kennzeichnen. Je mehr Charakterzüge dieser Art auf eine Person zutreffen, desto größer ist die Wahrscheinlichkeit, daß es sich bei ihr um einen wirklichen Sicherheitsfanatiker handelt.

WIE MAN AUS DER FALLE AUSBRICHT

Was kann ein Sicherheitsfanatiker tun, um aus seiner Falle auszubrechen? Da das Mißtrauen sehr früh im Leben erlernt wird, läßt sich diese Haltung nur sehr schwer ändern, denn ihre Wurzeln gehen sehr tief. Über eine lange Zeit hinweg hat ein solcher Mensch gelernt, seine Ängste und sein Gefühl der Verwundbarkeit zu verringern, indem er sich auf Geld statt auf andere verläßt. Geld ist vertrauenswürdig; Menschen hingegen sind es nicht. Da der Umgang mit Geld beruhigend wirkt, vermag dieses Verhaltensmuster das Selbstvertrauen zu stärken, obschon man sich unbewußt selbst schadet.
Der Sicherheitsfanatiker bringt es außerdem fertig, mit anderen in solcher Weise zu verkehren, daß sich seine negativen Erwartungen hinsichtlich zwischenmenschlicher Beziehungen bestätigen. Dies kann zwar auf ganz unterschiedliche Art geschehen, doch das unbewußte Motiv ist stets eine Rechtfertigung seines ständigen Mißtrauens.
So sah Ben Foreman, ein zweiundvierzigjähriger Vertreter, die meisten Menschen als langweilig an. Er hielt sie besonders in Geldsachen für dumm und fühlte sich nur zu jenen hingezogen, die etwas «leisteten» und Vorstellungen davon hatten, wie finanziell etwas «herauszuholen» war. Er fühlte sich geschmeichelt, wenn manche dieser Leute seinen

«geschäftlichen Sinn» und sein «klares Urteil» über Investitionen anerkannten. Weil sie ihm genau das sagten, was er hören wollte, investierte er in eine Anzahl ihrer Vorhaben und verlor dabei eine ganze Menge Geld. Wegen seiner Habsucht und seinem Mißtrauen gegenüber jenen, die mit ihm ehrlich waren und sich nicht aufspielten, fiel er auf das Spiel dieser Schwindler herein und sah darin natürlich einmal mehr den Beweis, daß auf die Menschen kein Verlaß ist.

Nachdem er vierzig Jahre lang seinen Kindern eingeschärft hatte, Geld sei das einzige Vertrauenswürdige auf der Welt und müsse deshalb unbedingt gespart werden, erkrankte Ralph Dickenson an einem unheilbaren Leiden. Er war bitter enttäuscht, daß sich seine Kinder nur dafür interessierten, wieviel sie erben würden. Jetzt war er nicht mehr stolz darauf, daß sie seine Ratschläge beherzigten.

Manche Sicherheitsfanatiker glauben, ein todsicheres «Gewinnsystem» entdeckt zu haben. Sie sind von der Unzuverlässigkeit anderer Menschen überzeugt und wollen deshalb unter keinen Umständen eine Abhängigkeit von anderen riskieren. Ihr Geld verleiht ihnen ein Sicherheitsgefühl, das ihnen sonst niemand geben könnte. Solange sie dieses Gefühl haben, ist es nicht wahrscheinlich, daß sie eine Änderung wünschen. Erst wenn ihre Abhängigkeit vom Geld quälend wird, neigen sie zu einer Lockerung dieser Bindung. Wenn sie das Gefühl haben, sich zu sehr von anderen entfremdet zu haben, zu sehr mit ihrem Geld allein gelassen zu werden, wenn sie meinen, daß man die Sicherheit aufs Spiel setzen müsse, um vielleicht dafür das Glück einzuhandeln, dann werden sie vielleicht zu einer Änderung bereit sein.

Um das «Sicherheit»-Syndrom zu überwinden, muß man lernen, anderen eine Chance zu geben, anderen gefühlsmäßig zu vertrauen, nicht wahllos, sondern gezielt. Es nimmt jedoch Zeit in Anspruch, ein seit langem etabliertes Mißtrauen abzustreifen und zu lernen, wie und wem man Vertrauen schenken kann. Manchen Menschen kann Geld anvertraut werden, anderen nicht. Manchen kann man sich gefühlsmäßig anvertrauen, anderen nicht. Es wäre unklug, sein Geld einem bekannten Betrüger anzuvertrauen oder seine Gefühle jemandem vertraulich mitzuteilen, der sie mißbraucht. Vertrauen muß verdient werden, und im allgemeinen geschieht dies nur langsam und nach Ablauf einer gewissen Zeit. Man kann erfahren, ob einem anderen weiterhin vertraut werden kann, indem man ihm seine Gefühle zum Ausdruck bringt und dann in Ruhe die Folgen beobachtet.
Eine bewußte Anstrengung ist erforderlich, um den Lernprozeß des Vertrauens zu beginnen. Der Fortgang des Prozesses hängt davon ab, ob es sich als lohnend erweist, Vertrauen zu schenken. Wer anderen vertrauen kann, wird selbstbewußter und sieht sich in seiner eigenen Fähigkeit bestärkt, mit den Problemen des Alltagslebens fertig zu werden. Vertrauen, Einsatzbereitschaft, Liebe, Abhängigkeit — all dies bedingt ein Risiko. Der Mensch, der jede wache Minute der Sicherheit widmet, geht in Wirklichkeit dem Leben aus dem Wege. Helen Keller drückte dies einmal so aus: «Das Leben ist entweder ein großes Abenteuer oder ein Nichts.»
Der Preis, den ein Sicherheitsfanatiker zu zahlen hat, ist auf alle Fälle zu hoch. Der Abwehrmechanismus nach dem Motto «Sicherheit zuerst» führt letzten Endes stets zu einem Mißerfolg. Der Sicherheitsfanatiker wird in eine Ecke gedrängt. Die

grundlegende Unsicherheit, welche zur ständigen Beschäftigung mit dem Geld geführt hatte, nimmt bei weiterer Geldanhäufung noch mehr zu. Das Leben wird in steigendem Maße zu einem Prozeß, in dem immer stärkere Abwehrmaßnahmen gegen tatsächliche und vermutete Ausbeuter ergriffen werden.

Die Wiedergewinnung eines Vertrauensverhältnisses zu anderen Menschen ist kein leichter und bequemer Prozeß, wenn man sich jahrelang hinter dem vermeintlichen Schutzwall des Geldes sicher gefühlt hat. Die Alternative ist jedoch ein allmählicher Abbau der menschlichen Eigenschaften und ihr Ersatz durch Leere, Entmenschlichung und Verzweiflung, die aus dem Versuch herrühren, Kraft und Zufriedenheit in materiellen Dingen finden zu wollen.

7
Die Machtmenschen

Während der griechische Redner Demosthenes als Sprecher der Sicherheitsfanatiker gelten kann, ließe sich der Biologe Charles Darwin als Wahlspruchgeber für die Machtmenschen nennen. Ihr Motto lautet: «Die Kräftigsten überleben.»

Das Geld wird als Schlüssel für das Überleben angesehen. Es verwandelt hilflose, kindliche Wut in nutzbare Stärke und Macht. Es verwandelt einen bedauernswerten Schwächling in einen Geldgiganten. Das Geld schützt den Machtmenschen davor, als Schwächling «gedemütigt» zu werden. Geldverlust bedeutet andererseits zugleich Machtverlust und Rückkehr zur Hilflosigkeit, Schwäche und Demütigung, die ursprünglich in der Kindheit erlebt wurden. Dies muß um jeden Preis vermieden werden.

Den Machthungrigen wurde schon früh im Leben zu erkennen gegeben, daß alle Gefühlsregungen Anzeichen von Schwäche darstellen. Deshalb haben solche Menschen zumeist gelernt, ihre Gefühle zu verdrängen. Da sie häufig mit ihren eigenen Emotionen nicht in Berührung sind, neigen sie dazu, in ihren Beziehungen zu anderen mechanisch oder oberflächlich zu reagieren. Wenn je-

doch ihr Machtbereich bedroht ist, kann ihre verdrängte Wut sich offen und direkt entladen.
Machtgierige gibt es in vielen Erscheinungsformen — angefangen von kleinen Ganoven bis zu den Managern der Industriegiganten. Manchmal operieren sie innerhalb, manchmal außerhalb der Legalität, und manchmal machen sie ihre Gesetze selbst. Welchem Gewerbe sie auch nachgehen mögen, sie streben immer nach Beherrschung und Kontrolle von allem, was in ihrem Einflußbereich liegt. Während sie die Schwächen anderer ausnutzen, vermeiden sie, bei sich selbst irgendein Anzeichen von Schwäche zu zeigen. Sie betrachten das Leben nach dem Motto: «Friß, damit du nicht gefressen wirst», und können somit ihre Machtgier rechtfertigen. «So ist nun einmal der Lauf der Welt», pflegen sie zu sagen. «Nur das Überleben ist von Bedeutung, und alles, was dazu verhilft, ist gerechtfertigt.»
Es gibt zwar viele Typen von Machtmenschen, doch werden wir hier nur auf wenige im einzelnen eingehen. Auch hier gilt, daß viele Leute Charakterzüge mehr als eines Typs aufweisen. Dazu kommt, daß die Verhaltensweisen, die mit einem bestimmten Machtgier-Syndrom in Verbindung gebracht werden, in verschiedenen Abstufungen, von schwach bis extrem, auftreten können.

DER MANIPULATOR

Wie alle Machtmenschen verwendet der Manipulator Geld, um Macht zu erlangen, und Macht, um mehr Geld zu gewinnen. Für den Manipulator ist das Leben ein Wettkampf. Doch es ist ein Wettkampf, der mit wenig Spaß oder Vergnügen ausge-

tragen wird. Der Manipulator kann zwar als Konkurrent erscheinen, doch er nimmt nur dann an Wettkämpfen teil, wenn die Möglichkeit des Verlierens fast ausgeschlossen ist. Nicht die Teilnahme, sondern der Sieg ist das wichtigste.
Manipulatoren rechnen mit dem Stolz, der Habsucht und der Eitelkeit ihrer Opfer, um sie auszubeuten. Häufig sind sie schnelle Denker und gewandte Redner, die mit Schmeicheleien, Versprechungen und vielen Manipulationstechniken operieren, um andere dazu zu bringen, sich von ihrem Geld zu trennen.
Ein Reporter, der die Machenschaften unseriöser Maklerfirmen untersuchte, gab den folgenden Bericht über den Anruf eines Vertreters bei einer möglichen neuen Kundin. Ihr Name stand auf einer Liste von «leichten Kunden», die die Maklerfirma gekauft hatte, und bei der angebotenen Aktie von Texas Western Oil handelte es sich um ein ziemlich wertloses Papier.
«Er fing gleich damit an, sie Rosie zu nennen — ihr Vorname war Rose. Er fragte sie, ob sie Jüdin sei, und als sie dies bejahte, sagte er, daß er auch Jude sei. Er versicherte, daß er ihr genug Geld verschaffen würde, damit sie eine Reise nach Israel machen könne. Es ergab sich aus dem Gespräch, daß ihr Ehemann gelähmt war und daß sie neben einigen Aktien von Columbia Gas wenig Geld besaß. Der Vertreter schlug vor, die Aktien für sie zu verkaufen und den Erlös in Texas Western Oil anzulegen. Sie war schließlich damit einverstanden.»
Geschäftemacher bearbeiten die Emotionen ihrer Opfer, sie appellieren nicht an deren Intelligenz oder Logik. Der manipulierende Vertreter, der von Tür zu Tür geht, versucht, Eltern Schuldgefühle einzureden, indem er vorgibt, ihre Kinder würden

etwas «entbehren», wenn das neue Lexikon nicht für sie angeschafft werde. «Was nützt es, daß Ihre Kinder gut ernährt werden, wenn sie dabei geistig Hunger leiden?» ist sein Werbespruch.
Nachdem er seinem Kunden ein billiges Möbelstück verkauft hat, wendet der manipulierende Verkäufer häufig den Trick an, beiläufig zu sagen: «Sicher werden Sie mit dem gekauften Stuhl zufrieden sein — für einen so günstigen Preis ist er ein gutes Möbelstück — und ich weiß, daß dieses Stück hier Ihre Mittel weit überschreitet, doch ich möchte nur, daß Sie sich diesen schönen Stoff, dieses feine Muster einmal ansehen. Ich weiß, daß es mehr kostet, als Sie sich leisten können, aber ...» Viele emotional unsichere Kunden werden so verleitet, das teurere Möbelstück zu kaufen, um dem Verkäufer zu «beweisen», daß sie nicht arm sind und daß sie sich auch einen Kauf leisten können, der weniger preisgünstig ausfällt.

Die Motivation: Einer der offenkundigsten Charakterzüge des Manipulators ist seine Unfähigkeit, Schuldgefühle zu empfinden. Auch wenn der Manipulator Versprechen gebrochen, andere übervorteilt oder ihnen sogar Geld abgeschwindelt hat, sind nur selten Gewissensbisse zu bemerken. Das Gewissen des Manipulators scheint häufig gar nicht vorhanden zu sein. Deshalb ist es in Ordnung, sich selbst oder das angepriesene Produkt in ein falsches Licht zu stellen, eine Person gegen die andere auszuspielen oder Hintertürchen im Gesetz oder in Verträgen zum eigenen Vorteil auszunutzen, um mehr Geld oder mehr Macht zu erlangen. In der Vorstellung von Manipulatoren setzt sich die Menschheit nur aus Gewinnern und Verlierern

zusammen, aus Leuten, die «im Bilde» sind, und aus Naiven. Sie setzen daher alle ihre Energien ein, um die Oberhand zu gewinnen, da sie keine Niederlage einstecken wollen.
Reuben Walters ist Assistent eines hohen Beamten. Er war unter Farbigen im südwestlichen Los Angeles aufgewachsen. Sein Vater war als Polizist bei einer Schießerei ums Leben gekommen, als Reuben kaum zwei Jahre alt war. Nach dem Tode ihres Mannes nahm Reubens Mutter wieder ihre Tätigkeit als Lehrerin auf, und Reuben wurde zumeist von einer Nachbarin betreut. Auch seine drei älteren Schwestern, von denen die jüngste fast zehn Jahre älter als er war, sorgten für Reuben.
Seine Babysitterin behandelte ihn nicht streng. Er durfte jederzeit das essen, was er sich wünschte. Er schlief nur dann, wenn er Lust dazu hatte. Seine Schwestern behandelten ihn nicht wie ein Kind, sondern eher wie eine Puppe. «Ich möchte jetzt dein Haar kämmen!» — «Wir wollen zusammen eine Party feiern!» — «Reuben, bleib schön auf dem Sessel sitzen, bis wir zurückkommen!» Von Kindererziehung war keine Rede. Schon als kleiner Junge machte er sich seinen «Engelsblick» zunutze. Wenn er Geld für Süßigkeiten haben wollte, blickte er seine Mutter mit einer Unschuldsmiene an und sagte: «Mama, ich möchte Geld, damit ich süß aussehe.» Und sie pflegte dann immer zu antworten: «Reuben, du bist schon das süßeste Kind auf der Welt, aber hier hast du trotzdem etwas Geld!» Wenn seine Mutter nicht in der Nähe war, nahm Reuben häufig Geld aus den Taschen seiner Schwestern, manchmal sogar aus dem Geldbeutel der Nachbarin. Wurde der Diebstahl entdeckt, machte Reuben ein so unschuldiges Gesicht, daß niemand ihn für den Dieb hielt.

In der Schule zeichnete sich Reuben mehr durch Charme und Gewitztheit als durch Leistungen aus. Seine Lehrer waren sehr von ihm eingenommen und erteilten ihm auch dort gute Noten, wo er es nicht verdiente. Nur seine Mitschüler erkannten ihn als das, was er war — ein Manipulator.
Nach dem Schulabschluß arbeitete er in verschiedenen Stellungen, jeweils nur für kurze Zeit. Zumeist aber ließ er sich treiben und wartete auf die passende Gelegenheit, um «seine Talente einzusetzen», wie er zu sagen pflegte. Schließlich kam die richtige Gelegenheit, als er durch Vermittlung eines Freundes als Prüfer in einer Regierungsbehörde angestellt wurde.
Reuben lernte schnell. Mit seiner raschen Auffassungsgabe erkannte er bald, daß jeder Mächtige ein umworbener Mann ist und daß Gefälligkeiten einen Geldwert besitzen. So erfuhr er, wer bereit war, für Gefälligkeiten etwas zu bezahlen. Er entdeckte auch, daß der Leiter der Behörde, für die er arbeitete, ein ehrenhafter Mann war.
«Etwas Besseres könnte ich mir nicht wünschen», dachte Reuben. «Ich brauche den Chef nur diskret darauf aufmerksam zu machen, wer die Gauner sind, und er wird sie entlassen. Und ich werde dann befördert und kann absahnen.» Nach einiger Zeit konnte Reuben einer Firma zu einem Regierungsauftrag verhelfen — natürlich für einen Preis. Gegen entsprechende Zahlung verhalf er auch manchem zu einer Anstellung, entweder bei der Behörde selbst oder bei einer Firma, die mit der Behörde zusammenarbeitete. Es gelang ihm sogar, private Reisen und persönliche Ausgaben als Tätigkeiten im Regierungsauftrag zu tarnen. Schließlich waren die an ihn ausgezahlten «Nebenleistungen» höher als sein Gehalt.

Obschon seine Manipulationen sich finanziell auszahlten, lag die eigentliche Faszination für Reuben in seiner Tätigkeit als raffinierter Vermittler. «Solch ein Leben lohnt sich», sagte er sich. «Wenn ich Glück habe, bin ich in ein paar Jahren der erfolgreichste Mann in der Stadt!» Wenn sich eine seiner vielen Freundinnen wegen seiner Geldausgaben oder wegen der Fragwürdigkeit seiner Geschäfte Sorgen machte, wurde er ärgerlich: «Ach, komm schon! So läuft das Spiel nun mal: Diese Dummköpfe bezahlen noch so gern, wenn ich für sie einen Finger rühre!»

Wie die meisten Manipulatoren hatte Reuben ein übersteigertes Bedürfnis, sich als wichtige Persönlichkeit zu fühlen, um eine unterschwellige Empfindung der Unzulänglichkeit zu kompensieren. Er hatte zwar in seiner Vergangenheit nichts zu entbehren, doch eine Anzahl besonderer Ereignisse und Umstände spielten, wie häufig bei Manipulatoren, in Reubens Kindheit eine Rolle. Sie griffen bestimmend in sein Leben ein.

1. Sein Vater starb, als er noch klein war, und seine Mutter heiratete nicht wieder. Er konnte sich somit nicht mit einer männlichen Person identifizieren, und da er ausschließlich mit weiblichen Personen Umgang hatte, nahm er einige ihrer Charakterzüge an. Dies machte ihn in den Augen anderer Jungen lächerlich.
2. Er war körperlich schwächer als die anderen Jungen und fühlte sich deshalb von ihnen gedemütigt. Er erkannte aber schon früh, daß er sie übervorteilen und manipulieren konnte und daß er auf intellektuellem Gebiet konkurrenzfähig war.
3. Sein Gefühl der Unzulänglichkeit beruhte zum Teil auf der Furcht, daß er dem Image seines to-

ten Vaters, der in der Familie Walters zu einer Heldenfigur stilisiert worden war, nie gerecht werden könnte.

4. Seine Angehörigen waren zwar immer aufmerksam, und doch schienen sie sich nicht wirklich um ihn zu kümmern. Er hatte nie das Gefühl, daß sich jemand dafür interessierte, was er zu essen bekam, ob er zur Schule ging oder wie er sich fühlte. Niemand nahm sich die Zeit, ihm in Ruhe zuzuhören. Man lobte ihn zwar, doch fühlte er sich nie um seiner selbst willen geliebt. Er hatte den Eindruck, wie eine große Puppe behandelt zu werden.
5. Er besaß keine Selbstdisziplin, da er hierfür weder Lehrmeister noch Beispiele hatte, an denen er sich orientieren konnte.
6. Er lernte nie, eine Impulsbefriedigung zurückzustellen, da Geld und andere Belohnungen ihm entweder sofort oder überhaupt nicht gegeben wurden. Die vielen Versprechungen zukünftiger Belohnungen, wurden gewöhnlich vergessen.

Die Fähigkeit, andere wie Puppen zu beherrschen, gibt den Manipulatoren ein Gefühl der Machtfülle und mildert die Furcht, selbst hilflos und frustriert zu sein. Die Beherrschung anderer ist für Manipulatoren oft eine Möglichkeit, symbolisch jene zu treffen, von denen sie in der Vergangenheit manipuliert und beherrscht wurden. Dies trifft besonders dann zu, wenn die Personen, die in früheren Zeiten als bedrohlich und demütigend empfunden wurden, Autoritätspersonen wie Eltern oder Lehrer waren und wenn der Manipulator sich wiederum eine Autoritätsperson zum Ziel nimmt, wie einen Regierungsbeamten oder eine andere hochgestellte Persönlichkeit der Gesellschaft.

Manche Manipulatoren betrachten den Ausdruck

von Gefühlen und Zärtlichkeit als Zeichen von Schwäche und weigern sich, Wärme und Leidenschaft anderen gegenüber zu zeigen — es sei denn, Gefühle und Zärtlichkeit würden bewußt als Mittel der Manipulation eingesetzt. Sie übervorteilen andere bedenkenlos, weil sie grundsätzlich der Ansicht sind, daß schwache, einfältige oder leichtgläubige Leute es verdienen, ausgebeutet und manipuliert zu werden.

Der Gewinn: Für den Manipulator sind Geld und Macht die naheliegendsten Ziele. Je «erfolgreicher» ein Manipulator ist, desto mehr Geld und Macht erwirbt er. Schon oft haben gerissene Geschäftemacher durch Börsenmanöver die Aktienkurse manipuliert, angefangen vom Aufkauf von Firmen bis hin zu Massenhysterien, die sie unter Käufern und Verkäufern auslösten. Anwälte und Finanzberater sind reich und mächtig geworden, indem sie ihre Klienten durch schlechte Ratschläge manipulierten und deren Geldmittel in die eigenen Taschen dirigierten, oder indem sie dafür sorgten, daß sie in den Testamenten älterer Personen, die sie betreuten, reichlich bedacht wurden. Selbst der ehrlichste Autohändler wird vielleicht seinen Kunden dazu überreden, den Kauf durch ein bestimmtes Kreditinstitut finanzieren zu lassen, das dem Händler eine Provision einräumt, wenn er einen Kunden vermittelt.
Manipulatoren gibt es überall. Manche Ärzte sind dafür bekannt geworden, daß sie bei bestimmten Patienten unnötige Behandlungen vornahmen oder gar kostspielige Operationen durchführten, um mehr Geld zu verdienen. Grundstückshändler arbeiten oft mit irreführender Werbung oder ver-

wirrenden Vertragsklauseln, um Kunden zum Kauf anzuregen. Vor einem staatlichen Ausschuß bemerkte der amerikanische Kongreßabgeordnete Alan Becker aus Florida: «Käufer mußten feststellen, daß ein in der Verkaufsbroschüre als ‹Swimmingpool in Olympia-Größe› bezeichnetes Becken kaum größer war als eine Badewanne. Ein Wohnprojekt wurde mit ‹ideale Strandlage› angepriesen, doch die Bewohner sagten, Wasser sei ihnen nur dann zu Gesicht gekommen, wenn ihre Dächer leck waren.»

In Detroit verklagten zwei Mütter einen Spielzeugfabrikanten wegen betrügerischer Werbung im Fernsehen. Die Mütter beschuldigten ihn, mit irreführenden Werbemethoden Kinder so zu manipulieren, daß sie von ihren Eltern verlangten, ihnen die Spielsachen zu kaufen.

Es gibt vermutlich keinen Wirtschaftsbereich, in dem ein Manipulator nicht schon versucht hat, schnell zu Geld und Macht zu gelangen. Viele Manipulatoren schaffen sich aber noch weitere Vorteile. Die Erfolgreichsten unter ihnen bewegen sich in den Kreisen der oberen Zehntausend und haben freien Zugang zu wichtigen Finanziers und Politikern. Selbst die weniger Erfolgreichen werden immer bis zu einem gewissen Grade anerkannt, weil ja Erfolg an sich bereits mit Geld und Macht zusammenhängt.

Manipulatoren hegen anderen gegenüber fast nie tiefere Empfindungen. Doch manche sind so geschickt und charmant, daß man sich zu ihnen hingezogen fühlt. Die Beziehungen zu Manipulatoren können zwar anfänglich sehr intensiv sein; im allgemeinen lockern sie sich jedoch schnell. In extremen Fällen behalten aber sogar Menschen, die betrogen oder geschickt manipuliert worden sind,

ihre Bewunderung für jene bei, die sie übervorteilt haben. So gibt es immer wieder Fälle, wo Ehepartner oder Geliebte von ihren Manipulatoren wiederholt gedemütigt werden, diesen Partnern aber weiterhin treu und ergeben bleiben.
Eine Schauspielerin, die mit einem wohlhabenden Geschäftsmann verheiratet ist, schädigt und übervorteilt ihn öffentlich, indem sie sein Geld verschleudert und sich mit anderen Männern einläßt. Sobald sie jedoch einer Affäre überdrüssig wird oder fürchtet, ihren Mann so zu verärgern, daß er ihr den Geldhahn abdreht, entschuldigt sie sich so reuevoll, daß er ihr «Fehlverhalten» verzeiht und überzeugt scheint, daß sie endlich gemerkt habe, wie sehr sie ihn wirklich liebt und braucht.
In einigen Fällen liegt der Gewinn für einen wirklich geschickten und intelligenten Manipulator in der Herausforderung, sich mit anderen messen zu können, oder in der Befriedigung, eine brillante Strategie zu entwickeln und sie erfolgreich durchzusetzen. In diesem Sinn ist der Manipulator mit einem General zu vergleichen, der seine Streitkräfte nach einem gut vorbereiteten Angriffsplan einsetzt, um den Feind zu schlagen.
Der Führer einer in Amerika bekannten «religiösen» Organisation hat seine Anhänger dazu gebracht, für ihn zu werben, seine Geschäfte zu führen und neue Mitglieder anzuwerben — natürlich ohne Lohn. Alle bemühen sich darum, ihm Gefälligkeiten zu erweisen und seine «Liebe» zu erringen — was ihnen nie gelingen wird, da sie bei seinen Manipulationen nur austauschbare Marionetten sind. Doch in der Zwischenzeit strömen Millionen von Dollars in seine Kassen.

Der Preis: Einer der Nachteile, die ein Manipulator zu gewärtigen hat, ist die Möglichkeit, seine Integrität zu verlieren. Während dies einem durchtriebenen Schwindler vielleicht nichts ausmacht, der die Ehrlichkeit ohnehin als überflüssig betrachtet, könnte der Verlust für solche ein hoher Preis sein, die erst im Begriff sind, die Rolle des Manipulators zu übernehmen. Der Einkäufer, der von einem dankbaren Kaufmann zu Weihnachten eine Flasche Whisky annimmt, braucht sich deswegen nicht in seiner Integrität verletzt zu fühlen. Wenn sich der gleiche Mann jedoch einen Wochenendaufenthalt in einem teuren Hotel bezahlen läßt, darf man annehmen, daß hier eine bedeutsame Transaktion im Hintergrund steht. Der nächste Schritt ist, aktiv nach Bestechungen zu streben. Der Unterschied zwischen einem Geschenk und einer Bestechung mag belanglos erscheinen; die Bestechung hat jedoch einen entscheidenden Verlust an Rechtschaffenheit zur Folge. Der Preis, für den ein Mensch seine Integrität zu verkaufen bereit ist, ist von Fall zu Fall verschieden; doch ist sie einmal verkauft, wird es schwierig, wenn nicht sogar unmöglich, sie zurückzukaufen.

Erfolgreiche Manipulatoren leben häufig in ihren eigenen, privaten Welten und schaffen sich ihre eigenen Regeln. Die Gesetze sind für Dummköpfe da; die Klugen lernen, sie so zu nutzen, daß sie Vorteile bringen. Die Folge dieser Mißachtung der Gesetze ist, daß viele Manipulatoren sich in ihren eigenen Schlingen fangen. Je länger sie gesetzliche Bestimmungen übertreten, desto hemmungsloser werden sie, bis sie schließlich erwischt werden. Dann können sie sich zu ihrem Erstaunen nicht aus ihrer mißlichen Lage herausreden. Viele Meister-Manipulatoren der Geschichte wurden von einem

solchen Geschick ereilt. Als sie ihre Grenzen nicht mehr erkannten, wurde ihrem Treiben ein Ende gesetzt.
Manche Psychologen meinen, daß bei Manipulatoren ein starker selbstzerstörerischer Zug in Erscheinung tritt. Während sie in steigendem Maße erfolgreich werden, steigert sich auch ihre Verzweiflung. Die erzielten Gewinne werden bedeutungslos und sogar lästig. Dies bringt solche Leute immer häufiger auf ausgefallene Ideen, wie sie das Leben genießen und abwechslungsreich gestalten könnten — bis sie die gesellschaftlichen Spielregeln derart offenkundig verletzen, daß sie hinter Gitter gebracht werden.
Auch äußerst gewitzte Manipulatoren werden manchmal von anderen manipuliert. Nicht selten geschieht es, daß ihre Machtgier und Sucht nach Geld ihnen die Augen vor der Wirklichkeit verschließt, so daß sie von anderen, die nur ein wenig geschickter sind, übertölpelt werden.
So entschloß sich der Besitzer einer Kette von Schnellgaststätten, die Konkurrenz in jenen Gegenden, wo seine Lokale lagen, auszuschalten. Indem er die Lebensmittel in größeren Mengen einkaufte als die meisten seiner Konkurrenten, konnte er einen billigeren Preis erzielen. Und indem er die Speisen eine Zeitlang zum Selbstkostenpreis anbot, waren seine Lokale erheblich billiger als alle anderen. Die meisten unabhängigen Restaurantbesitzer mußten schließen, und er hatte faktisch eine Monopolstellung in dieser Gegend. Daraufhin konnte er seine Preise massiv erhöhen. Als nächstes beschloß er, auf den Rat seines Wirtschaftsexperten, eine Scheinfirma zu gründen, um die Lokale seiner Konkurrenten für einen Bruchteil des tatsächlichen Wertes aufzukaufen. Auf

diese Weise konnte er verhindern, daß ein anderes Unternehmen an seiner Stelle den Kauf tätigte, und gleichzeitig festigte er seine Monopolstellung durch den Betrieb mehrerer Restaurants im gleichen Gebiet.

Die Sache ließ sich gut an, und der Wirt war mit dem Geschäftsgang anfänglich sehr zufrieden. Doch schon bald wurde offenkundig, daß er sich übernommen hatte, weil er eben doch über zu wenig Kapital verfügte. Er konnte nicht genügend Geld aufnehmen, um seinen Verpflichtungen nachzukommen. So war er gezwungen, nicht nur seine Neuerwerbungen zu verkaufen, sondern auch die Leitung seiner ursprünglichen Restaurantkette abzugeben. Erst später fand er heraus, daß sein Wirtschaftsexperte mit dem Syndikat, von dem seine Firma übernommen wurde, gemeinsame Sache gemacht hatte und somit der eigentliche Verantwortliche für seinen geschäftlichen Niedergang war.

Während er um den Aufstieg zur Spitze kämpft, isoliert sich der Manipulator in steigendem Maße. Ein manipulativer Mann, der weder Geduld noch Eignung hat, sich auf eine wirkliche Beziehung des Gebens und Nehmens einzustellen, neigt dazu, sich in eine manipulative Frau zu «verlieben», die ihn dann wegen seines Geldes ausnutzt.

Die Ehefrau eines solchen Mannes, eines siebenundvierzigjährigen Versicherungsmaklers, starb an einer unheilbaren Krankheit. Schon während ihrer Krankheit beschäftigte sich dieser Mann mit den Möglichkeiten von Klagen gegen das Krankenhaus und den Arzt wegen fehlerhafter Behandlung seiner Frau, um deren Genesung er sich angeblich sorgte.

Sechs Monate nach dem Tode seiner Frau freundete er sich mit einer Neunundzwanzigjährigen an, die sich als Nachtklubsängerin ausgab, obwohl sie nur wenig Talent hatte. Er schenkte ihr den Schmuck seiner Frau, steckte Geld in ihre Karriere und versuchte, sie mit «wichtigen» Leuten bekanntzumachen. Als sein Sohn ihn um finanzielle Unterstützung für sein College-Studium bat, bekam er einen Wutanfall. Er beschuldigte seinen Sohn, ihn auszunutzen und sich nur für sein Geld zu interessieren. Allen, die ihn kannten, war klar, daß er von seiner Freundin ausgebeutet wurde, während er von sich behauptete, daß er diese Frau «liebe». Nachdem er sein Leben lang andere manipuliert und ausgebeutet hatte, wurde er nun selbst ausgenutzt, konnte es aber nicht erkennen.

Wegen ihrer Unfähigkeit, enge zwischenmenschliche Beziehungen einzugehen, werden viele Manipulatoren mit zunehmendem Alter immer einsamer und unglücklicher. Da sie ihr Leben lang aus Furcht vor Ausbeutung ihre eigenen Gefühle unterdrückt haben, mißtrauen sie der Zuneigung anderer. Und häufig entfremden sie sich gerade von jenen Menschen, die ihnen früher nahestanden. Je älter sie werden, desto mehr sind sie von Manipulatoren umgeben, die sie jetzt ausnutzen, so wie sie selbst früher andere ausgenutzt hatten.

DER «REICHSGRÜNDER»

Wie Fürsten des Altertums versuchen die Reichsgründer ständig, ihre Domäne zu erweitern und die Sphäre ihres Einflusses und ihrer Macht auszudehnen.

Während Manipulatoren im allgemeinen schnell zu Reichtum und Macht gelangen wollen, sind Reichsgründer meistens rührige, ehrgeizige Men-

schen, die bereit sind, für ihre Ziele hart zu arbeiten.
Wesentliche Charaktereigenschaften des Reichsgründers sind sein hervorstechender Sinn für Unabhängigkeit und sein Selbstvertrauen. Ein für solche Menschen typisches Ereignis aus der frühen Kindheit ist die Ablehnung durch einen Elternteil oder durch beide Eltern.
Die Ursache könnte ein Todesfall, eine Scheidung oder der Entzug der Zuneigung gewesen sein; für das Kind ist das Ergebnis jedoch gleich. Das Kind hat gelernt, sich nicht auf andere, sondern nur auf sich selbst zu verlassen.
In einer großangelegten Studie über reiche Selfmademen machte Dr. Alfred A. Messer, Professor für Psychologie an der Universität von Emory, die Feststellung, daß viele von ihnen in Verhältnissen aufgewachsen sind, die jenen des Reichsgründers ähneln. Messer drückte dies so aus: «Wenn das Kind mit dem Gefühl aufwächst, daß es sich auf andere nicht verlassen kann, muß es sich selbst seinen Wert beweisen. Es versucht, diesen Beweis durch Geld zu erbringen.»
Reichsgründer sind meistens Anhänger der protestantischen Arbeitsethik. Sie glauben an den Wert harter Arbeit und an Selbstaufopferung. Männer wie Henry Ford, Frank Woolworth, Cornelius Vanderbilt, George Eastman, John D. Rockefeller, Andrew Carnegie und Tausende weniger bedeutende Persönlichkeiten sind aus diesem Holz geschnitzt. Sie begannen ihr Lebenswerk mit wenig Geld, hatten aber den brennenden Wunsch, um jeden Preis Erfolg zu haben, sowie die felsenfeste Überzeugung, es auch gegen alle Widerstände zu schaffen. Reichsgründer neigen dazu, Anführer zu werden, denn anderen Gefolgschaft zu leisten, betrachten

sie als Schwäche. Auch Unentschlossenheit sehen sie als Zeichen von Schwäche an, und daher sind sie entschlußfreudig und streben nach der Übernahme von Verantwortung. Im allgemeinen strahlen sie Autorität aus, doch sind sie oft autokratisch und dogmatisch. Sie mögen es nicht, wenn ihre Entscheidungen in Frage gestellt werden, und geraten leicht in Wut, wenn andere sich über sie lustig machen oder ihre Autorität in Zweifel ziehen. Der Reichsgründer bemüht sich, seine persönliche Stärke durch den Erwerb von Geld, Grundbesitz, Hilfsmitteln und Leuten zu erweitern, und dies alles kann er dann wie eine Streitmacht für seine Zwecke einsetzen.

Die Motivation: Die wesentliche Motivation des Reichsgründers besteht darin, den unterschwelligen Gefühlen der Schwäche und Hilflosigkeit, die aus der Kindheit stammen, Widerstand zu leisten. Der Gegensatz zum Gefühl der Verwundbarkeit ist das Gefühl der Stärke.

Und dies ist das Ziel des Reichsgründers. Er kann es nicht dulden, von anderen beherrscht zu werden, obwohl das zugrundeliegende Bedürfnis, sich auf andere verlassen zu können, stark ist. Er verdrängt dieses Bedürfnis, da er stets fürchtet, ausgebeutet zu werden, wenn er selber irgend jemanden um Hilfe angeht.

Während er sein eigenes Bedürfnis nach Abhängigkeit verdrängt, versucht er, andere von sich abhängig zu machen. Der ‹Selfmademan› neigt dazu, eine passive, «gesichtslose» Frau zu heiraten, und fühlt sich als Alleinherrscher der Familie. Seine Kinder werden in starkem Maße von ihm abhängig, rebellieren später aber oft oder führen einen

völlig anderen Lebensstil als ihr Vater, um diesen Bann zu brechen.
Bob St. John ist auf seine Weise ein typischer Reichsgründer. Er hat schon einen langen Aufstieg hinter sich. Doch nach seiner Auffassung hat sein Aufstieg erst begonnen, und er hat noch einen langen Weg vor sich. Er wurde in Kanada geboren, und seine Eltern zogen mit ihm in die Vereinigten Staaten, als er vier Jahre alt war. Sein Vater, von Beruf Mechaniker, war ein Trinker, und er wechselte häufig die Stellung und den Wohnort, bis seine Mutter es nicht mehr ertragen konnte und die Scheidung einreichte. Sie zog mit Bob und seinen beiden Schwestern nach Denver.
Obwohl Bob ein guter Schüler war, ging er nicht gern zur Schule, weil er dort immer wieder daran erinnert wurde, daß seine Mutter von der Sozialfürsorge lebte, daß er kaum Geld zur Verfügung hatte und sich nicht so gut kleiden konnte wie seine Mitschüler. Er war ziemlich gehemmt und freundete sich nicht leicht mit anderen an. Es wäre ihm ohnehin peinlich gewesen, einen Freund mit nach Hause zu bringen, da seine Mutter mehr trank, als sie vertragen konnte, obwohl sie dies nicht wahrhaben wollte. Bob ärgerte sich häufig darüber. «Sieh mal, Mama, du hast dich von Vater wegen seines Trinkens scheiden lassen, und nun trinkst du selber! Warum eigentlich?» — «Aber Bobby», pflegte sie unter Tränen zu sagen, «dein Vater war doch ein Alkoholiker! Ich trinke nur gelegentlich ein Glas Wein. Das entspannt mich, denn ich habe es doch so schwer. Du darfst nicht so zu mir sprechen! Bin ich nicht immer gut zu dir gewesen?» Und dann rannte sie schluchzend in ihr Zimmer und ließ Bob stehen, der nicht wußte, wem er nun sein Herz ausschütten konnte.

Bob entschloß sich schon in früher Kindheit, eines Tages so reich zu werden, daß niemand mehr auf ihn herabblicken und ihn «wie den letzten Dreck» behandeln würde. Er spürte, daß seine Eltern schwach waren und deshalb von anderen herumgestoßen wurden. Er nahm sich fest vor, so etwas nie mit sich geschehen zu lassen.
Da er nur wenige Bekannte hatte und sich für Sport nicht interessierte, verrichtete er in seiner Freizeit Gelegenheitsarbeiten — Zeitungen austragen, Rasen mähen, Schnee schaufeln. Und er sparte sein Geld. Nach dem Schulabschluß wurde er Zimmermannslehrling und lernte über das Bauwesen, so viel er nur konnte. Er las Bücher und besuchte die Abendschule. Als er sich genügend Geld erspart hatte, kaufte Bob ein Grundstück und baute ein Haus. Die meisten Arbeiten verrichtete er selbst, vor allem an Wochenenden und Abenden, wenn er nicht zur Schule gehen mußte.
Der Profit, den er beim Verkauf dieses Hauses erzielte, war nur ein Anfang. Bob wurde später Bauunternehmer und Teilhaber an einer Holzhandlung. Sein Sohn wollte zwar Musiker werden, besuchte jedoch die Architektenschule, und seine Tochter studierte Stadtplanung.
Als Bob sein eigenes Haus baute, suchte er sich ein großes Grundstück mit Bäumen aus, das einen eigenen kleinen See einschloß. Zum Hausbau verwendete er sehr viele Ziegel, und er baute Holzverschalungen ein, um den Eindruck der Solidität zu schaffen. «Dies gehört mir jetzt!» sagte er sich dann befriedigt. «Die St. Johns haben endlich Wurzeln geschlagen. Nie werde ich mich wieder von anderen herumstoßen lassen und milde Gaben von ihnen annehmen. Meine Kinder und Enkel werden auf ihr Erbe stolz sein können.»

Der Gewinn: Ein «Reich» kann groß oder klein sein, doch jeder, der sich einen Herrschaftsbereich schafft, ist in gewissem Sinne erfolgreich. Und Erfolg ist immer ein begehrtes Ziel: Erfolg ist die Story Amerikas. Hier stieg der in einer bescheidenen Hütte geborene Abraham Lincoln zum Präsidenten auf. Und die Erfolgreichen werden von der Mehrzahl ihrer amerikanischen Mitbürger bewundert und geachtet. Wer es «geschafft» hat, verspürt auch eine innere Genugtuung, ein Gefühl, eine Leistung vollbracht zu haben.

Erfolgreiche Selfmademen sind in der Lage, sich selbst und ihren Familien etwas von den «besseren Dingen des Lebens» zur Verfügung zu stellen. Sie können in «besseren» Wohngegenden leben, neue Wagen fahren und teure Reisen unternehmen. Die Gewißheit, genügend Geld zu haben, um ihren Familien Sicherheit, Schutz und Komfort bieten zu können — alles Dinge, die sie selbst als Kinder entbehren mußten —, gibt vielen von ihnen ein Gefühl des Stolzes und der Überlegenheit.

Solange sie über Bankkonten, Grundstücke und Geschäfte verfügen, kommen Reichsgründer gar nicht mit den unangenehmen Empfindungen von Hilflosigkeit und Machtlosigkeit in Berührung. Ihr Geld und ihre Macht halten im allgemeinen auch ihre unterschwelligen Zorngefühle unter Kontrolle und lassen Reichsgründer in einigen Fällen sogar als wohlwollende Beschützer erscheinen.

Der Preis: Die Charakterstruktur, die Reichsgründer zu erfolgreichen Geschäftsleuten werden läßt, macht sie gleichzeitig zu schlechten Ehepartnern und schlechten Eltern. Häufig führen sie nicht nur im Geschäft, sondern auch in der Familie das Kom-

mando. Immer wieder fahren sie ihre Kinder an: «Mach endlich deine Schularbeiten!» Oder sie kritisieren ihre Ehefrauen: «Wann lernst du endlich, das Essen richtig zu kochen?»
Häufig tyrannisieren sie die ganze Familie durch ihre Forderungen und Anordnungen. Sie erwarten, daß ihre Ehepartner und ihre Kinder an ihren Machtträumen teilhaben und bei der Erweiterung des Herrschaftsbereichs mitwirken. Obwohl sie stolz darauf sind, etwas aufgebaut zu haben, das ihre Erben genießen können, tyrannisieren sie ihre Kinder und Enkel oft in einem solchen Maße, daß sie von diesen nicht verehrt und bewundert, sondern gehaßt werden. Im Extremfall kann dies dazu führen, daß die Kinder alles ablehnen, was ihr Vater erreicht hat.
Sehr häufig verstehen Reichsgründer die Beziehung zu anderen als Machtkampf. Sie werden lebendig, wenn sie arbeiten, sich anstrengen und aufbauen, doch sie können nur wenig Wärme und Zärtlichkeit geben. Deshalb sind sie auch schlechte Partner für eine intime Beziehung.
Mit zweiundvierzig Jahren wurde Dan Evans Aufsichtsratsvorsitzender einer schnell wachsenden Firma, die Tennisausrüstungen herstellte. Auf seinem Weg nach oben hatte er viele zusätzliche Arbeitsstunden geleistet und dabei andere Interessen und Tätigkeiten vernachlässigt. Einmal sagte er zu seiner Frau: «Ich will reich werden. Und wenn ich zwischen dir und meiner Karriere wählen muß, dann mußt du zurückstehen.»
Seit er sich seinen eigenen Herrschaftsbereich geschaffen hat, arbeitet er sogar noch mehr. Selten schläft er länger als vier Stunden, und einen Urlaub leistet er sich nie. Sein Jahreseinkommen beträgt mehr als 200 000 Dollar, und er hat über zwei

Millionen fest angelegt. Er besitzt ein Haus in der Stadt, einen Landsitz und ein Ferienhaus in den Bergen, hat mehrere Autos zu seiner Verfügung und trägt nur maßgeschneiderte Anzüge. Doch er ist nicht zufrieden. «Wieviel ich auch besitze, es ist nie genug», sagte er. «Ich will das Beste von allem haben, und das kriegt man nicht, wenn man nur ein paar Millionen Dollar hat.»

Ihre Arbeitsbesessenheit raubt Menschen wie Dan Evans jede Freude an ihren Erfolgen. In ihren jüngeren Jahren träumen sie von den vielen Luxusgütern, die sie erwerben möchten. Wenn sie jedoch erfolgreicher werden, sind sie zu sehr beschäftigt, um den Besitz, den sie so mühsam erworben haben, zu genießen. Sie fühlen sich schuldig, wenn sie nicht arbeiten, und oft fürchten sie sich vor Feiertagen und gesellschaftlichen Veranstaltungen. Ihren Freunden und Bekannten geben sie häufig zu verstehen, daß sie ihnen unwichtig erscheinen. Zumeist suchen sie sich ihre Freunde unter Geschäftsbekannten aus, doch die Freundschaften vertiefen sich nicht. Selten sind sie von längerer Dauer, und wenn Reichsgründer älter werden, sind sie häufig einsam und ganz ohne Freunde.

Der Aufstieg zur Macht und der Erwerb von Geld ermöglichen es Reichsgründern, sich ein unbewußtes Verlangen zu erfüllen: Sie können sich von einer als feindselig und rivalisierend empfundenen Welt zurückziehen. Sie sehen die Welt als ein Schlachtfeld an, und sie teilen die Menschen in Verbündete und Feinde ein. So ziehen sie in ihrer Phantasie immer wieder um: Von der engen Stadtwohnung in ein Einfamilienhaus und schließlich in eine Villa auf dem Lande. Haben sie dies endlich «geschafft», leben sie in ihrer Vorstellung in einem von Rasenflächen eingefaßten Schloß, das von

hohen Zäunen umgeben ist und Tore mit Wachtposten hat. Jeder Schritt nach vorn bedeutet nicht nur, daß der Reichsgründer mehr Reichtum und Macht erworben hat, sondern auch, daß er einen größeren Abstand zwischen sich und dem «Gegner» geschaffen hat. Selbst der «alte Kämpe», der im Geschäft noch immer gern als Konkurrent auftritt, möchte sich privat gern ein Refugium schaffen, in dem er sich auf den nächsten Kampf vorbereiten kann. Wenn Reichsgründer älter werden, führen sie die Auseinandersetzungen lieber aus der Entfernung von ihren Landgütern aus, als daß sie sich auf «Nahkämpfe» einlassen.
Extreme Isolation und Entfremdung kennzeichneten die letzten Jahre von Howard Hughes, dem klassischen Typ eines Reichsgründers. Am Ende seines Lebens war Hughes von Freunden und von der Welt völlig abgeschnitten — ein milliardenschwerer Eremit.

DER PATE

«Meine Mutter», klagte Manny, «bringt mich eines Tages noch um! Sie ist wirklich nett, und ich mag sie gern, aber manchmal habe ich das Gefühl, an einer Leine gehalten zu werden.» Er steckte den Brief wieder in den Umschlag und warf ihn auf sein Bett.
«Ich weiß Bescheid», erwiderte sein Zimmerkamerad. «Mütter sind eben so.»
«Meine Mutter übertreibt», antwortete Manny. «Auch wenn ich im College bin, habe ich das Gefühl, daß sie alles weiß, was ich tue und was ich denke. Wenn ich nicht jeden Tag nach Hause schreibe, schickt sie mir Briefmarken. Wenn ich

um Geld bitte, dann sagt sie, ich arbeite nicht genug und spiele zuviel herum. Wenn ich nicht um Geld bitte, meint sie, ich sei schon halb verhungert. Ich habe kein Privatleben, nie fühle ich mich frei. Doch wenn ich mich beklage, fühlt sie sich verletzt; sie sagt dann, sie wolle nur mein Bestes, und ich bekomme Schuldgefühle. Obwohl sie klein und schwächlich aussieht, ist sie eine ganz schön starke Frau. Manchmal seh' ich sie als meinen Zuchtmeister, meinen ‹Paten›.»

Das wesentliche Charakteristikum des «Paten-Syndroms» läßt sich in den Worten zusammenfassen, die Theodore Roosevelt zugeschrieben werden: «Rede leise und trage einen großen Stock bei dir.» Paten sind den von ihnen Beherrschten gegenüber wohlwollend gesinnt, solange diese tun, was von ihnen erwartet wird. Die Kontrolle wird im wesentlichen durch ein System von finanziellen Belohnungen und Bestrafungen aufrechterhalten. Wenn die Untergebenen sich den Wünschen des Paten beugen, werden sie mit Geld belohnt; wenn sie rebellieren, werden die Geldmittel zurückgehalten. In Anlehnung an einen Bibelspruch könnte man hierzu sagen: «Der Pate hat's gegeben und der Pate hat's genommen . . .»

Als Elternteil besticht der «Pate» Kinder, damit sie brav sind, gute Schulleistungen erbringen und Besorgungen erledigen. Geld ist das einzige Kommunikationsmittel für solche Eltern. Wenn die Kinder sich schlecht benehmen, wird das Taschengeld sofort blockiert. Als Arbeitgeber verlangt der Pate Loyalität und Unterwerfung, indem er Lohnerhöhungen gewährt oder verweigert oder Entlassungsdrohungen ausspricht. Als Politiker sichert der Pate sich seine Machtposition durch Geldgeschenke für politische Dienste.

Ein «Pate», ein gewöhnlich freundlicher Bankdirektor, hatte elf Jahre lang an jedem Arbeitstag sein Mittagessen im gleichen Restaurant eingenommen. Er war dafür bekannt, daß er reichlich Trinkgeld gab; dafür wurde er auch immer sehr gut bedient und erhielt einen bevorzugten Platz. Er kannte die Kellner beim Namen und erkundigte sich nach dem Ergehen ihrer Familien. Er machte der Geschäftsführerin Komplimente und schickte ihr zum Geburtstag einen Rosenstrauß.

Dennoch war er beim Personal dafür bekannt, daß er nie ein Essen zu sich nahm, ohne sich über etwas zu beschweren oder eine besondere Bedienung zu verlangen. «Der Kaffee ist zu kalt. Bringen Sie mir bitte eine neue Tasse!» — «Das Steak ist zu wenig durchgebraten.» — «Dieser Wein ist nicht vom richtigen Jahrgang. Ich wollte den Jahrgang 1970, aber diese Flasche ist ein 1973er, und 1973 war kein gutes Jahr.» — «In dieser Suppe ist etwas zu reichlich Pfeffer. Geben Sie mir statt dessen den Salat!» — «Die Salatgabel ist nicht sauber!» — «Das Tischtuch hat einen Fleck!» — «Es ist zu dunkel in der Ecke!» — «Die Sonne scheint mir in die Augen!»

Der Bankdirektor war mit dem Restaurant keineswegs unzufrieden. Er empfahl es seinen Freunden und führte oft Kunden dorthin zum Essen. An einem Tage fand er jedoch, der Kellner habe ihn zu lange warten lassen. Das Restaurant war zwar voll besetzt, aber der Bankdirektor beschwerte sich trotzdem beim Oberkellner, der sich entschuldigte — jedoch mit einem Anflug von Ungeduld in seiner Stimme. Der Bankdirektor fühlte sich gedemütigt und meinte, der Oberkellner sei undankbar, obwohl schon so viele Trinkgelder in seine Tasche geflossen waren. Seither hat der Bankdirektor nie wieder das betreffende Restaurant besucht, und er rät auch seinen Freunden, das Lokal zu meiden. Er hätte sich jedoch genau gleich verhalten, wenn er in einem anderen Lokal gegessen hätte. Er fühlt sich dann als wichtiger und machtvoller Mensch, wenn er andere herumkommandieren kann. Ähnlich übertriebene Forderungen stellt er auch an seine Frau, seine Kinder, Freunde, Angestellten oder andere Personen, mit denen er zufällig zu tun hat. Für ihn ist es wichtig, eine dominierende Rolle zu spielen. Seine wohlwollende, väterliche Art besänftigt jedoch die Menschen, die er beherrscht, und läßt seine im Grunde unvernünftigen Forderungen etwas erträglicher erscheinen.

Die Motivation: Hinter dem ruhigen und oft freundlichen Äußeren des Paten steckt eine sehr empfindliche Persönlichkeit, die übermäßig auf Zurücksetzung reagiert. «Respekt» ist ein Schlüsselwort im Vokabular des Paten, denn er wird von der fixen Angstvorstellung geplagt, geringschätzig behandelt zu werden. Ein Pate wurde als Kind übermäßig streng kontrolliert — bis hin zur öffentlichen Demütigung. Demzufolge führt die Furcht vor Zurücksetzung zu einer Überempfindlichkeit gegenüber allem, was als Erniedrigung aufgefaßt werden könnte.
Aggressionen werden häufig verdrängt oder mindestens einer strengen Selbstkontrolle unterworfen. Wenn sie jedoch zum Ausdruck kommen, so geschieht dies meistens in Form eines heftigen Wutausbruchs. Solange die Autorität des Paten unangetastet bleibt, werden die Aggressionen nur indirekt und unpersönlich abreagiert.
Als Kind war Kathy Garrett sehr ruhig und folg-

sam. War sie gelegentlich doch einmal ungezogen, genügte ein strenger Blick der Eltern, um sie zum Weinen zu bringen. Wenn sie einmal bestraft wurde, glaubte sie, die Strafe zu verdienen, und akzeptierte sie, ohne zu murren, mit dem Versprechen, sich zu bessern.

Craig, ihr Bruder, war nicht so leicht zu behandeln. Er war von Natur aus widerspenstig. Fügte er sich aber den Anordnungen seines Vaters nicht, so geriet dieser in Wut. Wenn Craig dann weinte oder Angst zeigte, schrie ihn sein Vater noch lauter an und beschimpfte ihn. Nach jedem Streit mit dem Vater kam Craigs Mutter in sein Zimmer und tröstete ihn. Sie nahm ihn in den Arm und drückte ihn an sich, bis er zu weinen aufhörte.

Eines Tages geriet Craig in eine Schlägerei mit Terry, einem Jungen, der bedeutend größer und kräftiger war. Craig unterlag, und als er nach Hause kam, war nicht nur sein Stolz verletzt, sondern er hatte auch eine geschwollene Lippe. Als sein Vater erfuhr, was vorgefallen war, nannte er Craig eine Memme und strafte ihn mit solcher Verachtung, daß Craig es kaum aushalten konnte. Er nahm zwei Dollar, die er gespart hatte, und stiftete damit einen älteren Jungen an, Terry zu verhauen.

Als er zehn Jahre alt war, brachte Craigs sexuelle Neugierde ihn dazu, zu einem Mädchen aus der Nachbarschaft zu sagen: «Ich zeige dir mein Ding, wenn du mir deines zeigst.» Darauf erhielt er die Antwort: «Das werde ich deiner Mutter sagen!» Er fand aber bald heraus, daß er einen Blick «riskieren» konnte, wenn er ihr einen Dollar anbot.

In dieser wie in vielen anderen Situationen erfuhr Craig das, was alle potentiellen Paten erfahren: Erstens können Menschen und Macht mit Geld gekauft werden. Zweitens kann die durch eine Erniedrigung verursachte Wut in eine solche Bahn gelenkt werden, daß man sich das Geld und die Macht verschafft, um andere zu beherrschen, statt auf ihre Gnade angewiesen zu sein.

Der Gewinn: Paten werden im allgemeinen respektiert, weil sie Macht ausstrahlen. Der Respekt beruht meistens mehr auf Furcht als auf Liebe, doch wenn ein Pate sich als freundlicher Patriarch gibt, können Bewunderung oder sogar Zuneigung die Folge sein.
Auch Loyalität und Ehrerbietung werden vom Paten gekauft. Wer gewillt und in der Lage ist, das entsprechende Geld auszugeben, kann sich ein ganzes Heer von Jasagern kaufen, die ihr Leben dem Willen ihres «Meisters» unterordnen. Für den Paten bedeutet der Gedanke, das Leben anderer Menschen zu beherrschen, eine Kompensation für die Gefühle der Frustration, Erniedrigung und Hilflosigkeit, unter denen er während seiner Kindheit litt.

Der Preis: Wie jeder Machtgierige versucht der Pate, in zwischenmenschlichen Beziehungen die dominierende Rolle zu spielen. Ist der Pate nicht der Überlegene, endet die Beziehung, die also mehr vertikaler als horizontaler Natur ist. Und die unterlegene Person muß sich mit ihrer Lage abfinden oder ganz verschwinden. So wird ein Pate auch nie seine Frau zur Entfaltung gelangen lassen. Vielleicht kauft er ihr teure Geschenke und läßt sie in ihren Launen gewähren; dennoch beherrscht er sie, da sie nach seinen Vorstellungen ihm ebenso gehört wie sein Auto oder sein Haus. Er mag sogar

sehr auf sie angewiesen sein, wird aber gleichzeitig sein Möglichstes tun, um ihr ein Gefühl der Abhängigkeit von ihm zu suggerieren und sie zu überzeugen, daß sie ohne sein Wohlwollen eine Null wäre. Solche Manöver sind typisch für den Paten, sie können zum Aufbau tiefer Beziehungen nur wenig beitragen.
Wer mit Paten zu tun hat, muß äußerst vorsichtig vorgehen, da viele Paten trotz ihres äußerlich ruhigen und beherrschten Wesens zu heftigen Wutausbrüchen neigen, wenn sie herausgefordert werden. Unsichere Menschen fühlen sich häufig zu Paten hingezogen, da diese offenbar Stärke und Schutz ausstrahlen. «Ich habe mich wirklich hereinlegen lassen», behauptete eine junge Frau, die gerade eine Scheidung hinter sich hatte. «Nach meiner ersten Ehe hatte ich kein richtiges Selbstvertrauen, und Aaron erschien so schutzbietend und verständnisvoll. Ich brauchte eine Stütze. Doch schon bald fühlte ich mich übertölpelt. Ich tat nur, was er wollte, ich hatte gar keine eigenen Gedanken mehr. Ich mußte wieder weg von ihm.»
Sehr häufig geschieht es, daß Paten die Initiative und Unabhängigkeit der Menschen vernichten, die unter ihre Kontrolle geraten. Indem er Geld systematisch verteilt oder zurückhält, neigt der Pate dazu, die von ihm Abhängigen mehr als Münzautomaten, denn als menschliche Wesen mit Bedürfnissen und Gefühlen zu betrachten. Wenn man Geld in den Schlitz wirft, läuft die Maschine; tut man es nicht, bleibt sie stehen. Eine solche Haltung führt zu keiner Beziehung, die auf Vertrauen basiert: im Gegenteil, sie führt zur Herabwürdigung all jener, die unter die Herrschaft und den Einfluß des Paten geraten.
Aus diesem Grunde läßt sich die Tendenz erken-

nen, daß Paten im allgemeinen die Schwachen und die Unsicheren zu sich hinziehen. Wer dagegen etwas Ehrgeiz und Selbstachtung besitzt, geht bald seine eigenen Wege. Schließlich ist der Pate nur noch von passiven und untüchtigen Abhängigen umgeben, von Schmeichlern, die nichts zu bieten haben als ihre bloße Anwesenheit. Vielleicht erkennt er dann auch, daß sich sein Verhalten nicht gelohnt hat: «Mein ganzes Lebenswerk habe ich dahingegeben! Und was habe ich dafür bekommen? Nichts! Die Menschen sind wie Geier! Meine Freunde, meine Kinder, alle nutzen mich aus, doch wo sind sie, wenn ich sie brauche? Nirgends!»
Es ist nicht ungewöhnlich, daß der Pate im Alter in einen infantilen, abhängigen Zustand regrediert — jenen Zustand, den das machtgierige Verhalten eigentlich hätte verhindern sollen. So ist der Pate als älterer Ehemann oft immer mehr auf seine Frau angewiesen. Bei der Frau erfolgt dann häufig eine Rollenumkehrung. Anstelle der fügsamen Ehefrau, die sie gewesen war, wird sie jetzt selbst zum «Paten.» Früher beklagte sie sich über seinen Geiz, doch jetzt teilt sie ihm das Taschengeld zu und hält die Ausgaben in engeren Grenzen, als er es je getan hatte.

WAS TREIBT EINEN MACHTMENSCHEN AN?

Sicherheitsfanatiker fühlten sich schon in früher Kindheit von ihrer Umgebung bedroht, weshalb sie lernten, ihr zu mißtrauen. Sie reagierten mit Furcht und stellten dann allmählich fest, daß sie Geld einsetzen konnten, um Barrieren zwischen sich und der bedrohlichen Welt zu errichten und sich somit sicher zu fühlen. Auch Machthungrige fühlten sich schon als Kinder bedroht. Sie zeigten jedoch keine Angstgefühle, sondern gerieten in Wut. Sie betrachten die Furcht als ein Zeichen von Schwäche und blicken auf Sicherheitsfanatiker herab, die solchen Emotionen nachgeben.

Wer sich einer Bedrohung oder Gefahr gegenübersieht, hat die Wahl zwischen zwei grundsätzlich verschiedenen Reaktionen — Angriff oder Rückzug. Gewöhnlich führt Wut zu Angriffshandlungen, Furcht dagegen zum Rückzug. Es ist klar, daß sowohl Furcht als auch Wut in beiden Verhaltensweisen enthalten sind, doch spielt die Abstufung hier eine wichtige Rolle. Wenn die Furcht überwiegt, dann ist ein Rückzug wahrscheinlich, jedoch ist mit einem Angriff zu rechnen, wenn die Wut überwiegt. Sicherheitsfanatiker und Machtgierige unterscheiden sich demnach durch das Ungleichgewicht zwischen Furcht und Wut in ihren Reaktionen auf Bedrohungen, die in der Kindheit aus der Umgebung kamen. Es läßt sich nicht immer sagen, in welchem Ausmaß diese Verschiedenheit durch Vererbung oder durch Lernprozesse bedingt ist.

Wut wird nicht immer offen ausgedrückt, und sie wird auch nicht immer bewußt empfunden. Das Verhalten der Machtgierigen ist jedoch in großem Maß von Wutgefühlen bestimmt. Ihre Wut stammt ursprünglich von der Frustration früher Kindheitsbedürfnisse und den Gefühlen der Hilflosigkeit und Erniedrigung, da den Verursachern der Frustrationen nicht beizukommen war — seien es nun die Eltern, die Gesellschaft oder das «Schicksal». Das Verhalten der Machthungrigen kann jedoch mit Hilfe der «Frustrations-Aggressions-Hypothese» erklärt werden. Diese Theorie besagt, daß eine Aggression immer dann auftritt, wenn jemand bei dem Versuch, eine zielgerichtete Tätigkeit zu vollenden, frustriert wird. Die Aggression steht mit Angriffshandlungen und Wut in Beziehung; sie braucht jedoch nicht immer offen oder bewußt zu sein.

Im Gegensatz zu vielen anderen, die bei Widerstand zurückschlagen wollen, ergreifen Machtgierige gewöhnlich keine Gewaltmaßnahmen, und sie vereinigen sich auch nicht mit anderen zum Gruppenangriff. Statt dessen finden sie ihre Kraftquelle im Geld. Wut und Rachsucht sind ihre Motivation, genügend Geld zu erwerben und damit die Macht zu haben, andere anzugreifen oder einzuschüchtern.

Die Mehrzahl der Machthungrigen sind Männer. Die meisten von ihnen hatten gestörte Beziehungen zu ihren Vätern. Manche Väter waren schwach und untüchtig, vielleicht sogar alkoholsüchtig. Andere waren früh verstorben oder hatten ihre Familien im Stich gelassen. In diesen Fällen konnte sich der Sohn nicht im positiven Sinne mit dem Vater identifizieren. Manche dieser Jungen entwickelten eine übermäßige Bindung an ihre Mütter, sie wurden zu «Muttersöhnchen».

Weitverbreitet ist aber auch der «soldatische» Vater, der bei seinem Sohn keine Emotion und besonders kein Anzeichen von Schwäche duldet. Solche Väter sind entschlossen, aus ihren Söhnen «Männer» zu machen. Die Jungen werden oft unnötig hart bestraft, wobei man ihnen einschärft: «Nimm deine Strafe an wie ein Mann!»

Kinder, die einer derart verletzenden Behandlung ausgesetzt sind, machen oft eine Wandlung durch: Sie identifizieren sich mit dem Aggressor und übernehmen innerlich das Wertsystem ihrer Peiniger. Dieser Prozeß, auf den Freud als erster aufmerksam gemacht hat, ermöglicht es dem Sohn, seine Gefühle der Hilflosigkeit zu überwinden. Indem er sich mit dem Aggressor identifiziert, fühlt sich der Junge nicht mehr als hilfloses Opfer einer äußeren Bedrohung. Die Bedrohung wird jetzt als von innen her kommend betrachtet und kann deshalb kontrolliert werden.

Machtgierige betrachten die Außenwelt auf zynische Art. Sie neigen dazu, von anderen das Schlimmste zu glauben, und erwarten, von ihren Mitmenschen schlecht behandelt zu werden, wenn sie sich nicht wehren. Da wir ja in einer Welt leben, die alles andere als friedlich ist, kann diese Geisteshaltung nicht einfach als Paranoia abgetan werden. Dennoch ist aber nicht zu übersehen, daß die Feindseligkeit, die Machtgierige bei anderen entdecken, größtenteils eine Projektion ihrer eigenen, unterschwelligen Aggression ist.

Die meisten Machtgierigen sind, wie gesagt, Männer, doch gibt es auch Ausnahmen, wie zum Beispiel Helena Rubinstein, die verstorbene Kosmetikfabrikantin. Der reichste weibliche «Selfmademan» ist vermutlich die Schauspielerin und Unternehmerin Lucille Ball. Ihr Vermögen soll sich auf etwa fünfzig Millionen Dollar belaufen. Es gibt verschiedene Gründe für die geringere Anzahl weiblicher Machtaneigner. Zum einen haben Frauen weniger Gelegenheiten zur wirtschaftlichen Machtentfaltung, zum anderen fehlt den meisten Frauen der sogenannte «Killer-Instinkt». Schließlich wird in der Mädchenerziehung die Aggression traditionsgemäß unterdrückt, und Frauen nehmen nach außen hin eine passiv-untergeordnete Rolle an.

In der Vergangenheit war es durchaus nicht immer üblich, daß eine Frau auf der Suche nach Geld und

Macht in die Öffentlichkeit treten und ihren eigenen Herrschaftsbereich gründen mußte. Oft verfolgte sie durch Verführung, Manipulierung und Beherrschung reicher Männer ihre eigenen ehrgeizigen Ziele. In anderen Fällen war die Frau die «graue Eminenz», die den Mann in ihrem Leben so antrieb, daß er zum Finanzgiganten aufstieg. Ferner trifft man Frauen an, die im Schatten ihres Mannes die Fäden des Geschäfts in der Hand halten. Stirbt der Ehemann, kann seine Frau ohne Schwierigkeiten das Geschäft weiterführen und selbst zu einem Machtmenschen werden.

Nicht selten geschieht es, daß ein aktiver Machtgieriger eine passive Machtgierige heiratet. Die Firmengruppe B. J. Burnside Enterprises war ein Konglomerat aus mehreren kleineren Unternehmen. B. J., wie der Inhaber allgemein genannt wurde, war halb «Reichsgründer», halb «Pate». Seine Angestellten fürchteten und respektierten ihn. Sie stellten seine Entscheidungen nie in Frage, und seine engeren Mitarbeiter schienen zu denken, daß er nie etwas Falsches tun könnte. Dafür erhielten sie von ihm gute Gehälter und Sonderzuwendungen.

Betty Burnside war die Tochter eines wohlhabenden Fabrikanten. Es war hauptsächlich ihr Geld, mit dem ihr Ehemann B. J. kurz nach der Heirat den Aufbau seiner Firma begonnen hatte. Betty hatte Privatschulen besucht; sie hatte einen exklusiven Geschmack und gute Umgangsformen. Trotz der ihr eigenen Zurückhaltung war sie eine charmante Gastgeberin. Als B. J. erfolgreich wurde, brachte er oft Gäste nach Hause, denen er voller Stolz seine attraktive Frau vorstellte.

B. J. rühmte sich Freunden gegenüber, daß er die «schlimmsten Kraftausdrücke Amerikas» beherrsche, doch vermied er Flüche und faule Witze in Gegenwart seiner Frau. Als ein Geschäftsfreund ihn auf den Unterschied zwischen seiner beruflichen und häuslichen Ausdrucksweise aufmerksam machte, erwiderte B. J. leichthin: «Ich achte meine Frau zu sehr, um sie mit derartigen Worten in Verlegenheit zu bringen!» Allgemein war bekannt, daß B. J. zahllose kurze Affären und hin und wieder auch eine feste Freundin hatte. Betty ließ sich nie anmerken, ob sie dies wußte oder nicht. Das Verhältnis zwischen Betty und B. J. ließ sich mit «freundlich, aber formell» beschreiben. Es war so formell, daß eine enge Freundin Bettys einmal die Bemerkung machte: «Ich weiß, daß sie mindestens zweimal miteinander Verkehr hatten, denn sie haben zwei Kinder.»

Gegenüber allen, mit denen er zu tun hatte — auch seinen Kindern —, wollte B. J. die Oberhand behalten; bei Betty war er sich jedoch nie ganz seiner selbst sicher. Im allgemeinen sprach er über sie mit schmeichelhaften Worten, doch manchmal, wenn er etwas zuviel getrunken hatte, versuchte er, sie zu demütigen, indem er sie als «Heilige Elisabeth» vorstellte. Zumeist hatte er jedoch eine gewisse Scheu vor ihr, und wenn er Anstalten machte, sich falsch zu benehmen, brachte sie ihn wieder zur Besinnung, indem sie ihn daran erinnerte, daß er aus ärmeren Verhältnissen stammte und daß sein Vater ein Trinker gewesen war. Selten geriet er darauf in Wut, zumeist versank er in einen Zustand der Unsicherheit und Erniedrigung.

Obwohl er es nie zugab, war eine der treibenden Kräfte hinter B. J.s Machthunger der Wunsch, so reich und mächtig zu werden, daß Betty ihn nicht mehr abweisen, sondern respektieren würde. Betty ihrerseits hatte B. J. von Anfang an durchschaut.

Sie wußte, wie abhängig er von ihr war, und sie wußte auch, daß er dies nie offen zugeben konnte. B. J. hatte gar keine andere Wahl, als sie gewähren zu lassen. Sie wiederum gefiel sich in ihrer Rolle, denn sie war bereits von ihrem Vater verwöhnt worden. Es machte ihr nichts aus, daß ihr Ehemann sie davon abhielt, sich zu einer unabhängigen, selbstbewußten Frau zu entwickeln, und sie begnügte sich weiterhin damit, ihn dahin zu bringen, sie mit allem erdenklichen Luxus zu umgeben.

WIE MAN DEN MACHTGIERIGEN ERKENNT

Machtgierige werden oft nicht auf den ersten Blick erkannt. Bei näherer Betrachtung lassen sie sich jedoch gewöhnlich durchschauen, besonders dann, wenn man auf ihre verräterischen Kennzeichen achtet.

Ein gemeinsames Kennzeichen der Machtgierigen ist ihre zynische Grundeinstellung dem Leben gegenüber. Sie neigen dazu, spöttische Bemerkungen zu machen, wenn behauptet wird, die Menschen könnten dazu bewogen werden, aus Mitleid oder humanitären Motiven zu handeln. Sie sind fest davon überzeugt, daß alle Dinge und alle Menschen käuflich sind, wenn der Preis angemessen ist. Ihre einzige Kraftquelle ist das Geld, und wenn die Geldzufuhr aufhört, fühlen sie sich leistungsunfähig.

Machthungrige sind nur selten fähig, Liebe zu geben oder zu empfangen. Von ihren Untergebenen fordern sie Loyalität und Respekt, sind aber insgeheim überzeugt, daß sie ohne ihr Geld gerade von jenen im Stich gelassen würden, die ihnen ergeben sind. Sie stellen sich zwar vor, daß mehr Geld auch mehr Zuneigung erbringt, doch sobald sie noch mehr Geld anhäufen, isolieren sie sich noch stärker von anderen Menschen, werden noch mißtrauischer und geraten noch leichter in Zorn.

Die Beziehungen, die Machthungrige mit anderen unterhalten, sind häufig nur vorübergehender Natur. Gegenüber jenen Menschen, von denen er sich nicht bedroht fühlt, kann der Machtgierige großzügig sein und sie mit Lob und Geschenken überhäufen. Doch schon am nächsten Tag kann diese Großzügigkeit in Wut und Schmähungen umschlagen, wenn er sich von jemandem enttäuscht oder verunsichert fühlt.

Im Grunde genommen leben Machtbesessene in einer Phantasiewelt. Sie terrorisieren ihre Familie, ihre Freunde und ihre Angestellten derart, daß die meisten Angst haben, sie herauszufordern oder ihnen zu widersprechen. Machtaneigner bekommen nur selten ehrliche Meinungen zu hören, weil sie andere wie Papageien konditionieren, das zu sagen, was sie hören wollen. Da ihnen immer wieder ihre eigenen Gedanken vorgetragen werden, sind sie immer fester davon überzeugt, recht zu haben — auch dann, wenn ihre Vorstellungen völlig irrational sind. Zum Beispiel können sie sich von einem Bekannten verfolgt fühlen oder im Begriff sein, Alkoholiker zu werden, doch niemand will sich mit ihnen darüber in ein Gespräch einlassen.

Da sie Schwäche und Krankheit verabscheuen, neigen Machtgierige dazu, schon früh im Leben auszubrennen. Sie ignorieren körperliche Beschwerden und schonen sich nicht, wenn sie krank geworden sind.

Nach Langzeitstudien kamen zwei bekannte Kardiologen, Dr. Meyer Friedman und Dr. Ray H. Rosenman, zu dem Ergebnis, daß Menschen mit bestimmten charakterlichen Eigenschaften am ehesten zu Herzattacken oder anderen Herzkrankheiten neigen. Menschen mit solchen Charakterzügen werden von Friedman und Rosenman als «Typ A» bezeichnet. Das Verhalten des Typs A ist bezeichnend für den Machthungrigen. Menschen des Typs A zeichnen sich aus durch zwanghafte Eile, Aggressivität und Konkurrenzdenken, gewöhnlich in Verbindung mit einer unbestimmten feindseligen Haltung. Sie stehen in ständigem Kampf gegen die äußeren Umstände, gegen Mitmenschen — und gegen sich selbst. Deshalb können sie sich nicht entspannen und das Leben genießen.

WIE MAN SICH MACHTMENSCHEN VOM LEIBE HÄLT

Machtmenschen neigen nicht dazu, in ihrem Verhalten etwas Krankhaftes zu sehen und sind deshalb sehr selten motiviert, sich in psychotherapeutische Behandlung zu begeben. Sie betrachten die Welt als «Dschungel» und halten jeden, der etwas anderes behauptet, für naiv oder irregeführt. Das Eingeständnis, Hilfe zu brauchen, muß um jeden Preis vermieden werden, weil es ein Zeichen von Schwäche ist. Werden sie auf Drängen eines Angehörigen dennoch zur Therapie veranlaßt, sind Machtmenschen verschlossen und zur Abwehr geneigt. Sie befürchten, daß Makel in ihrer Persönlichkeit entdeckt werden und scheuen auch die Vertraulichkeit, die bei jeder psychotherapeutischen Behandlung angestrebt wird.

Wer zu tief in den Einflußbereich von Machtmenschen gerät, kann sich so ausgepreßt und manipuliert fühlen, daß er seine Eigenständigkeit zu verlieren glaubt. Aus folgenden Punkten können Sie ersehen, ob Sie an einen Machtmenschen geraten sind:

1. Sie haben starke Angst davor, daß Sie sich die Person zum Gegner machen könnten.
2. Sie bemühen sich übermäßig, der Person gefällig zu sein.
3. Sie richten Ihr Verhalten nach den Stimmungen der Person.
4. Sie sind der Person übermäßig ergeben. Sie meinen, die Person sei ein wahrhaft überlegenes Wesen, das jedoch von anderen mißverstanden wird.
5. Sie stellen fest, daß Sie die Vorstellungen der Person übernehmen, obwohl Sie normalerweise gegensätzliche Standpunkte vertreten.
6. Wenn die Person Ihnen Geld schuldet, scheuen Sie sich, es zurückzufordern.
7. Auch wenn Sie Ihr Geld verdient haben, wird die Person es Ihnen so übergeben, als handle es sich um ein Geschenk.
8. Wenn Sie für die Person arbeiten, fühlen Sie sich immer unterbezahlt. Sie befürchten aber, entlassen zu werden, wenn Sie dagegen protestieren.
9. Auch wenn Sie dringend Geld benötigen, verheimlichen Sie dies, weil Sie der Person nicht das Gefühl geben wollen, nur des Geldes wegen zu arbeiten.
10. Auch wenn die Person Ihnen das Geld verspätet auszahlt oder wenn Sie weniger bekommen als ursprünglich ausgehandelt, sind Sie unterwürfig und dankbar, wenn Sie schließlich das Geld erhalten.

Wenn einige dieser Reaktionen auch auf Sie zutreffen, befinden Sie sich vermutlich in den Klauen eines Machtmenschen. Dies könnte bei Ihnen Unbehagen verursachen, zumal es nicht leicht ist, sich aus diesem Einfluß wieder zu befreien. Was die meisten Menschen an einen Machtmenschen kettet, ist die bewußte oder unbewußte Furcht vor dem Losbrechen der Wut, die dem Verhalten des Machtaneigners zugrundeliegt. Man muß Mut aufbringen, sich dieser Wut auszusetzen, wenn man einem Machtmenschen entgegentreten oder sich von ihm lösen will.

Um sich aus den Klauen eines Machtmenschen zu befreien, ist die Feststellung wichtig, welche Vorteile man als «Opfer» einer solchen Person genießt. Es sagt sich leicht, man sei hereingelegt worden oder der Ehepartner habe sich nach der Heirat verändert. Dies trifft nur in den seltensten Fällen zu. Kinder können zu Opfern machtgieriger Eltern werden, doch Erwachsene neigen dazu, sich zu Menschen hingezogen zu fühlen, die ihre psychologischen Bedürfnisse befriedigen. Wenn sie zu Opfern werden, dann geschieht dies, weil ihnen bestimmte Vorteile daraus erwachsen.

Menschen, die sich zu Machtgierigen hingezogen fühlen, kommen sich im allgemeinen schwach, untüchtig und unsicher vor. Sie suchen Anlehnung bei einem anderen, den sie als stark und tüchtig ansehen. Insbesondere bezweifeln sie ihre eigene Fähigkeit, ausreichend Geld zu erwerben. Sie können ein starkes Verlangen nach Geld empfinden, leugnen dies aber häufig, da ihnen das Selbstvertrauen zum Gelderwerb fehlt. Indem sie einem «Erfolgreichen» hinterherlaufen, hoffen sie, etwas von dessen Macht zu erhaschen und einen Anteil seiner Gewinne als Belohnung für ihre Loyalität und Hilfe zu erhalten. Sie können in der Tat zu einem

parasitären Anhängsel des Machtmenschen werden.
Wenn man sich zu befreien versucht, kann die Erkenntnis hilfreich sein, daß die bei Machtmenschen angeblich vorhandene Stärke im wesentlichen eine Illusion ist. Sie manipulieren, kontrollieren und sind oft aufbrausend, aber sie sind nicht unbedingt starke Menschen. Wie ein guter Schauspieler ist der Machtgierige oft in der Lage, die Rolle eines starken Charakters zu spielen, ohne in Wirklichkeit ein solcher zu sein. Wer wirklich die Charakterstärke eines anderen braucht, tut gut daran, diese nicht in einem Machtmenschen zu suchen. So wird der typische «Pate» im Alter immer abhängiger von seiner Frau und sucht bei ihr die Zuneigung, die er in seinen ersten Lebensjahren entbehren mußte. Hätte sie ihn wegen seiner Stärke geheiratet, müßte sie jetzt von ihm sehr enttäuscht sein.
Wenn man die neurotische Bindung an einen Machtmenschen lösen will, ist es erforderlich, ein Gefühl von persönlicher Stärke und Unabhängigkeit zu gewinnen. Der Geschäftspartner muß mit der Furcht vor unabhängigen Entscheidungen fertig werden und mit der Vorstellung, daß er alles dem Chef verdanke. Der Ehepartner muß sich seines eigenen Verlangens nach Macht und Vorherrschaft bewußt werden. Besonders wichtig ist es, das Gefühl der finanziellen Abhängigkeit zu überwinden. Machtmenschen herrschen deshalb, weil sie das Geld haben, um das sich andere kriecherisch bemühen. Wenn sie kein Geld hätten, würden sich andere nicht von ihnen einschüchtern lassen. Wären die Menschen nicht gewillt, ihre «Seelen» für Geld zu verkaufen, dann wären Machtmenschen weniger oft erfolgreich. Für die Lösung einer

als nachteilig empfundenen Bindung an einen Machtmenschen ist es deshalb wichtig, eine realistische Vorstellung vom Geld und eine Änderung des Selbstbewußtseins zu entwickeln.

Während es einigen Machtmenschen gelingt, ihre Umwelt zu manipulieren und ihren Einfluß zu vergrößern, bis sie im Alter friedlich sterben, erleben andere in überraschend großer Anzahl einen frühzeitigen Zusammenbruch oder enden als einsame und verbitterte Greise. Viele Machtmenschen scheinen zu Opfern der von ihnen geschaffenen Macht zu werden, genau wie junge Revolutionäre, die mit der selbstgebastelten Bombe hochgehen, mit der sie ihre Feinde vernichten wollten.
Zwei der erfolgreichsten Manipulatoren der heutigen Zeit, Bernard Cornfeld von Inverstors Overseas Services und Stanley Goldblum von Equity Funding, sahen ihre Karriere beendet, bevor sie fünfzig Jahre alt waren. Durch moderne Verkaufspraktiken, genaue Zeitplanung und erhebliche Risikofreudigkeit schufen sie außergewöhnlich lukrative, riesige Verkaufsorganisationen, die schließlich genausowenig lenkbar waren wie das von Dr. Frankenstein geschaffene Ungeheuer. Um ihre Pyramiden weiter wachsen zu lassen, nahmen sie Zuflucht zu einer Reihe illegaler Manipulationen, die schließlich ihren Ruin herbeiführten.
Reichsgründer schaufeln sich häufig mit ihren Vermögen ihr eigenes Grab. Je mehr Geld sie ansammeln, desto mißtrauischer werden sie anderen gegenüber. Sie glauben — häufig zu Recht —, daß sich die Menschen hauptsächlich ihres Geldes wegen für sie interessieren. Während ihr Argwohn anwächst, neigen sie zu Verbitterung und isolieren sich von den anderen. Dieses Schicksal ereilte ei-

nige der berühmtesten Selfmademen der Welt — beispielsweise Howard Hughes und J. Paul Getty. Einer der reichsten Männer der Welt lebt so anonym und zurückgezogen, daß nur wenige überhaupt seinen Namen kennen. Er besitzt eine private Reederei, die größer ist als die des verstorbenen Aristoteles Onassis oder die des Stavros Niarchos. Ihm gehören auch Kreditfirmen, Hotels, Bürogebäude und andere Grundstücke, Kohle- und Erzlager und Erdölraffinerien. Seit vielen Jahren hat er mit keinem Reporter mehr gesprochen, und nur ganz wenige kennen ihn persönlich. Sein riesiges Wirtschaftsimperium soll ein Ein-Mann-Unternehmen sein, in dem selbst die vertrauenswürdigsten Manager nur ihr eigenes Ressort kennen. Nur er allein weiß über die großen Transaktionen Bescheid — und offenbar hat er keinen Thronerben. Wenn er von der Bildfläche abtritt, wird vielleicht das gesamte Unternehmen zusammenbrechen, weil er nie jemandem soviel Vertrauen geschenkt hat, das von ihm aufgebaute komplizierte Herrschaftssystem zu lenken.
Eine der rücksichtslosesten Gruppen von Machtmenschen jüngerer Zeit war die sogenannte «Palastwache» — die Männer um Ex-Präsident Richard Nixon. Ihre Arroganz und ihr ständiger Hunger nach mehr Macht sowie ihre ungesetzlichen Geldbeschaffungsmethoden führten zu einem der schlimmsten politischen Skandale in der Geschichte Amerikas.
Das Verlangen nach Macht ist selbst ein machtvolles Motiv, das Menschen Dinge tun läßt, die sie sonst nicht ausführen würden. Häufig werden gerade jene, die die Macht anderer laut verurteilen, selbst durch ein Verlangen nach Macht motiviert. Rebellenführer versuchen, Regierungen zu stürzen

und die Menschen von der Unterdrückung zu befreien, doch haben sie selbst die Macht übernommen, mißbrauchen sie diese in gleichem Maße oder noch mehr als ihre Vorgänger.
Wer bereits Macht besitzt, strebt häufig nach noch mehr Macht, bis jegliche Perspektive und jegliches Maß verloren gehen. Geld erzeugt Macht und Macht erzeugt Geld — das wiederum mehr Macht erzeugt. Diese Progression führt, wenn sie konsequent durchgesetzt wird, zu dem Irrglauben, man sei allmächtig. Dieser Irrglaube läßt den Machthungrigen blind werden gegenüber den Konsequenzen seines Verhaltens. Dies führt zu Fehlentscheidungen, wodurch am Ende der Mechanismus der Selbstzerstörung in Gang gesetzt wird.

8
Die Liebeshändler

Die Liebe ist ein verbreitetes Thema für Dichter, ein Studiengebiet für Psychologen, eine Lieblingsbeschäftigung der Teenager und das Geschenk besorgter Großeltern. Über die Liebe gibt es mehr Bücher, Lieder und Gedichte als über jedes andere Thema. Sie ist erforderlich für die körperliche und emotionale Entwicklung und ausschlaggebend für die seelische Gesundheit.
Doch im Gegensatz zu ihrer Bedeutung und dem Umfang der über sie verfaßten Literatur scheint nur wenig Einvernehmen darüber zu bestehen, was Liebe tatsächlich ist. Sir Walter Scott meinte: «Liebe ist himmlisch», während Shakespeare sagte: «Liebe ist blind» und Conrad Aiken erklärte: «Liebe ist bitter». In neuerer Zeit hat man der Liebe mancherlei Definitionen gegeben; sie ist beinahe zu einem Rorschach-Testbild geworden, in dem jeder Betrachter etwas anderes sieht. Viele Menschen haben eine weniger romantische aber nicht weniger bedeutungsvolle Ansicht über die Liebe: Sie sehen sie als Geld, oder sie sehen im Geld ein Symbol für Liebe. Andere wiederum verhalten sich so, als sei Liebe eine Ware, die sich kaufen und verkaufen ließe. Für die meisten sind so-

wohl Liebe als auch Geld äußerst wichtig, und es ist deshalb nicht ungewöhnlich, daß in der Dichtung die Eigenschaften der Geliebten mit Metaphern des Schmucks umschrieben werden:
Ihre Augen funkeln wie *Diamanten.*
Ihre Zähne schimmern wie *Perlen.*
Ihre Haut wirkt wie *Elfenbein.*
Ihr Haar glänzt wie *Gold.*
Aus ihren *rubinroten* Lippen strömen Worte wie *Edelsteine,* die ein *goldenes* Herz und ein *Millionen-Dollar*-Lächeln enthüllen.

Wenn das Kleinkind beobachtet, wie Vater oder Mutter von Zeit zu Zeit in den Geldbeutel greifen und Geld herausholen, mit dem sie einen gewünschten Gegenstand kaufen, dann muß ihm der Geldzufluß nahezu unerschöpflich erscheinen. Das Geld füllt sich auf magische Weise selbst wieder auf, denn es ist immer da, wenn etwas eingekauft werden soll.

Gleichzeitig lernt das Kind, daß Geld gegen angenehme Dinge wie Süßigkeiten, Eis oder Spielsachen eingetauscht werden kann. Der Arzt William Kaufman, der bei seinen Patienten die emotionalen Verwendungsarten von Geld untersuchte, bemerkte hierzu: «Da das Geld in der Vorstellung des Kindes mit Annehmlichkeiten assoziiert wird, können die Eltern es als Belohnung verwenden, um gewisse erwünschte Verhaltensformen zu fördern. Zu dieser Zeit stellt das Kind zum ersten Mal eine Beziehung zwischen Liebe und Geld her.»

Da das Kind glaubt, der elterliche Geldvorrat sei unbegrenzt, wird die Weigerung, ihm Geld zu geben, häufig als Bestrafung oder als Liebesentzug aufgefaßt. So geschieht es nicht selten, daß ein Kind, dem man kein Geld für eine Tafel Schokolade gibt, weinend ausruft: «Du hast mich nicht mehr lieb!» Als ihm seine Mutter sagte, sie habe kein Geld für den Kauf eines teuren Spielzeugs, erwiderte ein kleiner Junge ungläubig: «Wenn du kein Geld hast, dann schreibe doch einen Scheck aus!»

Wie ein Kind lernt, daß Geld nur in beschränktem Umfang zur Verfügung steht, und wie es lernt, Ausgeben und Sparen in Einklang zu bringen, hat einen großen Einfluß auf seine spätere emotionale Einstellung zum Geld. Es wäre ideal, wenn Kinder lernten, daß das Geben oder Zurückhalten von Geld je nach Lage der Dinge ein Akt der Zuneigung sein kann, daß aber die Liebe als solche weder gekauft noch verkauft werden kann. Eine solche Einsicht haben jedoch die «Liebeshändler» nicht bei sich kennengelernt — jene Menschen, die dem «Nikolaus»-Syndrom verfallen sind.

WER LIEBE KAUFT

Der Mann, der sich mit einer Prostituierten einläßt, weiß, daß er nicht Liebe, sondern Sex kauft, obwohl er sich vielleicht einige Augenblicke lang etwas Gegenteiliges einbildet. Das gleiche gilt für den Großteil jener Menschen, die derart nach Liebe hungern, daß sie versuchen, sie zu kaufen. Abgesehen von einigen kurzen Glückserlebnissen ist es unwahrscheinlich, daß sie sich wirklich der Illusion hingeben, die Liebe, die sie so dringend brauchen, kaufen zu können. Die meisten nach Liebe hungernden Menschen empfinden sich im Grunde als nicht liebenswert. Sie begnügen sich im allgemeinen damit, daß sie «gern gemocht» werden, wenn sie schon nicht geliebt werden können. Sie können sich Interesse, sogar Bewunderung erkaufen. Sie können versuchen, «nette Kerle» zu werden, und sie können Ablehnung vermeiden. All dies kann zwar als Ersatz für Liebe gelten; es befriedigt jedoch nie völlig. Und deshalb lassen viele «Liebeskäufer» in ihren Bemühungen auch nicht nach.

Häufig geben Liebeskäufer große Summen für wohltätige Zwecke aus, um die Bewunderung der Empfänger zu gewinnen. Kellner und Bedienungen erhalten von ihnen reichliche Trinkgelder als Dank für ein Lächeln oder ein freundliches Wort. Als Arbeitgeber zahlen Liebeskäufer hohe Gehälter, nicht nur für die geleistete Arbeit, sondern auch für die «Ergebenheit» ihrer Angestellten. Liebeskäufer spielen gern den Nikolaus. Geld und Geschenke sind für sie die Mittel, um andere glücklich zu machen und damit ihre Freundschaft und Zuneigung zu gewinnen.

Liebeskäufer neigen dazu, ihre Kinder übermäßig zu verwöhnen. Um ihre Liebe zu erkaufen, geben sie den Wünschen der Kinder nach und überhäufen sie mit Süßigkeiten und Spielsachen. Im späteren Leben werden sie häufig auf die Ehepartner und Freunde ihrer Kinder eifersüchtig und versuchen dann, durch Geld und teure Geschenke die Gunst ihrer Kinder zu erhalten. Indem sie eine beträchtliche Erbschaft in Aussicht stellen, haben sie die Gewähr, von ihren Kindern regelmäßig besucht zu werden. Die Frau eines erfolgreichen Geschäftsmannes war so in die Liebe-Geld-Beziehung zu ihren alten Eltern verstrickt, daß sie sich von ihrem Ehemann scheiden ließ, als die Eltern erkrankten. Sie ließ auch ihre zwei Töchter im Stich, um ihre Eltern betreuen zu können und dabei auf den Löwenanteil der Erbschaft zu warten.

Die Motivation: Unabhängig von ihrer gesellschaftlichen Rolle fühlen sich Liebeskäufer nicht nur als ungeliebte, sondern auch als nicht liebenswerte Menschen. Sie vermeiden Gefühle der Wertlosigkeit und der Abweisung, indem sie anderen gegenüber gefällig und großzügig sind. Sie erkaufen sich Gefährten, um sich nicht einsam zu fühlen und versuchen, mit Geld das Interesse und die Bewunderung zu erringen, die ihnen nach ihrer Meinung sonst nicht zuteil würden.

Da sie die Liebe selber nie ausreichend erfahren haben, um zu wissen, was sie bedeutet, sind Liebeskäufer nicht fähig, andere wirklich zu lieben. Emotional sind sie immer noch mit Kindern vergleichbar, die Geschenke erwarten, aber meistens nicht fähig sind, Gegengeschenke zu machen. Als Erwachsene haben sie Schuldgefühle, Liebe anzunehmen, ohne dafür Liebe zu geben, doch wenn sie statt dessen Geld geben, meinen sie, die Rechnung sei ausgeglichen. Manche Liebeskäufer sind nicht nur unfähig zu lieben; sie empfinden auch Haßgefühle gegenüber ihren Eltern und der Welt, weil ihre Bedürfnisse in der Kindheit nicht erfüllt wurden. Diese aggressive Haltung kann jedoch nicht toleriert werden, weil sie sich damit noch weiter von jenen entfremden, deren Liebe sie suchen. Deshalb unterdrücken sie ihre negativen Gefühle, indem sie finanzielle oder materielle «Liebesgaben» jenen zukommen lassen, die sie unbewußt hassen. Ihr nach außen hin «liebevolles» Verhalten maskiert ihre wahren, feindseligen Gefühle jenen gegenüber, von denen sie abhängig sind. Das Verhalten ist vergleichbar mit dem eines Kriminellen, der sich als braver Bürger ausgibt, um seine Entlarvung zu verhindern.

Kinder, die in fremder Umgebung oder in Waisenhäusern aufwachsen, sind häufig nach Liebe ausgehungert. Früher oder später stellen sie fest, daß andere für ein Salär sich um sie kümmern und daß die Aufmerksamkeit, die ihnen zuteil wird, einen ganz bestimmten Preis hat. Sie lernen, daß Liebe nicht freiwillig gegeben wird, für Geld aber offenbar erhältlich ist.

Eltern von Kindern, die zu Liebeskäufern werden, sind häufig selbst Liebeskäufer. Sie sind gefühlsmäßig gehemmte Menschen, die von ihren Kindern jene Liebe und Zuneigung erfahren möchten, die ihnen von ihren eigenen Eltern verwehrt wurden, und die sie auch dem Partner nicht geben können. In vielen Fällen sind sie zu unsicher, um eine gefühlsmäßige Bindung zu anderen Menschen zu riskieren. Sie fühlen sich sicherer bei ihren eigenen Kindern und bieten ihnen für ihre Zuneigung Geschenke und Geld an.

Gary Richmond war Biologielehrer an einer High School. Da sein Gehalt nie für seine Ausgaben ausreichte, arbeitete er nebenher als Spirituosenverkäufer. Seine Frau war Kunststudentin; sie machte oft den Vorschlag, eine Arbeit anzunehmen, um die Kosten mitzutragen, doch Gary überzeugte sie, daß es günstiger wäre, wenn sie sich nur auf das Studium konzentrierte. Im Grunde wollte er jedoch, daß sie finanziell von ihm abhängig blieb. Er befürchtete, seinen Einfluß auf sie zu verlieren, denn wenn sie selbst für sich sorgen könnte, wäre sie imstande, ihn zu verlassen.

Gary war bei seinen Schülern beliebt, besonders weil er in jedem Halbjahr Klassenfeste veranstaltete. Er setzte auch Preise aus, um seine Schüler zu besseren Leistungen anzuspornen.

Auf seinen Fahrten zur Schule nahm Gary zwei weitere Lehrer in seinem Wagen mit. Obwohl er da-

für einen Umweg von mehreren Meilen in Kauf nehmen mußte, wollte er von ihnen kein Benzingeld annehmen. Er versicherte, daß er es «gern» tue und daß es ihm «gar keine Umstände» mache. Es ärgerte ihn aber ein wenig, daß die beiden anderen ihn nie zu ihren Kegelklubabenden einluden.
Gary setzte als Erwachsener ein Verhaltensmuster fort, das er als Kind erlernt hatte. Er war zurückhaltend und schüchtern und gewann nur wenige Freundschaften. Seine Mutter bot anderen Kindern Süßigkeiten an, damit sie mit ihm spielten. Sein Vater brachte ihn mit anderen Jungen in seinem Wagen zu einer Kinovorstellung oder einer Sportveranstaltung und zahlte das Eintrittsgeld für alle. Wenn Gary besonders schlechtgelaunt war, versuchten seine Eltern, ihn aufzuheitern, indem sie ihm ein neues Spielzeug kauften.

Der Gewinn: Bei Menschen, die sich Liebe kaufen, ist ein angemessener Geldzustrom das beste Mittel gegen Angstgefühle und Niedergeschlagenheit, die mit einer unterschwelligen Furcht vor Einsamkeit und Liebesentzug verbunden sind. Der Kern dieses «Nikolaus»-Syndroms ist die Erwartung, durch Vergabe von Geschenken die beständige Liebe und Ergebenheit der Empfänger zu gewinnen. Bis zu einem gewissen Grad kann dies auch zutreffen.
Überall auf der Welt gibt es Menschen, die für Geld ihre Zeit und ihr Talent einsetzen, um dem Geldgeber Lobhudeleien entgegenzubringen. Wer freigebig Geld unter die Leute verteilt, ist selten allein. Angefangen von «Nassauern» bis hin zu loyalen Angestellten lassen sich überall Leute finden, die gegen einen Preis bereit sind, jegliche Laune zu erfüllen. Nur Liebe geben sie nicht. Im Unterhal-

tungsgeschäft wird ein Star so «aufgebaut», daß sich Millionen von Fans in ihn «verlieben» können. Man schreckt auch nicht vor der künstlichen Auslösung einer Massenhysterie zurück. Zu Beginn der vierziger Jahre, als Frank Sinatra noch kaum bekannt war, sorgte ein tüchtiger Public-Relations-Mann dafür, daß bei seinen Auftritten mehrere Mädchen «in Ohnmacht fielen». Bald darauf waren alle versessen darauf, ihn zu sehen, und überall in Amerika gab es Frauen, die bei seinem Anblick jubelten, in Ohnmacht fielen und an seinen Kleidern zerrten. Und sie zeigten ihre «Liebe», indem sie Millionen von Sinatra-Schallplatten kauften und in langen Schlangen anstanden, um Eintrittskarten für seine Konzerte zu kaufen.
Ein wohlhabender Mann kann sich geschmeichelt fühlen, wenn sich attraktive Frauen um ihn reißen oder wenn er ein schönes, junges Mädchen zur Ehefrau gewinnt, was ihm ohne Geld vermutlich nicht gelungen wäre. Und eine unattraktive Frau mit Geld kann einen gut aussehenden Liebhaber, einen ergebenen Ehemann oder einen Adelstitel gewinnen.

Der Preis: Eigentlich erhalten Liebeskäufer genau das, wofür sie bezahlen — nämlich einen Ersatz. Die bekannte Psychiaterin Frieda Fromm-Reichmann definiert reife Liebe als «den Zustand zwischenmenschlicher Beziehung, in dem man sich mit der Entwicklung, der Reife, dem Wohlergehen und dem Glück der geliebten Person ebenso befaßt wie mit der Sorge um die eigene Person». Ihre Ansicht deckt sich mit den Theorien vieler bekannter Forscher auf dem Gebiet der Psychologie, wie Erich Fromm und Harry Stack Sullivan. Und es liegt auf der Hand, daß eine solche tiefe Beziehung nicht auf dem offenen Markt handelbar ist. Man kann sie nur verdienen, jedoch nie kaufen.

Der Liebeskäufer ist nicht nur unfähig, wirkliche Liebe zu kaufen, sondern er ist auch unfähig, sie zu schenken, da die Fähigkeit zur reifen Liebe auf einer gesunden Selbstachtung basiert. Manche Menschen werden zu Liebeskäufern, weil diese Entwicklung nicht zum Abschluß gekommen ist. In den meisten Beziehungen zwischen Erwachsenen ist es unrealistisch, von einem anderen mehr gesunde Emotionen zu erwarten, als man selbst zu geben bereit ist. Doch das ist es gerade, was Liebeskäufer wollen, und deswegen ziehen sie am Ende meist den kürzeren.

Da Liebeskäufer natürlich ständig Angst haben, nicht geliebt zu werden, haben Manipulatoren und skrupellose Verkäufer ein leichtes Spiel mit ihnen. Liebeskäufer kaufen Dinge, die sie nicht brauchen, da sie nicht nein sagen können. Sie wollen nicht riskieren, den Verkäufer «zu verärgern», der ihnen so viel «Aufmerksamkeit» entgegenbringt. Viele Liebeskäufer erkennen nicht den Unterschied zwischen persönlichem Interesse und einem geschickten Verkaufstrick. Ihr Bedürfnis nach sofortiger Liebe drängt sie dazu, irgend etwas zu kaufen, auch wenn es dem gewünschten Gegenstand nur entfernt ähnlich ist.

In ihrer Angst vor Einsamkeit und Abweisung geraten Liebeskäufer häufig in Panik, wenn sie meinen, die «Liebe» eines anderen zu verlieren. Wenn sie um einen anderen Menschen werben, sind sie bereit, viel Geld auszugeben, und wenn sie fürchten, abgelehnt zu werden, geben sie noch mehr aus. Der Ehemann, dessen Frau mit der Scheidung droht, oder der ältere Mann, dessen junge Freun-

din ihn verlassen will, werfen mit Geld um sich, in einem letzten verzweifelten Versuch, der Einsamkeit zu entgehen.
In extremen Fällen setzt ein Liebeskäufer, der sich im Stich gelassen fühlt, seine Hoffnungen auf einen «Klub einsamer Herzen», einen Tanzkurs oder ein Heiratsvermittlungsbüro, das mit Computern die Partner aussucht. Manche dieser Unternehmungen sind seriös, andere nicht. Doch selbst in die seriösesten Karteien können sich Heiratsschwindler einschleichen. Gegen Versprechungen von «Liebe» — und häufig auch Eheversprechen — wird dann das Opfer um sein ganzes Geld betrogen.
In Los Angeles, das für solche Vorkommnisse bekannt ist, arbeitete ein Mann namens Emil «Brigadier» Drake als menschliche Heiratsmaschine. Drake war ein kleiner, grauhaariger, würdig aussehender Mann, dessen Karriere im Heiraten und Betrügen von Frauen bestand. Kurz nach seiner dreizehnten Eheschließung wurde er festgenommen. Diese erneute Heirat war eine Verletzung seiner Bewährungsauflage, denn er war kurz zuvor wegen Bigamie verurteilt, dann aber aus dem Gefängnis entlassen worden. Obwohl er die nach Liebe hungernden Frauen um Hunderttausende von Dollars erleichtert hatte, war nie eine von ihnen auf den Gedanken gekommen, sich von ihm scheiden zu lassen, worauf er stolz war. Er war ein überzeugender Schauspieler, dem seine Opfer Glauben schenkten. Sie fürchteten dabei aber auch eine mögliche Zurückweisung so sehr, daß sie auch dann ihren Zorn nicht zum Ausdruck brachten, als der Schwindel aufflog.
Obwohl sie es bestreiten, bevorzugen viele Liebeskäufer unbewußt, wenn nicht sogar bewußt, eine

Scheinbeziehung. Eine wirkliche Liebesbeziehung würde ein gefühlsmäßiges Engagement voraussetzen, was für Liebeskäufer wegen ihrer früheren Erfahrungen ein schrecklicher Gedanke ist. So begnügen sie sich mit einem Leben, das aus oberflächlichen Beziehungen besteht.
Freunde und Bekannte fühlen sich manchmal befremdet, wenn Liebeskäufer allzuschnell nach dem Scheckbuch greifen und den Einkauf oder die Restaurantrechnung für alle begleichen. Viele Leute haben eine Abneigung davor, sich «kaufen» zu lassen oder einem anderen «zu Dank verpflichtet» zu sein. Der Liebeskäufer, der in solchen Fällen den Nikolaus spielt, erreicht nämlich das Gegenteil dessen, was er beabsichtigt hatte. Die Menschen, deren Freundschaft und Zuneigung besonders wertvoll erscheint, fühlen sich leicht gekränkt und wenden sich anderen Bekanntschaften zu. Dem Liebeskäufer bleiben nur noch Parasiten.

WER LIEBE VERKAUFT

Jegliche «Ware», ob es sich nun um Benzin oder um Liebe handelt, ist nur dann käuflich, wenn jemand zum Verkauf bereit ist. Und die Geschichte zeigt, daß das Kaufen und Verkaufen von «Liebe» seit Jahrtausenden üblich ist. Bräute, Sklavinnen und Haremsfrauen sind seit jeher in vielen Teilen der Welt verkauft worden, und der Käufer war vermutlich nicht nur an der Arbeitsleistung dieser Frauen interessiert, denn für Schönheit wurde im allgemeinen ein Sonderpreis erzielt. Nicht von ungefähr bezeichnet man die Prostitution, den Verkauf von «Liebe», als ältesten «Beruf» der Welt.
Der einzige wirkliche Unterschied zwischen der

Prostituierten und dem «Gigolo» oder einem anderen Typ eines Liebesverkäufers besteht darin, daß die Prostituierte ihre «Liebe» meist als rein geschäftliche Transaktion versteht. Die zum Verkauf angebotene «Liebe» braucht also nicht als echt oder bedeutungsvoll angesehen zu werden. Die finanzielle Begleichung erfolgt unverhohlen, und der Käufer weiß, was er für den Preis zu erwarten hat. Es gibt jedoch auch Prostituierte, die sich von ihren Konkurrentinnen insofern unterscheiden, als sie «wahre Liebe» glaubhaft vortäuschen, so daß sich Kunden häufig in sie «verlieben» und sie heiraten wollen.

Im Gegensatz zu Prostituierten gibt es viele Liebesverkäufer, die Zärtlichkeit, Unterhaltung, Sex oder Ergebenheit versprechen, für ihre Leistungen jedoch nie einen bestimmten Preis festsetzen. Viele Käufer wähnen sich im Glauben, sie hätten nichts zu zahlen, und erst später entdecken sie, wie hoch der Preis für die Liebe in Wirklichkeit war.

Wenn sich der Käufer den Luxus eines solchen Kaufs leisten kann, mag der Schaden tragbar sein. Barbara Hutton, die mehrfach verheiratete Woolworth-Erbin, und Anna Gould, die Tochter eines bekannten Großindustriellen, konnten es sich leisten — zumindest finanziell. Mit neunzehn Jahren hatte Anna Gould praktisch alles, was sich mit Geld kaufen ließ, mit Ausnahme eines Ehemannes und eines Adelstitels. Zufällig lernte sie den Grafen Boniface de Castellane kennen, der nicht nur einen Adelstitel, sondern auch Manieren, Charme und ein brennendes Verlangen nach Geld hatte. Er kam mittellos in New York an und ließ sich dort mit einem anderen Franzosen in dunkle Geschäfte ein. Als Anna Gould de Castellanes Heiratsantrag annahm, konnte sie noch nicht ahnen, daß sie die kur-

ze, aber spektakuläre Ehe zwölf Millionen Dollar kosten sollte.
Als der Graf gefragt wurde, wie er es fertiggebracht habe, eine so riesige Geldsumme auszugeben, antwortete er: «Meine normalen Lebenskosten, meine Schlösser, meine Nippsachen, meine Rennpferde, meine Jachten, meine Reisekosten, meine politische Karriere, meine Spenden, meine Feste, der Schmuck für meine Frau und Darlehen an meine Freunde.» Und er fügte noch hinzu: «Ich bin die beste Investition, die die Goulds je gemacht haben.»
In einem kleineren Rahmen sieht man dieselbe Geisteshaltung bei Oberschülerinnen, die sich nur mit solchen jungen Männern verabreden, die teure Sportwagen fahren, und bei Sekretärinnen, die verführerisch ihre Chefs umschwärmen, um eine Gehaltserhöhung zu erhalten.
Viele untüchtige Angestellte erhalten ihre Stellungen und machen sich bei ihren Arbeitgebern beliebt, indem sie aus dem Bedürfnis des Chefs, beachtet und bewundert zu werden, Kapital schlagen. Diese Liebesverkäufer werden eigentlich weniger für ihre produktive Arbeit bezahlt, als für ihren Beitrag zur Erhöhung des Selbstbewußtseins des Arbeitgebers.
Liebeshändler haben manchmal sowohl mit dem Kauf als auch mit dem Verkauf von Liebe zu tun. Wie die Prostituierte, die sich verkauft, um mit dem Geld die Sympathie ihres Zuhälters zu erkaufen, können Liebeshändler versuchen, Liebe mit dem Geld zu kaufen, das sie mit dem Verkauf von Liebe verdient haben. Der Jasager, der sein Geld mit Hilfe von Schmeicheleien für seinen Chef verdient, überschüttet seine Frau mit Geschenken, um ihre Liebe zu gewinnen. Der Chef seinerseits verwöhnt

seine Frau vielleicht deshalb in besonderem Maße, weil sie die Tochter des Firmeninhabers ist. In den meisten Fällen neigen Liebeshändler jedoch zur Spezialisierung — entweder kaufen sie die Liebe, oder sie verkaufen sie.

Die Motivation: Die Rolle des Liebesverkäufers wird im allgemeinen schon früh im Leben übernommen. Sie ist häufig das Resultat einer symbiotischen Beziehung zu einem oder zu beiden Elternteilen, die Liebeskäufer sind. Der Elternteil hat dem Kind mehr Geld anzubieten als Liebe. Das Geld wird eingesetzt, um das Kind zu einem willfährigen Geschöpf zu machen, das den Eltern somit seine «Liebe» zeigt.

Das aufmerksame Kind lernt, auf die Stimmungen der Eltern zu achten und mit Schmeicheleien, Umarmungen oder einem Lächeln zu reagieren. Wie ein guter Schauspieler ist ein tüchtiger Liebesverkäufer in der Lage, auf einen Wink hin eine überzeugende Liebesszene zu spielen — ohne daß dabei eine Gefühlsregung zugrundeliegt.

Durch solches Verhalten lassen sich nicht nur Zustimmung und Lob von den Eltern, sondern auch Geld verdienen.

Die Vergangenheit vieler Liebesverkäufer wird von einem Gefühl schwerer Schuld belastet. Zeigen sie Liebe und Zärtlichkeit, werden sie von ihren Eltern zwar mit Geld belohnt, doch gleichzeitig werden ihnen Schuldgefühle eingeflößt, wenn sie sich nicht von ihrer «lieben» Seite zeigen. «Wie konntest du so grausam sein, meinen Geburtstag zu vergessen?» — «Du hast mich bestimmt nicht lieb, sonst würdest du mein neues Kleid nicht mit deinen schmutzigen Händen anfassen!» — «Wenn du

mich lieb hättest, dann würdest du kein so schlechtes Zeugnis nach Hause bringen!»
Bei Menschen, die so erzogen worden sind, bringt die Liebesbezeigung nicht nur eine Belohnung in Form von Geld, sondern verhindert auch Schuldgefühle. Aber nicht bei jedem Verkauf von Liebe spielen Schuldgefühle eine Rolle. Wie bei Manipulatoren, die sich Macht aneignen, scheint bei manchen Liebesverkäufern etwas nicht vorhanden zu sein, was man als «Gewissen» bezeichnet. Sie sehen den Liebeskäufer als einen «Trottel» an, dessen Geld man ohne Gewissensbisse annehmen kann. Es gibt Ehefrauen, die ihren Männern treu sind, solange das Geld fließt, aber gleich zu einem Scheidungsanwalt laufen, wenn ihr Mann bankrott geht. Bei der Gelegenheit verschwinden auch alle «guten Freunde». Wer die Liebe wie eine Ware betrachtet, die auf dem Markt verkauft wird, neigt dazu, sich dem Motto des Marktes zu verschreiben: «Caveat emptor» — der Käufer soll sich hüten. Wie ein Heiratsschwindler, der eine Anzahl Frauen durch Eheversprechungen um ihre Ersparnisse gebracht hatte, zum Richter sagte: «Wenn die Frauen so dumm sind, meinen Geschichten Glauben zu schenken, verdienen sie, ihr Geld zu verlieren.»

Der Gewinn: Die Grundlage aller geschäftlichen Transaktionen ist das Gesetz von Angebot und Nachfrage. Und solange Liebe knapp ist, werden auch Liebesverkäufer sehr gefragt sein. Die Vielzahl von Aktivitäten und Organisationen, welche «Liebe» vermarkten, weist darauf hin, daß die Nachfrage nach diesem «Produkt» tatsächlich groß ist.
In vielen Gegenden gibt es Apartment-Komplexe

mit angeschlossenen Freizeitzentren, wo sich Alleinstehende treffen können. In Reisebüros werden Kreuzfahrten für «Singles» angeboten. Abendkurse, die von Gemeinden und Universitäten veranstaltet werden, sind häufig auch dafür bestimmt, Alleinstehende miteinander bekannt zu machen. In vielen psychologischen Zentren oder in Therapiegruppen mit psychologischem Anstrich wird gegen eine Gebühr gegenseitiges Verständnis und «Liebe» angeboten.

Vor einigen Jahren erschien eine Art Lehrbuch über die Psychotherapie mit dem Titel: «Psychotherapie: The Purchase of Friendship: (Der Kauf von Freundschaft). Tausende von hypochondrischen Patienten bezahlen ihre Ärzte regelmäßig für ein wenig «Liebe» und Aufmerksamkeit.

Psychologen haben aus Studien das gelernt, was Verkaufsmanager in ihrem Beruf erfahren haben: Verkäufer, die als warmherzige, aufrichtige Menschen auftreten, haben im allgemeinen auch dann eine aufnahmebereite Zuhörerschaft, wenn ihr Produkt wertlos ist. Die meisten Menschen sehen es gern, wenn der «Anständige» Erfolg hat, und manche kaufen auch etwas, das sie nicht brauchen, damit der Verkäufer vorankommt. Bietet der Verkäufer dagegen etwas an, das der Käufer wirklich braucht, ist die Aufgabe offensichtlich viel einfacher. Der Käufer stößt sich vermutlich nicht an dem Preis, er prüft die Ware häufig nicht so gründlich und übersieht manche vorhandenen Fehler. Wenn man die Psychologie des Verkaufens kennt, wird sofort ersichtlich, weshalb Liebesverkäufer im allgemeinen ein leichtes Spiel haben. Sie zeigen sich als warmherzige, aufrichtige Menschen und verfügen offenbar über das, was ihre Kunden so verzweifelt suchen — Liebe.

Als sie zwanzig Jahre alt wurde, sagte Debbie Morrison ihren Freundinnen, sie habe beschlossen, ein «angenehmes» Leben zu führen. Sie war ein hübsches Mädchen, das reizend zu lächeln verstand. Auf dem College hatte sie gelernt, was eine gute Verkaufstechnik wert war. Sie konnte sich den Mann aussuchen, mit dem sie abends ausging. Und sie entschloß sich immer für das günstigste Angebot, in diesem Fallc für denjenigen, der am freigebigsten Geld ausgab.
Sie besuchte gern teure Restaurants, exklusive Partys oder Gala-Abende. Dafür hatte sie den «Dreh» heraus, jedem Mann, mit dem sie ausging, das Gefühl zu geben, er sei der wichtigste Mensch in ihrem Leben. Sie lächelte ihn bewundernd an, wenn er ein paar gescheite Worte sprach. Doch das Besondere an ihr war, wie sie einen Mann anblickte — dieser halb unschuldige, halb herausfordernde Blick, der den Mann leicht aus der Fassung brachte.
Mit achtundzwanzig Jahren führt Debbie noch immer ein «angenehmes» Leben. Sie glaubt, es sei leicht, sich zu verlieben, doch der «Richtige» ist bisher noch nicht gekommen. Außerdem meint sie, es sei noch genügend Zeit bis zu einer ernsthaften Bindung. Doch ihr jetziger Chef würde sich sofort von seiner Frau scheiden lassen, wenn Debbie ihm die Heirat verspräche. Im Verlag, in dem sie arbeitet, hat sie schnell Gehaltserhöhungen bekommen, doch nicht so sehr wegen ihrer Tüchtigkeit, sondern «weil jeder Debbie gern hat». Sogar die anderen Frauen mögen sie, und eine der älteren Kolleginnen meinte einmal: «Ich wünschte, meine Tochter wäre auch so nett und liebenswürdig wie Debbie!»
Liebesverkäufer wie Debbie Morrison stellen bald

fest, daß es sich nicht nur finanziell lohnt, etwas Sonnenschein zu verbreiten, sondern daß man dabei auch viel positives Interesse von anderen erfährt. Die verkaufte Liebe und Zuneigung ist zwar im allgemeinen ziemlich oberflächlich, doch sie stellt mindestens eine Zeitlang eine engere Verbindung zwischen dem Käufer und Verkäufer her und kann dazu beitragen, die Einsamkeit des einen oder des anderen abzuschwächen.
Manche Liebesverkäufer fühlen sich zu sozialen Berufen hingezogen, aber auch zum Lehrberuf oder zur Krankenpflege, wo ihre Veranlagung so gesteuert wird, daß sie anderen helfen, die in Schwierigkeiten sind. Sie sind dann in gewissem Sinne berufsmäßige Liebesverkäufer, die sich für ein Gehalt um die emotionellen Bedürfnisse von Menschen kümmern, die an einem Mangel an Liebe leiden. Solche berufsmäßigen Helfer werden aber nicht nur mit Geld bezahlt — die Dankbarkeit jener Menschen, denen sie geholfen haben, bedeutet für sie eine zusätzliche Entschädigung für ihre Mühe.

Der Preis: Die ideale Liebesbeziehung ist ein Austausch, nicht ein Handel. Zwei Menschen tauschen Liebe und Zuneigung zu etwa gleichen Teilen aus, und es ist nicht so, daß der eine kauft und der andere verkauft. Die Liebe wird von beiden Menschen vorbehaltlos und ohne Preisabsprache verschenkt. Sie verschenken, weil sie es so wollen und weil sie gern füreinander etwas tun. Auch Liebesverkäufer haben ein Verlangen nach Liebe, doch Liebeskäufer haben keine zu verschenken. Unabhängig von den jeweiligen Erwartungen läßt sich deshalb sagen, daß Liebesverkäufer in ihren Bezie-

hungen zu Liebeskäufern im allgemeinen für ihre «Liebe» nur Geld zu erwarten haben.
Cindy Franklin lehnte die Heiratsanträge mehrerer junger Männer ab und heiratete schließlich einen wesentlich älteren Mann, der jedoch wohlhabend war und «einer Frau jeden Wunsch erfüllen» konnte. So wie viele Liebesverkäufer mußte Cindy jedoch bald feststellen, daß zu einer Beziehung vieles gehört, was mit Geld nichts zu tun hat. Ihr Mann schenkte ihr einen neuen Wagen und teure Kleider, und sie bekam von ihm immer reichlich Geld für die laufenden Ausgaben. Er schenkte ihr andererseits aber kein persönliches Interesse, und sie fühlte sich bei ihm gefühlsmäßig nicht ausgefüllt. Sie war frustriert und verbittert, weil sie von einem «idealen» Ehepartner auch eine emotionale Anteilnahme erwartete. Ihr Mann war sich jedoch darüber im klaren, daß er nur einen bestimmten Preis zu zahlen hatte. Das einzige, was er ihr versprochen hatte, war Geld, und somit hatte er seinen Anteil an dem Handel erfüllt.
Nicht alle Liebeskäufer sind so nüchtern wie Cindy Franklins Ehemann. Manche glauben, daß sie nicht des Geldes wegen, sondern um ihrer selbst willen geliebt werden und sind dann von Liebesverkäufern enttäuscht, die hauptsächlich am Geld interessiert sind. So kommt es auch vor, daß besorgte Eltern ihren Kindern aus echter Liebe Geld geben, später aber feststellen müssen, daß sie von ihren Liebe verkaufenden Kindern vernachlässigt oder in ein Altersheim geschickt werden, wenn kein Geld mehr da ist.
In der Unterhaltungsindustrie wird sehr viel «Liebe» verkauft. Millionen von Fans sind bereit, Geld auszugeben, um in ihren Liebesphantasien zu schwelgen, doch häufig fühlt sich der angehim-

melte Star, obschon er dabei sehr viel Geld verdient, ausgebeutet, einsam und unsicher. Manche Stars, wie Marilyn Monroe und Freddie Prinze, begehen Selbstmord. Beide waren in ihren jüngeren Jahren sehr anlehnungsbedürftig und unsicher und litten unter diesen Komplexen auch noch viel später, obwohl Millionen von Menschen sie vergötterten und mit Geschenken und Geld überschütteten. Als er siebzehn war, wollte kein Mädchen mit Freddie Prinze ausgehen, doch mit einundzwanzig war er einer der größten Stars der USA, der von Millionen bewundert wurde und Hunderttausende von Dollars verdiente. Er ging mit Raquel Welch aus, und alle Starlets in Hollywood verfolgten ihn. Mit zweiundzwanzig Jahren war er tot — er hatte Selbstmord begangen.

WER LIEBE STIEHLT

Während manche Liebeshändler Liebe kaufen und andere sie verkaufen, können einige weder das eine noch das andere tun. Sie fühlen sich genötigt, Liebe zu stehlen. Menschen stehlen aus verschiedenen Gründen. Manche stehlen, weil sie kein Geld zum Kaufen haben, manche der Spannung wegen, andere aus Rache und einige aus anderen psychologischen Gründen. Manchmal wird etwas entwendet, weil man einer großen Versuchung nicht widerstehen kann.

Das Stehlen von Liebe ist eine besondere Art des Diebstahls. Häufig wird nicht die Liebe selbst, sondern ein Liebessymbol weggenommen. Manche Kleptomanen sind Liebesdiebe. Ein echter Kleptomane ist ein zwanghafter Dieb, ein Mensch mit einem unbezähmbaren Impuls zum Stehlen. Solche

Menschen haben nicht von vornherein die Absicht zu stehlen, doch wenn sie der Versuchung ausgesetzt sind, können sie sich nicht mehr beherrschen. Der überwältigende Impuls zum Diebstahl wird durch das Objekt hervorgerufen, sei es Geld oder ein anderes Wertobjekt, weil es für den Kleptomanen eine besondere, unbewußte Bedeutung besitzt. Der Kleptomane stiehlt nicht wahllos, sondern nimmt nur solche Dinge weg, die — wenn auch nur symbolhaft — seine starken, unerfüllten Bedürfnisse befriedigen können. Nicht selten ist dieses Bedürfnis die Liebe.

Nicht alle Kleptomanen stehlen Liebessymbole, und nicht alle Liebesdiebe sind Kleptomanen. Manche ähneln eher dem Typ des Veruntreuers als dem des Ladendiebs.

Dieser Charaktertyp kennzeichnet oft Vorgesetzte, die Sorge um ihre Angestellten vortäuschen. Die Zuneigung, die sie dafür gewinnen, machen sie sich nutzbar, indem sie ihre Arbeitnehmer zu erhöhter Leistung veranlassen, ohne ihnen mehr Lohn zu zahlen. Unterhalter, die Liebesdiebe sind, können privat ihre Zuhörer verabscheuen, doch nach außen hin die Bewunderung dieser Menschen genießen und ihr Geld einstecken. Ein klassisches Beispiel ist der Ansager eines Radioprogramms für Kinder, der in der irrigen Meinung, das Mikrofon sei abgeschaltet, am Ende der Sendung meinte: «So, das reicht jetzt für die kleinen Schweinehunde!» Viele Unterhalter, die die Bewunderung des Publikums zu schätzen wissen, würden es ablehnen, sich freiwillig ein paar Minuten lang mit einem Zuhörer persönlich zu unterhalten.

Liebesdiebe machen sich gestohlene Ware nutzbar. Im Gegensatz zu Liebeskäufern, die Liebe durch eigene Bemühungen und mit eigenem Geld erkaufen, erhalten sie Liebe durch Leistungen und Geld von anderen. Kurz gesagt, sie nehmen sich, was ihnen nicht gehört und was sie nicht verdient haben, und tauschen es ein für Liebe und Zuneigung, die sie angeblich nicht benötigen.

Die Motivation: Während Käufer und Verkäufer von Liebe miteinander ein Geschäft abschließen, täuschen Liebesdiebe vor, sie hätten all die Liebe, die sie benötigen, und stehlen sie dann, wo immer sie können. Im Grunde hungern sie selbst nach Liebe, doch wie alle Liebeshändler meinen sie, ihrer unwürdig zu sein. Aus ihren Erlebnissen in jungen Jahren haben sie auch gelernt, daß sie abgewiesen werden könnten, wenn sie ihr Verlangen nach Liebe offen zeigen. Vielfach konnten ihre Eltern ihnen die Liebe, die sie benötigten, nicht geben.
Danny Covelli ist einer der beliebtesten Abteilungsleiter in seiner Firma. Er bezieht ein Spitzengehalt und genießt den Ruf eines hilfsbereiten Menschen, der sich selbstlos für seine Mitarbeiter einsetzt. In privaten Gesprächen erzählt Danny gern von der großen Familie, in der er aufgewachsen ist, und von seinen Jugendstreichen.
Mit keinem Wort erwähnt er aber die Auseinandersetzungen zwischen Mutter und Vater, die er erleben mußte, und die Nächte, in denen er sich in den Schlaf weinte, weil er sich verängstigt und einsam fühlte. Häufig stahl er Kleingeld aus der Tasche seiner Mutter und versteckte es. Wenn er sich besonders unglücklich und zurückgestoßen fühlte, holte er die Schachtel hervor, in der er die Geldstücke versteckt hatte, und stellte sich vor, seine Mutter hätte ihm einen Schatz gegeben, als Zeichen dafür, daß sie ihn mehr liebte als seine Brü-

der und Schwestern. Und in seinen Phantasien baute er Krankenhäuser für die Leidenden und Wohnungen für die Obdachlosen, um seine Liebe für die Menschheit zu zeigen.
Wie alle Kinder wußte Danny zunächst nicht, woher das Geld kam oder wieviel davon zur Verfügung stand. Er wußte nur, daß seine Eltern ihm manchmal das kauften, was er sich wünschte, und manchmal nicht. Da sie sehr häufig den Unterschied zwischen Recht und Unrecht betonten, vermutete er hier eine Beziehung.
Später merkte er natürlich, daß er für Wohlverhalten geliebt wurde, indem er Geld erhielt, und für Flegelei bestraft wurde, indem man es ihm entzog. Deshalb gewöhnte er sich an, bei seiner Mutter symbolisch Liebe zu stehlen, wenn er Liebe und Zärtlichkeit entbehrte, indem er Geld aus ihrer Tasche nahm.
Im Laufe der Jahre lernte Danny, sein Bedürfnis nach Anerkennung zu verheimlichen, aber auf Umwegen trotzdem zu befriedigen. Auf der einen Seite tat er so, als wäre er auf keine fremde Hilfe angewiesen, als brauche er von niemandem Geld oder Liebe. Auf der anderen Seite spürte er aber immer genau, was anderen Menschen gefiel und wie er ihre Anerkennung und Zuneigung gewinnen konnte. Und während er die Fassade eines «anständigen Burschen» aufrechterhielt, genoß er insgeheim Anerkennung und Lob, die andere ihm zollten. Freunde und Bekannte konnten immer mit Dannys Hilfe rechnen, wenn sie ihn um einen Gefallen baten. «Es macht mir gar nichts aus», versicherte er ihnen dann. «Ich helfe einem Freund immer gerne aus.» Er überließ aber die Arbeit seiner ohnehin überlasteten Sekretärin, die häufig Überstunden machen mußte, während er den Dank einheimste.

Eine Woche vor dem Geburtstag des Chefs schlug Danny einem Kollegen vor, eine Sammlung zu veranstalten, um dem Chef ein Geschenk zu kaufen. Er betonte, daß alle vom guten Willen und von der Anerkennung des Chefs profitieren würden. Der Kollege war einverstanden und brachte alle Angestellten der Abteilung dazu, etwas zu spenden. Als Danny das Geschenk dem Chef übergab, erwähnte er jedoch nicht, daß es eine Gemeinschaftsgabe war. Der Chef mußte den Eindruck gewinnen, daß das Geschenk von Danny persönlich stammte, und Danny tat nichts, um diesen Irrtum zu korrigieren. Zu seinen Kollegen sagte er: «Der Chef hat sich über die von euch geschenkte Schreibtischgarnitur sehr gefreut. Hier hat sich wieder einmal gezeigt, wie gut es sich mit euch zusammenarbeiten läßt.»
Liebesdiebe holen sich zwar Liebe überall, wo sie sich finden läßt, doch sie legen großen Wert darauf, andere im Glauben zu lassen, die Liebe bedeute ihnen nichts. Die ganze Abwehrstruktur würde in Gefahr geraten, wenn sie zugeben würden, daß sie etwas wirklich benötigen. Ein Bedürfnis zuzugeben, würde ein Motiv voraussetzen. Und solange kein Motiv ersichtlich ist, kann der Diebstahl von Liebe leicht unentdeckt bleiben.

Der Gewinn: Liebesdiebe versuchen, die Liebe risikolos zu gestalten. Sie machen sich die Zeit, die Kraft und das Geld anderer nutzbar, erbringen aber keine eigene Leistung. Da sie sich den Anstrich der Großzügigkeit geben, werden sie von anderen bewundert und respektiert. Nur selten geraten sie in den Verdacht, daß ihre Gaben erschwindelt sind oder einem anderen gehören.
Indem sie sich so verhalten, als hätten sie nur

Liebe zu geben, vermeiden Liebesdiebe Situationen, in denen sie eine Zurückweisung erfahren können. Da sie leugnen, Liebe von einem anderen zu benötigen oder zu wünschen, kann ihnen diese Liebe auch nicht vorenthalten werden.
Liebesdiebe gehen ihren Lebensweg häufig als «gute Kerle». Sie vermeiden alles Unangenehme, im allgemeinen auch offene Konfrontation mit anderen. Sie werden von vielen anerkannt und gern gemocht, weil sie nichts ins Wanken bringen.

Der Preis: Liebesdiebe bezahlen für ihre «Sicherheit» jedoch einen hohen Preis. Weil sie nicht riskieren, ihre eigene Liebe in einer Beziehung in die Waagschale zu werfen, können sie nur wenig gewinnen, möglicherweise aber viel verlieren. Liebe kann nicht gedeihen, indem man sie vorenthält, wie dies der Liebesdieb tut. Deshalb müssen alle Beziehungen, die ein solcher Mensch mit anderen eingeht, oberflächlicher Natur sein.
Chronischen Liebesdieben kommt man früher oder später auf die Spur. Dies führt nicht nur zu Peinlichkeiten, sondern hat auch zur Folge, daß der Liebesdieb das verliert, was er am nötigsten braucht — Liebe und Zuneigung von anderen. Ein Beispiel: Lois und Michele beschlossen, für ihre gemeinsame Freundin Karen anläßlich ihrer bevorstehenden Hochzeit ein Fest zu geben. Die Party fand in Micheles Wohnung statt, und Lois zahlte für die Getränke. Nach der Feier dankten Karen und alle anderen Gäste Michele für den schönen Abend. Sie freute sich darüber, doch Lois wurde immer ärgerlicher. Am nächsten Tag rief sie Karen an. «Weißt du», sagte sie, «daß nicht nur Michele diese Party für dich gegeben hat, sondern

auch ich? Ich habe mich etwas geärgert. Das Geld macht mir zwar nichts aus, da ich doch mit dir befreundet bin. Aber ich wollte, daß du Bescheid weißt! Es ist nicht das erste Mal, daß Michele den Dank für etwas erhält, das ich getan habe.»

Nach diesem Vorfall kühlten sich die Beziehungen zwischen Lois und Michele ab, und auch das Verhältnis zwischen Michele und Karen wurde gespannt.

Zwischenmenschliche Beziehungen zu Liebesdieben sind im allgemeinen schwach ausgeprägt. Man läßt die Menschen nicht zu nahe an sich heran, da sie sonst die betrügerische Art der Beziehung entdecken könnten. Sie würden die Tarnung durchschauen und feststellen, wie sehr der Liebesdieb in Wirklichkeit nach Zuneigung hungert. Um solche Enthüllungen nach Möglichkeit zu vermeiden, begnügt sich der Liebesdieb mit oberflächlichen Beziehungen.

Es kommt vor, daß Angestellte, die den Eindruck haben, von ihren Arbeitgebern nicht «geliebt» und anerkannt zu werden, zur Vergeltung Firmengelder stehlen oder untätig ihre Arbeitszeit vergeuden. Dieses Verhalten ist im Grunde nicht anders als dasjenige von Kindern, die ihren Eltern Geld stehlen, wenn sie sich ungeliebt fühlen. Für Erwachsene, die dabei erwischt werden, hat dies schwerwiegende Konsequenzen: Sie landen hinter Gittern oder werden zumindest entlassen.

Wer sich mit Liebesdieben einläßt, zieht oft den kürzeren. Was er an Liebe und Freundschaft entgegenbringt, wird nicht geschätzt, sondern eher herabgewürdigt: Denn Liebesdiebe reden sich ein, daß sie solche Gefühlsregungen gar nicht brauchen, und halten sie deshalb für wertlos.

WAS BRINGT DEN NIKOLAUS IN SCHWUNG?

Menschen mit dem «Nikolaus»-Syndrom leiden an einem Mangel an Liebe. Schon früh im Leben erfolgte eine Verwechslung zwischen Geld und Liebe, und in den Vorstellungen derer, die schließlich zu Liebeshändlern werden, werden die beiden Begriffe austauschbar. Sie lernten aus ihren Beziehungen zu Eltern und anderen Bezugspersonen, daß Geld reichlicher vorhanden ist als Liebe, was nicht unbedingt zu bedeuten hat, daß es auch wertvoller ist. Während die meisten Eltern ihren Kindern Geld geben, weil sie sie lieben, geben Eltern potentieller Liebeshändler das Geld anstelle von Liebe.

Während ihrer Jugend gewinnen Liebeshändler nie das Gefühl, bedingungslos geliebt zu werden. Alle Gaben, die sie erhalten, sind Belohnungen für gutes Verhalten, so auch das Geld. Und ein «gutes» Verhalten ist ein «liebendes» Verhalten. «Brave kleine Kinder lieben ihre Eltern und versuchen, ihnen Freude zu machen.» Und brave kleine Kinder schreien nicht, machen sich nicht schmutzig, widersprechen nicht und lassen sich nicht auf Prügeleien ein. Es dauert nicht lange, bis das Kind lernt, daß «Liebe» gegen Geld und Geld gegen «Liebe» ausgetauscht werden kann.

Liebeshändler haben sehr häufig Eltern, die strenge, verstandesbetonte, emotional gehemmte Menschen sind, die sich ihrer eigenen Bedürfnisse und Gefühle nicht bewußt sind. Häufig sind es strebsame, vorwärtsdrängende Menschen, die Erfolg und persönlichen Wert nach finanziellen Grundsätzen bemessen. Sie mögen ihre Kinder zwar gern und beabsichtigen nicht, grausam zu ihnen zu sein, doch manchmal haben sie das Gefühl, daß die Kinder ihnen im Wege sind. Und sie haben für ihre Kinder nicht mehr Verständnis als für sich selbst. Wenn ein Kind hinfällt, sich das Knie aufschlägt, weinend nach Hause kommt und getröstet werden möchte, kommt es vor, daß die Mutter nur Unbehagen empfindet. Statt das Kind in den Arm zu nehmen und zärtlich zu ihm zu sein, streichelt sie ihm nur unbeholfen über den Kopf und sagt: «Hör jetzt auf zu weinen, du kriegst dafür auch eine Praline!» Das Erlebnis, geliebt zu werden, ist für die Entwicklung des gesunden Selbstverständnisses und der Selbstachtung erforderlich. Menschen, die Liebe nie kennengelernt haben, tun sich schwer, andere zu lieben. Die Befriedigung des Liebesbedürfnisses ist für die psychologische Entwicklung ebenso bedeutsam wie die Befriedigung des Hungerbedürfnisses für das physische Überleben. Kinder, die nie das Gefühl hatten, geliebt zu werden, kommen sich später wertlos, unerwünscht und unterlegen vor. In den meisten Fällen beginnen sie zu glauben, daß sie gar nicht wert sind, geliebt zu werden. Demgemäß können sie Liebe nur erhalten, indem sie sie kaufen oder stehlen.

Angetrieben von ihrem Verlangen nach Zuneigung, beschaffen sich viele Menschen das Geld, das nach ihrer Meinung erforderlich ist, um die ersehnte Liebe zu kaufen. Reichen ihre eigenen Mittel nicht aus, nehmen sie manchmal Zuflucht zu drastischen Methoden, um mehr Geld zu erlangen. In einer solchen Lage befand sich eine 36jährige geschiedene Frau aus Michigan. Sie gestand, als leitende Bankangestellte 760 000 Dollar unterschlagen zu haben; das meiste Geld erhielt ein Liebhaber, der sie später im Stich ließ. Unter den Geschenken, die dieser weibliche Nikolaus seinem Liebhaber zukommen ließ, figurierten ein Haus für

200 000 Dollar, ein Boot für 65 000 Dollar, ein Rolls-Royce, ein Mercedes und ein Ferienhaus im Werte von 137 000 Dollar.

Ohne Geld sind Liebeshändler, insbesondere Liebeskäufer, lediglich Zuschauer und nicht Teilnehmer am Spiel des Lebens. Sie fühlen sich einsam und entfremdet und sehen zu, wie das Leben an ihnen vorüberzieht.

Wie ein Glücksspieler braucht der Liebeshändler Geld, und wie für den zwanghaften Hasardeur ist auch für ihn das Leben leer und bedeutungslos, wenn er nicht spielen kann. So sind manche zwanghaften Spieler auch zugleich Liebeshändler. Man weiß, daß sie sich die meiste Zeit innerlich wie «abgestorben» fühlen und erst dann wieder «lebendig» werden, wenn sie ihren Einsatz gemacht haben und warten, ob sie gewonnen oder verloren haben. Manche geben zu, daß das Gewinnen oder Verlieren ein symbolischer Hinweis ist, ob man von der Göttin Fortuna, die in Wirklichkeit ein Mutterersatz ist, geliebt oder abgewiesen wird. Ein zwanghafter Spieler sagte dazu: «Wenn ich gewinne, spüre ich einen warmen Schauder, wie ein Baby an der Mutterbrust. Doch wenn ich verliere, packt mich eine kalte Faust im Nacken, und ich fühle mich niedergeschlagen und leer.»

WIE MAN DEN ECHTEN NIKOLAUS ERKENNT

Das Problem, den echten Nikolaus zu erkennen, hängt mit der Tatsache zusammen, daß es so viele Nachahmer gibt. Manche Paten geben Geschenke und Geld weg und können auf den ersten Blick irrtümlich für einen Nikolaus gehalten werden. Bei näherer Prüfung wird jedoch klar, daß der Pate sich mehr dafür interessiert, die Menschen zu beherrschen, als daß er ihre Liebe kaufen will. Und manche liebevollen Eltern überschütten ihre Kinder mit Geschenken und Geld. Doch es sind wirklich Geschenke und keine Bestechungsgaben. Sie werden aus Liebe heraus gegeben, nicht um Liebe zu erkaufen. Solche Eltern lassen sich leicht unterscheiden von der Mutter, die in dem folgenden Brief an Abby, die «Leserbrieftante» der *Los Angeles Times,* beschrieben wird:

Liebe Abby,
Was sagen Sie zu einem fünfundfünfzig Jahre alten Muttersöhnchen, das im Jahre 1970 seiner Freundin einen Verlobungsring schenkte, ihr aber nicht gestattet, den Ring zu tragen, damit seine Mutter nichts davon erfährt?
Ich bin diese Freundin und gehe seit zehn Jahren mit Arthur, bin es aber bald leid. Ich habe seine Mutter erst einmal gesehen, als er mich im Auto mitnahm, in dem sie saß. Er sagte ihr aber nicht, daß ich seine Freundin bin. Das Problem ist, daß Arthurs Mutter Geld hat und gedroht hat, alles der Kirche zu vermachen, wenn er heiratet.
Vor zwei Jahren war er so verwirrt, daß er sich an Sie wandte, und Sie rieten ihm, mit seinem Pastor zu sprechen. Er sagte, der Pastor habe ihm erklärt, er könne glücklich sein, eine so wunderbare Mutter zu haben.
Was soll ich nun machen? Ich bin schon achtundvierzig Jahre alt und werde nicht mehr jünger.

Arthurs Freundin

Man sagt zwar, daß der Nikolaus anhand einer Liste prüfe, wer ungezogen und wer brav ist. Der echte Nikolaus aber unterscheidet sich dadurch, daß er zu niemandem nein sagen kann. Wie lächerlich die Bitte und wie unwürdig die Bittsteller auch sein mögen — Liebeshändler fühlen sich genötigt, sie zu erfüllen. Sie kaufen Lotterielose, die sie nicht haben wollen, geben ihre Zeit und ihr Geld für Dinge hin, von denen sie nichts halten und verschenken teure Sachen an Leute, die sie nicht leiden können. Sie sind so konditioniert, daß sie zu jeder Bitte «ja» sagen, und das Wort «nein» scheint in ihrem Wortschatz zu fehlen. Sie befürchten so sehr, sich bei einer Weigerung unbeliebt zu machen, daß andere ein leichtes Spiel haben, sie auszunützen.
Den echten Nikolaus findet man nur selten als Alleinstehenden. Erstens macht sein zwanghaftes Bedürfnis nach Liebe das Alleinsein unerträglich, und zweitens erfordert der Handel zwischen einem Liebesverkäufer und einem Liebeskäufer ja geradezu, daß sich beide zusammenschließen. Da jedoch weder Käufer noch Verkäufer die Fähigkeit zu reifer Liebe besitzen, ist die Natur dieser Beziehung recht oberflächlich und nicht sehr befriedigend. Beide handeln mit einer Ware, die ihnen eigentlich fremd ist, und so erzielt bei dieser Transaktion schließlich keiner von beiden einen Profit.
Auch Liebesdiebe sind von Menschen umgeben. Sie ähneln häufig dem Weihnachtsmann vom Warenhaus, der von Kindern umzingelt wird, die auf Süßigkeiten warten. Um ihre Tarnung als Spender aufrechtzuerhalten, benötigen Liebesdiebe eine aufnahmebereite Zuhörerschaft. Und es ist so wie bei erfolgreichen Taschendieben: Je größer die Zu-

hörerschaft, desto besser ist die Chance zum Diebstahl und desto geringer die Chance, ertappt zu werden.

WENN DER NIKOLAUS SEINEN MANTEL ABLEGT

Da Liebeshändler nie gelernt haben, Liebe frei zu geben oder zu empfangen, fühlen sie sich genötigt, sie zu kaufen, zu verkaufen oder zu stehlen. Und da sie in einer nach Geld ausgerichteten Gesellschaft aufwachsen, macht ihnen die Vorstellung Schwierigkeiten, daß etwas, das verschenkt wird, in Wirklichkeit wertvoller ist als etwas, wofür die Leute bereitwillig Geld zahlen. Dennoch müssen sie zu diesem Schluß gelangen, wenn sie — wie es ja bei allen Liebeshändlern der Fall ist — mit dem Wert der gehandelten Liebe unzufrieden sind. Sie müssen lernen, sich sagen zu können: «Weshalb soll ich dafür bezahlen, wenn ich es kostenlos haben kann?» oder: «Weshalb soll ich es stehlen, wenn es verschenkt wird?»

Karl Abraham zitiert den Fall eines jungen Mannes, den er während des Ersten Weltkriegs als Psychiater im deutschen Heer behandelt hatte. Der Mann, den Abraham mit N. bezeichnet, war das jüngste Kind in einer großen, ziemlich armen Familie. Die anderen Kinder waren schon halb erwachsen, als N. geboren wurde — nicht eingeplant und unerwünscht. Als kleines Kind wurde er einfach als Belastung für den Familienhaushalt angesehen. Er fühlte, daß ihn seine Eltern und Geschwister nicht liebten und daß sie ihn sogar feindselig behandelten. Schon im Alter von fünf Jahren wünschte er sich, reiche Eltern zu haben, die ihn

nicht als finanzielle Belastung betrachteten. Im Kindergarten spielte er nur mit den Kindern aus wohlhabenden Familien. Schon als kleiner Junge stahl N. Geld, mit dem er Spielsachen kaufte, um nicht hinter den Kindern aus wohlhabenden Elternhäusern zurückzustehen. Er bemühte sich auch, sich den Erwachsenen gegenüber von seiner besten Seite zu zeigen, die deshalb auch freundlicher zu ihm waren als seine eigenen Eltern und Geschwister. Er wollte, daß ihn alle Lehrer und Mitschüler gern hatten.
Als er älter wurde, war es seine größte Freude, wenn «sich alles um ihn drehte», als Kompensation für seine Erfahrungen als Kind. Obwohl er in der Lage war, viele Ersatz-Eltern und Bekannte dazu zu bewegen, ihn zu «lieben», fühlte er sich aus Rachsucht heraus veranlaßt, sie zu enttäuschen. Er tat dies, indem er Geld stahl, Unterschlagungen machte und Rechnungen unbezahlt ließ. Dr. Abrahams Diagnose der Situation von N. lautete, daß er im Grunde unheilbar war und daß sein pathologischer Zustand sich nicht ändern würde. Nach seiner Entlassung aus dem Heer lernte N. jedoch eine ältere Frau kennen, die ein mütterliches Interesse an ihm zeigte. Sie war verwitwet und Inhaberin eines Geschäfts und bot ihm eine Stellung an, in der er sein künstlerisches Talent anwenden konnte.
Aus der Beziehung entwickelte sich ein Liebesverhältnis, und sie heirateten. Durch die Ehe gewann er an gesellschaftlichem Ansehen, seine finanziellen Verhältnisse stabilisierten sich, und er hatte das Gefühl, von seiner «kleinen Mutter» wirklich geliebt zu werden. N. war bereits vier Jahre verheiratet, als Dr. Abraham ihm wieder begegnete und feststellte, daß eine grundlegende Veränderung

stattgefunden hatte, vermutlich sogar eine «Heilung durch Liebe».

Der Fall N. erscheint etwas extrem und die «Heilung» etwas ungewöhnlich; dennoch zeigt er deutlich die psychologische Veranlagung des Liebeshändlers auf. Zunächst entsteht ein Gefühl der Leere, hervorgerufen durch Mangel an Liebe von seiten der Eltern und Angehörigen. Dann verwechselt der Heranwachsende Geld mit Liebe, und durch diese Verwechslung entstehen ungesunde zwischenmenschliche Beziehungen. Und schließlich ist die einzige Möglichkeit, sich aus dem «Nikolaus»-Syndrom zu lösen, der Wille zum Lernen, wie man Liebe geben und empfangen kann.

Die meisten Menschen behaupten, die Liebe sei ein wichtiger, wenn nicht der wichtigste Bestandteil des Lebens. Und nur wenige würden bestreiten, daß sie sich eine tiefe und bedeutungsvolle Liebesbeziehung wünschen. Dennoch vermeiden Millionen, besonders die Liebeshändler, eine emotionale Bindung an andere. Sie geben zwar Lippenbekenntnisse ab, doch in Wirklichkeit haben sie Angst davor. Durch ihre Weigerung, sich zu «verlieben», vermeiden sie die Möglichkeit, von anderen abgewiesen zu werden. Wer sagt: «Ich liebe dich», geht das Risiko ein, von der angesprochenen Person ausgelacht oder gefühlsmäßig verletzt zu werden. Für Liebeshändler ist dies ein schrecklicher Gedanke, denn sie hatten in ihrer Kindheit schon einmal unter Abweisung und Liebesmangel gelitten.

Wenn man die Liebe als reinen Handel betrachtet, kann man das Leben viel «sicherer» gestalten. Dabei steht nämlich nur das Geld auf dem Spiel, nicht die Persönlichkeit selbst. Wenn Liebe für einen Preis angeboten und dann abgewiesen wird, fühlt sich niemand in besonderem Maße gedemütigt. Es ist eine relativ unpersönliche Transaktion. Über Preise und Bedingungen läßt sich handeln, und wenn der Handel nicht zustande kommt, ist eine Entschuldigung sofort zur Hand, und der Abgewiesene braucht keine Selbstzweifel und Niedergeschlagenheit zu leiden. Manche bedauern den Ausfall eines Geschäfts, leiden aber nie die Seelenqualen, wie sie in Shakespeares «Romeo und Julia» oder anderen klassischen Werken zum Ausdruck kommen.

Doch alle, die des Handels mit Liebe überdrüssig sind, müssen aufhören sich hinter der mit Geld errichteten Fassade zu verstecken. Das Geld ist der Mantel des Nikolaus, der die wahren Gefühle des Liebeshändlers verbirgt und ihn vor einer echten gefühlsmäßigen Begegnung beschützt. Die emotionale Reaktion des Liebeshändlers ist seicht und unpersönlich, und sie erfolgt ohne Differenzierung.

Sobald die Schutzmechanismen des Geldes entfallen, wird man mit der möglichen Unsicherheit konfrontiert, die durch das Lieben oder Geliebtwerden entsteht. Wenn man einen anderen liebt, so bedeutet dies auch ein Engagement, diesen Menschen zufriedenzustellen und ihm zu helfen. Empfängt man Liebe, so sollte man sich verpflichtet fühlen, die Schwächen des anderen nicht auszunutzen.

Zweifellos ist es für einen Wohlhabenden schwierig, sich emotional mit anderen einzulassen, ohne das Gefühl zu haben, daß Geld dabei eine gewisse Rolle spielt. So erhielt der verstorbene J. Paul Getty Tausende von Heiratsanträgen von Frauen, die er nie kennengelernt hatte, die jedoch über seine finanziellen Verhältnisse Bescheid wußten. Viele Frauen erklärten sogar, daß sie auf die For-

malitäten der Eheschließung verzichten und ihn mit Liebe und Freundschaft überschütten wollten, vorausgesetzt, daß zuvor entsprechende finanzielle Vereinbarungen abgeschlossen würden.
Für die meisten Menschen bedeutet jedoch der Kauf, Verkauf, Handel und Diebstahl von Liebe eine Abwehrmaßnahme gegen emotionale Verpflichtungen. Wenn sie tatsächlich das Erlebnis einer erfüllten Liebesbeziehung anstreben, müssen sie bereit sein, sich zu engagieren, eine Verpflichtung einzugehen. Sie müssen gewillt sein, Liebe zu schenken, ohne dafür etwas anderes zu erwarten als die Freude des Schenkens. Und sie müssen lernen, Liebe zu empfangen, ohne sich dabei unwürdig oder schuldig zu fühlen.

9
Die Unabhängigkeitsfanatiker

In einer Ansprache an ein Regiment aus Indiana sagte Abraham Lincoln gegen Ende des Bürgerkrieges: «Ich habe immer die Auffassung vertreten, daß alle Menschen frei seien; doch sollte es Sklaven geben, dann müßten es erstens diejenigen sein, die es für sich selbst wünschen, und zweitens jene, die es für andere wünschen. Sobald ich höre, daß sich jemand für die Sklaverei ausspricht, fühle ich den starken Drang, sie bei ihm persönlich erproben zu lassen.»
Diese Bemerkung Lincolns bringt den Grundgedanken der Unabhängigkeitsfanatiker treffend zum Ausdruck. Sie haben ein unbändiges Verlangen, den Ketten der Beherrschung und Kontrolle durch andere zu entkommen und nur so zu leben, wie sie es für richtig halten. Sie vertreten den Grundsatz von «leben und leben lassen» und werden leicht wütend auf andere, die versuchen, ihre Freiheit einzuschränken. In diesem Zusammenhang werden Machtmenschen als potentielle Feinde betrachtet, Liebeshändler als bedauernswerte Menschen und Sicherheitsfanatiker als «Sklaven», die bereit sind, ihre Freiheit und Unabhängigkeit für Geld aufzugeben.

Unabhängigkeitsfanatiker können in zwei verschiedene Hauptgruppen unterteilt werden. Die erste Gruppe betrachtet Geld als ein Mittel, um Freiheit zu erkaufen, während die zweite Gruppe es als eine Bedrohung der Freiheit auffaßt, da es Macht über die Menschen ausüben kann.
Die erste Gruppe akzeptiert das Geld als ein notwendiges Übel und sieht in der Geldanhäufung eine Möglichkeit, die Unabhängigkeit zu sichern. Je mehr Geld man hat, desto unabhängiger wird man an seiner Arbeitsstelle und desto weniger braucht man sich von anderen hineinreden zu lassen. Wenn man viel Geld besitzt, braucht man auch weniger Zeit aufzuwenden, um neues Geld zu verdienen, und man kann seine Zeit verwenden, um das zu tun, was Spaß macht. Die zweite Gruppe betrachtet dagegen das Geld als ein nicht notwendiges Übel. Nach ihrer Ansicht ist die Gier nach Geld und Macht die Ursache dafür, daß die Menschen versuchen, andere zu beherrschen und zu manipulieren. Die meisten Vertreter dieser Gruppe verachten das Geld und das ganze Wirtschaftssystem, doch gibt es einige, die aktiv dagegen rebellieren und das System umstürzen wollen, das sie als tyrannisch empfinden.
In den meisten Fällen fühlen sich die Angehörigen beider Gruppen nicht zur Arbeit hingezogen. Viele arbeiten nur, weil sie müssen. In anderen Fällen sind sie in der glücklichen Lage, Geld für Tätigkeiten zu verdienen, die ihnen am meisten zusagen, wie Malen, Tanzen, Segeln oder Berufssport, was sie dann nicht als Arbeit empfinden. Zu den Grundhaltungen gehören die Auflehnung gegen Reglementierung und der Widerstand gegen feste Arbeitszeiten und jede Art einer Beschränkung. Viele Menschen dieses Typs bevorzugen Stellungen als

Vertreter, nicht nur wegen der relativen Unabhängigkeit solcher Posten, sondern auch, weil die Arbeit auf Provisionsbasis bedeutet, daß es keine feste Limite für ihr Einkommen gibt. Andere machen sich selbständig, damit sie von niemandem Anordnungen anzunehmen brauchen.

Der Lebensstil von Unabhängigkeitsfanatikern richtet sich nach ihrem Einkommen, doch ihr Verhalten ist im Grunde genommen in jeder Situation gleich — nur das Niveau ist unterschiedlich.

So verdiente beispielsweise ein junger, wenig bekannter Künstler in Südkalifornien mehr mit Tapezieren als mit seiner Malerei. Sobald er genügend Geld übrig hatte, fuhr er an den Strand zum Surfen.

Ein paar Jahre später, als seine Gemälde plötzlich gefragt waren und er über mehr Geld verfügte, als er es sich je vorgestellt hatte, gab er seine Tapezierarbeit auf, jedoch nicht das Surfen. Nur fliegt er jetzt ab und zu nach Australien, um einen Nachmittag zu surfen und dann — einige Stunden später — wieder nach Kalifornien zurückzukehren.

DER FREIHEITSKÄUFER

Für Freiheitskäufer ist Geld das Mittel, um einem unerträglichen Leben in Knechtschaft zu entgehen. Für diese Gruppe hat aber der Begriff der Knechtschaft eine etwas andere Bedeutung als für die übrigen Menschen: Für sie ist dies jegliche Anordnung oder Anregung, die ihre Freizügigkeit oder Unabhängigkeit einschränkt. Während die meisten Menschen Einschränkungen in gewissem Ausmaß in Kauf nehmen, werden Freiheitskäufer innerlich unruhig und schwören sich, ihr Leben so

zu gestalten, daß sie solche «Demütigungen» nicht in Kauf nehmen müssen.
Das Geld wird als Mittel betrachtet, das vor dem Herumgestoßenwerden beschützen soll. Doch anders als Machtmenschen, haben sie nicht das Verlangen, andere zu kontrollieren, sondern eher den Wunsch, in Ruhe gelassen zu werden. Sie brauchen nur soviel Macht, um jedem, der einen Einschüchterungsversuch unternimmt, zurufen zu können: «Scher dich zum Teufel!»
Der Besitz von Geld bedeutet auch, daß man auf niemandes Gefälligkeit angewiesen ist. Freiheitskäufer bestehen deshalb häufig darauf, alles selbst zu bezahlen, damit sie dem Gefühl aus dem Wege gehen, einem anderen etwas schuldig zu sein. Wenn sie nicht davon abzubringen sind, die Rechnung im Restaurant zu begleichen, dann wollen sie nicht Freunde gewinnen oder den «netten Kerl» spielen wie die Liebeshändler. Sie wollen Unabhängigkeit, keine Liebe.
Je mehr Geld, desto mehr Freiheit. Am liebsten möchten sie gleich eine Erbschaft machen, um nicht beim Geldverdienen Zeit zu vergeuden. Sie haben ein starkes Gefühl für den Wert der Zeit entwickelt und halten alles, was sie ungern tun, für Zeitverschwendung. Deshalb sind sie auch meistens bestrebt, schnell zu Geld zu kommen.

Die Motivation: Die treibende Kraft hinter dem Verhalten der meisten Freiheitskäufer ist die Vermeidung der Abhängigkeit. In Wirklichkeit haben sie ein starkes Bedürfnis nach Anlehnung, wenden aber sehr viel Energie für die Verdrängung auf und bilden sich ein, dieses Bedürfnis existiere nicht. Ihre Furcht vor einer Anlehnung an andere läßt sie

häufig einsam werden. In extremen Fällen scheint es, als litten sie an einem Verfolgungswahn, weil sie grundsätzlich mißtrauisch sind und in jeder Bekanntschaft eine Gefahr wittern.
Ken Mason, ein Unabhängigkeitsfanatiker, war ein dreiunddreißigjähriger Junggeselle. Als gut aussehender junger Mann hatte er häufig Damenbekanntschaften, vermied es aber, sich auf eine tiefere Beziehung einzulassen. Wenn «Gefahr» bestand, daß eine Beziehung zu eng wurde, gelang es ihm immer, sie abzubrechen.
Ken wurde Arzt, da ihm der medizinische Beruf ausreichend Freizügigkeit und Einkommen zu bieten schien, um das zu tun, was ihm vorschwebte. Im Gegensatz zu seinem Vater, der als Landarzt gearbeitet hatte, zog Ken es vor, in die Stadt zu ziehen, wo er sich auf Anästhesie spezialisierte. «Vater hat sich dreißig Jahre lang keinen Urlaub gegönnt», sagte er, beinahe empört. «Er war die ganze Woche lang auf den Beinen und ständig abrufbereit. Nach Mutters Tod war er nur noch für seine Patienten da. Ich werde mich hüten, ein solches Leben zu führen!»
Als Anästhesist arbeitete er im Krankenhaus. Nach den Operationen war seine Arbeit beendet. Er war an keine Privatpraxis gebunden und hatte nie besonders viel zu tun, verdiente aber genügend Geld, um sich ein bequemes Leben zu gönnen. Die große Flexibilität seines Lebensstils war es, die ihm am meisten zusagte.
Seine Wochenenden gestaltete er zu Kurzurlauben von drei- oder viertägiger Dauer, die er zum Skisport oder zum Wandern benutzte. Häufig nahm er auch an medizinischen Kongressen teil, nicht aus besonderem Interesse an den Vorträgen, sondern weil ihm dies Gelegenheit bot, aus der Routine aus-

zubrechen, neue Orte und neue Menschen kennenzulernen. Wenn er über ausreichend Geld verfügte, fuhr er einfach weg. Manchmal ging er auch nicht zur Arbeit, weil er gerade ein Buch lesen oder den Tag im Bett verbringen wollte. Da er sich weigerte, einen strengen Tagesplan einzuhalten oder sich im voraus festzulegen, waren auf seinem Kalender nur selten längerfristige Termine eingetragen.
Manche Kollegen neckten ihn wegen seiner «Unreife», seines «mangelnden Verantwortungsgefühls» oder seiner finanziellen Sorglosigkeit. Wenn sie versuchten, ihn bei der Sicherung seiner Finanzen zu beraten, lachte Ken sie aus und sagte: «Sicherheit ist etwas für die Ängstlichen und die Alten. Wenn ich fünfundsechzig bin, können wir weiter darüber sprechen.»
Ein Kollege, der zusammen mit Ken die Universität besucht hatte und später Psychiater geworden war, begegnete ihm eines Tages im Speisesaal des Krankenhauses. Er meinte, Kens Drang nach Ungebundenheit sei vielleicht im Grunde ein Versuch, vor etwas wegzulaufen, das ihm Angst machte. Ken versuchte, seinen Ärger zu verbergen und antwortete leichthin: «Du liest wohl zu viele verdammte Psychiatriebücher und fängst schon an, an den Inhalt zu glauben. Du meinst vielleicht, im Unterbewußtsein von jedem stecke etwas Schlimmes.» Doch die Beobachtung seines Kollegen hatte Ken getroffen, und er ging danach zu Charlie auf Distanz.
Was Charlie angedeutet hatte, war Kens übermäßiger Widerstand gegen jede Art von Abhängigkeit. Seine Mutter war im Kindbett gestorben, und sein Vater hatte eine ältere Haushälterin zur Betreuung von Ken eingestellt. Sein Vater glaubte, am Tode seiner Frau mitschuldig zu sein, und nahm

sich vor, diese Schuld dadurch abzubüßen, daß er den Rest seines Lebens der Betreuung der Kranken widmete. Und zum Teil gab er auch Ken die Schuld, denn Kens Mutter wäre nicht gestorben, wenn sie nicht schwanger gewesen wäre. Obwohl er wußte, daß es irrational war, das Baby verantwortlich zu machen, belastete ihn dieser Gedanke so sehr, daß er zu seinem Sohn nicht sehr zärtlich sein konnte. Er war auch nur sehr selten zu Hause und brachte zu wenig Zeit für sein kleines Kind auf.

Während Ken aufwuchs, mußte er bald lernen, unabhängig von fremder Hilfe zu werden. Er wurde gelobt, als er sich selbst anziehen und alleine essen konnte, als er lesen und schreiben lernte, und besonders dann, wenn er andere nicht belästigte. Wenn er dennoch Anlehnung suchte, wurde er abgewiesen oder ein «Baby» genannt.

Als er noch klein war, beobachtete Ken manchmal die Haushälterin bei der Arbeit, doch seine Anwesenheit irritierte sie, und sie schickte ihn bald wieder weg: «Stör mich nicht — geh nach draußen zum Spielen!» Und wenn sein Vater im Sessel saß und die Zeitung lesen wollte, ließ er Ken nicht auf seinen Schoß klettern: «Jetzt nicht, mein Junge! Ich bin müde. Kannst du nicht etwas anderes machen?» Als er älter war, bekam Ken Geld, um zum Sportplatz oder ins Kino zu gehen, wo er nicht «im Wege» war.

Ken hatte eine für Freiheitskäufer typische Erfahrung gemacht: Der Wunsch, Wärme und Vertrauen zu genießen, sich an andere anzulehnen, die Hilfe und Führung gewähren, bedeutet, sich dem Schmerz und der Lächerlichkeit preiszugeben. Deshalb müssen diese Bedürfnisse unterdrückt und verdrängt werden. So verbrachte er viele Stun-

den allein: Er las in der Bibliothek, ging angeln oder bastelte in der Werkstatt. Er tat alles, um zu vermeiden, daß andere ihm Anordnungen erteilen oder ihn beiseite schieben konnten.
Freiheitskäufer wissen, daß sie mit Geld mehr Möglichkeiten haben, das zu tun, was ihnen im Leben am meisten zusagt. Wer ausreichend Geld hat, kann wählen, ob er arbeiten will oder nicht, ob er zu Hause bleiben oder auf Reisen gehen soll, besonders aber, mit wem er sich zusammentun und wie lange er mit diesem Menschen zusammenbleiben will.
Da die Sehnsucht nach Anlehnung unerfüllt blieb, liegt diesem Leben jedoch eine Frustration zugrunde. Gelegentlich kommt es vor, daß ein Freiheitskäufer sich in jemanden verliebt, der ebenfalls ein «Freigeist» zu sein scheint.
Seltsamerweise endet eine solche Beziehung gewöhnlich mit einer Katastrophe, da die zugrundeliegende, alles verzehrende Sehnsucht nach Anlehnung den Partner vertreibt. Diese Zurückweisung bestärkt den Freiheitskäufer in der Überzeugung, daß es gefährlich ist, zu lieben oder von jemandem abhängig zu sein.
In der Phantasie ist es möglich, eine Beziehung zu einem anderen «Freigeist» zu unterhalten, in der beide gleichzeitig Ungebundenheit und Zusammensein erleben können. In Wirklichkeit wäre dies jedoch ausgeschlossen, da die Unabhängigkeit beider Partner nur eine Fassade ist, hinter der sich Besitzgier und Abhängigkeit verstecken.

Der Gewinn: Es ist in vielen Fällen interessant, mit Freiheitskäufern gesellschaftlichen Verkehr zu pflegen. Da sie dazu neigen, ein unkonventionelles

Leben zu führen und sich manchmal auch vom Zeitgeist nicht beeinflussen lassen, fühlen sich wegen dieser Originalität andere Menschen zu ihnen hingezogen. Und da sie feste Bindungen häufig ablehnen, sind sie beweglich und haben die Freiheit, Erfahrungen zu machen, die anderen verschlossen bleiben.

Da sie den «Mut» haben, das zu tun, was andere Menschen sich nur erträumen, genießen Freiheitskäufer oft die Bewunderung von Freunden und Bekannten; sie können sich aber auch deren Neid zuziehen. Anerkennung, das Hauptziel der Liebeshändler, bedeutet ihnen nicht sehr viel — im Gegenteil, sie erfahren oft mehr Anerkennung als ihnen lieb ist. Da sie sich offenbar nicht davon beeindrucken lassen, was der Rest der Welt tut oder denkt, sind sie häufig eine Quelle der Faszination für den konventionell denkenden Konformisten.

Der Preis: Da sie ungeduldig allem nachstreben, was ihnen interessant scheint, pokern Freiheitskäufer manchmal mit hohen Einsätzen, wenn es um die Freiheit geht. Um schnell zu Geld zu kommen, nehmen sie große Risiken auf sich, und oft müssen sie die Folgen in Form von beträchtlichen Verlusten tragen.

Die beiden Adjektive, mit denen Freunde, Angehörige und Arbeitgeber am häufigsten den Charakter der Freiheitskäufer beschreiben, sind «unzuverlässig» und «verantwortungslos». Freiheitskäufer behaupten zwar, sie seien nicht verantwortungslos, sondern wollten sich nur nicht festlegen lassen, doch sie bereiten jenen, mit denen sie zu tun haben, ständige Schwierigkeiten. Gastgeber wissen nie, ob sie mit ihnen rechnen können, bis sie wirklich eintreffen. Wenn sie über das Wochenende verreisen, kehren sie manchmal erst am Mittwoch zur Arbeit zurück. Wenn der Arbeitgeber meint, sie könnten ihre Aufgaben ohne Aufsicht verrichten, haben sie die Arbeit vielleicht schon satt und kündigen.

Freiheitskäufer können vielleicht jene Menschen am tiefsten verletzen, die mit ihnen eine Liebesbeziehung eingehen.

Obwohl sie anziehend, charmant und interessant sein können, haben sie wegen ihrer Furcht vor Abhängigkeit eine Abneigung gegen emotionale Bindungen. Sie sind imstande, vor sich selbst wegzulaufen und den anderen enttäuscht und verletzt sitzenzulassen. Die elterliche Verantwortung wird häufig als beengend und belastend empfunden, und es ist nicht ungewöhnlich, daß Freiheitskäufer ihren Kindern und ihren Ehepartnern davonlaufen. Sehr häufig leiden dann die Kinder unter Schuldgefühlen, weil sie durch ihre Forderungen und Bedürfnisse Vater oder Mutter «aus dem Hause getrieben» haben.

Freiheitskäufer sind nicht bereit oder nicht fähig, einen Teil ihrer Unabhängigkeit und Freiheit aufzugeben und dafür eine tiefe Beziehung zu gewinnen. Hierdurch verletzen sie nicht nur jene Menschen, die ihnen Liebe entgegenbringen, sondern sie werden allein gelassen, was sie besonders im Alter als schmerzvoll empfinden.

Der Preis, den sie für ihre Unabhängigkeit zahlen, ist eine ständige Nichterfüllung des Anlehnungsbedürfnisses. Das Endergebnis der völligen Unabhängigkeit ist die Einsamkeit und Isolation von der Welt.

DER FREIHEITSKÄMPFER

Während Freiheitskäufer das Geld brauchen, um sich ihre Unabhängigkeit von jeder gesellschaftlichen Reglementierung und die Zeit zur Verfolgung ihrer Wünsche zu erkaufen, lehnen Freiheitskämpfer das Geld ab und zugleich alles, was damit zusammenhängt. Das Geld und die materialistische Gesellschaft, die an das Geld glaubt, werden als Ursache für die Versklavung der Mehrheit der Menschen angesehen.

Die Anti-Geld-Bewegung erfaßt vermutlich ein breites Spektrum der Bevölkerung. Hierzu gehören die politisch Orientierten, die oft zusammen mit kommunistischen oder sozialistischen Gruppen für eine gleichmäßige Verteilung der Reichtümer und für eine beschränkte Anhäufung von Geld und materiellen Besitztümern eintreten. Es gibt aber auch Technokraten, die die völlige Abschaffung des Geldes befürworten, da sie es für ein Überbleibsel aus primitiven Zeiten halten, das für die Zeit der verfeinerten Technologie und der sozialen Aufgeklärtheit völlig ungeeignet sei. Das Geld sollte ersetzt werden durch ein Zertifikat auf der Grundlage einer Maßeinheit für Energie; es sollte nicht mehr auf Gold und Silber fußen. Jeder Erwachsene würde ein Zertifikat erhalten, das seinem Anteil an der erzeugten Energiemenge entspricht. Das Zertifikat wäre zur sofortigen Verwendung bestimmt und dürfte nicht mit anderen Zertifikaten zusammen aufgehoben werden, um die Möglichkeit der Anhäufung von Reichtümern zu verhindern.

Zu den Freiheitskämpfern zählen auch einige militante Minderheiten, viele Angehörige der «Drogenkultur», der alternativen Bewegungen oder an-

dere revolutionäre Aktivisten. Manche machen einfach den Wettlauf um das Geld nicht mit. Andere geben sich wesentlich radikaler und sehen ihre Aufgabe gar als «Heiligen Krieg» an.
Ein sehr radikaler Jugendführer, der trotzdem von seinem Vater, einem amerikanischen Industriellen, beträchtliche Zuwendungen erhielt, bemerkte zu diesem Widerspruch: «Wenn der alte Herr die Revolution finanzieren will, bin ich gern damit einverstanden.» Er faßte sein soziales Programm so zusammen: «Bringt alle Reichen um, zerstört ihre Autos und Häuser.» Als ihm gesagt wurde, daß seine Eltern dabei auch zu den Opfern gehören würden, meinte er: «Das stimmt. Die Revolution muß ins Haus getragen werden, die Eltern sind umzubringen, darum geht es.» Die elterlichen Zuwendungen flossen aber trotzdem mit monatlicher Regelmäßigkeit.
Manche Freiheitskämpfer vertreten den Grundsatz: «Freiheit oder Tod!» Sie verlangen totale Freiheit in bezug auf ihren Lebensstil. Nicht alle sind militant in ihrer Opposition zur monetären und sozialen Philosophie des Establishments. Manche drücken ihre Aggression passiv aus, indem sie Konventionen verachten und einen Lebensstil annehmen, der das Geld und alles, was damit zusammenhängt, verhöhnt.
So gab im Jahre 1966 ein früherer Mathematiker und Kybernetiker aufgrund seiner Erfahrungen mit psychedelischen Drogen seine Stellung auf und wurde ein wandernder Dichter. Er reist barfuß im Lande herum und lebt mit Landstreichern zusammen. Ein Freund sagt über ihn: «Er braucht nur sehr wenig Geld und arbeitet im allgemeinen nicht gegen Entlöhnung. Er weiß, daß er zwei bis drei Tage ohne Nahrung auskommen kann. Durch

diese Haltung gewinnt er eine enorme Flexibilität ... Wenn er sich auf ein Essen jeden Tag um 6 Uhr einstellen würde, dann würde er sich mit der Nahrungsbeschaffung befassen müssen. Die Menschen sollen ihn aber als Dichter lieben, und sie geben ihm gern etwas zu essen, da sie sich freuen, ihn bei sich zu haben.»

Die Motivation: Freiheitskämpfer fühlen sich noch mehr als Freiheitskäufer dem Grundzug der westlichen Lebensauffassung entfremdet. In vielen Fällen entstammen sie der neuen Jugendbewegung, doch gibt es auch Vertreter der älteren Generation unter ihnen. Freiheitskämpfer betrachten das «Establishment» als eine rivalisierende, versklavende, dem Geld verfallene Gesellschaft.

Außenseitern stehen drei Möglichkeiten offen: Erstens können sie versuchen, sich die Mitgliedschaft des Establishments zu sichern, indem sie sich mit seinen Regeln und Wertmaßstäben identifizieren. Dies ist im wesentlichen das Verhaltensmuster des Reichsgründers, der nicht nur dem Establishment beitritt, sondern auch gleich dessen leitender Vertreter wird. Zweitens können sie die Entscheidung treffen, daß sich die Mühe, akzeptiert zu werden, nicht lohnt. Dies kann entweder eine ehrliche Beurteilung aufgrund vergleichbarer Werte sein, oder es ist das Ergebnis der Überlegung, daß sie nicht in der Lage wären, den Wettstreit zu gewinnen. Diese Alternative wurde von den «Dropouts» gewählt: den Hippies, den Angehörigen bestimmter religiöser Sekten, wie die «Hare-Krishnas» — Menschen, die man als passiv-aggressive Freiheitskämpfer bezeichnen könnte. Drittens können sie die Werte der Führungsgruppe

verneinen und versuchen, sie zu zerstören. Dies ist die Haltung, die von den mehr militanten und revolutionären Freiheitskämpfern eingenommen wird, wie von studentischen Aktivisten der Neuen Linken und den sogenannten Stadtguerillas.
Bei den passiv-aggressiven und bei den militanten Freiheitskämpfern bemüht sich die Mehrheit um die Lösung von inneren Konflikten und um die Klärung verworrener Werte. Ihre Auffassung vom Geld und dem kapitalistischen System als Symbol des Bösen und der Unterdrückung ist im wesentlichen das Ergebnis sehr persönlicher Empfindungen und Erlebnisse, und sie ist überdeckt mit Idealismus, Humanismus und der Sorge um die Unterprivilegierten. Zum Beispiel fühlt sich ein rebellierender heranwachsender Sohn im Schatten eines erfolgreichen, starken Vaters, der vielleicht ein Machtmensch ist. Er fürchtet, mit seinem Vater nie erfolgreich konkurrieren zu können und nie ein Mann zu werden, auf den sein Vater stolz sein könnte. Vielleicht bestärkt ihn sein Vater noch in diesem Gefühl der Untüchtigkeit. Die einzige Möglichkeit, einem ständigen Konflikt zu entgehen, ist der Verzicht auf den Wettstreit. Fühlt der Sohn sich stark genug, wird er vielleicht aktiv gegen das System arbeiten. Wenn nicht, wird er dem Konkurrenzstreben einfach den Rücken kehren. Der folgende Auszug aus den Aufzeichnungen eines studentischen Revolutionärs der sechziger Jahre illustriert den Konflikt zwischen Vater und Sohn:

> Lange Haare bei Männern sind offenbar manchen Menschen zuwider. Zum Beispiel meinem Vater. «Du siehst aus wie eine Frau», sagte er. «Ich werde mir die Haare schneiden lassen», sagte ich. Dann fuhr er fort: «Wenn ich ein Mäd-

chen wäre, dann würdest du mir nicht gefallen.» — «Du bist kein Mädchen», sagte ich, «und ich sagte schon, ich lasse mir die Haare schneiden.» Mein Vater spricht über die negativen Assoziationen, die manche Menschen haben, wenn sie Langhaarige sehen. Ich dagegen habe negative Assoziationen, wenn ich beobachte, wie manche Leute mit neuen Autos protzen. Ich habe es gern, wenn die Polizisten schimpfen und die alten Frauen jammern und die Geschäftsleute unsicher werden. Ich will, daß alle mich sehen und sagen: «Dort geht der Staatsfeind», denn das bin ich auch.

Manche Leute verzichten auf die Jagd nach dem Geld, aus religiöser Überzeugung oder weil sie in ihrer Tätigkeit genügend Erfüllung finden, so daß ihnen materielle Besitztümer und Geld unwichtig sind. Es ist leicht zu begreifen, daß Menschen, die in Armut aufgewachsen sind und keine legitime Möglichkeit sehen, zu Besitz zu gelangen, zur Rebellion neigen und sich gegen die wenigen Privilegierten erheben. Weniger leicht begreiflich ist es, weshalb sich auch manche Söhne und Töchter reicher Leute dieser Rebellion anschließen. Dennoch ist in der westlichen Welt in den letzten Jahren ein solcher Trend zu beobachten.
Verschiedene Faktoren können aber das Verhalten von Freiheitskämpfern aus reichen Familien erklären. Viele sehen ihre Familien als Sklaven der Vermögensbildung an und sind wütend auf ihre Eltern, die sich wenig um sie, um so mehr aber um das Geschäft gekümmert haben. Zugleich haben sie aber nie das Gefühl kennengelernt, Geld dringend zu benötigen, und die meisten Leute neigen dazu, das gering zu schätzen, was allzuleicht erhältlich ist.

Manche entwickeln Schuldgefühle wegen ihres eigenen Reichtums. Indem sie das Geld ablehnen und «von der Hand in den Mund» leben, können sie diese Schuldgefühle loswerden und zugleich revolutionären Idealen nachleben. Viele Söhne und Töchter wohlhabender und einflußreicher Eltern sind der Meinung, daß sie ihre Erfolge im Leben nur dem Geld und der Macht der Eltern, nicht aber eigenen Verdiensten zu verdanken haben. Sie meinen, es gäbe nichts hinzuzugewinnen, und deshalb haben sie eine Abneigung gegen das Geld und versuchen, sich von seinem Einfluß zu lösen.
Während die Mehrheit der Freiheitskämpfer auf die eine oder andere Art gegen die politischen und ökonomischen Werte ihrer Eltern rebellieren, verhält es sich mit dem «harten Kern» der Aktivisten anders. Kenneth Kenniston, ein Psychologe der Yale-Universität, bemerkte in einer Studie darüber: «Die Väter waren häufig Akademiker, Anwälte oder Ärzte, seltener Geschäftsleute oder Angestellte. Familieneinkommen von mehr als 30 000 Dollar waren die Regel. Die Aktivisten rebellierten nun allerdings nicht gegen das elterliche Verhalten, sondern sie führten eine schon vorhandene liberale oder linke Einstellung zum Extrem. Sie waren enttäuscht über die ihrer Ansicht nach krassen Unterschiede zwischen den hohen Idealen und Werten, für die ihre Eltern eintraten, und der Lebensweise, die ihre Eltern tatsächlich führten. Häufig handelte es sich um Studenten der Geistes- und Sozialwissenschaften, die sich besonders für abstraktes Denken und religiösen Liberalismus interessierten. Und sie litten unter allgemeinen Ängsten, einem Charakterzug, der erwiesenermaßen dazu tendiert, in Frustration und Haß umzuschlagen.»

Der Meinungsforscher Samuel Lubell, der über einen Zeitraum von vier Jahren 1100 Studenten an 36 Hochschulen interviewte, stellte fest, daß die Anführer der studentischen Bewegung Söhne und Töchter radikaler Eltern waren. Lubell zog daraus den Schluß: «Diese Studenten bildeten den Organisationskern für die Gruppe der ‹Studenten für eine demokratische Gesellschaft›; sie lieferten auch die ‹revolutionäre› Ideologie und Taktik ... Diese Studenten waren weit davon entfernt, in ihren Familien zu revoltieren: Sie setzten den Radikalismus ihrer Eltern fort.»
Freiheitskämpfer können somit als eine heterogene Gruppe angesehen werden — bestehend aus revolutionären Aktivisten, frustrierten Idealisten, passiven Verächtern des Wettbewerbsdenkens, Mitgliedern von unterdrückten Minderheiten, verwöhnten Jünglingen, engagierten Liberalen, politischen und ökonomischen Dissidenten, Nihilisten und einer Vielzahl weiterer Typen. Allen gemeinsam ist der Glaube, daß Geld die Wurzel allen Übels sei und daß die Lebensqualität verbessert werden könne, wenn man das Geld abschaffen oder gleichmäßiger verteilen würde. Hinter diesem Glauben steht die Vorstellung, der Kampf um den Gelderwerb sei eine Falle. Wenn sie in diese Falle geraten, so würden sie der Freiheit und Unabhängigkeit beraubt, ihr Leben nach ihrer Wahl zu gestalten.

Der Gewinn: Wer für irgendeine Sache kämpft, fühlt häufig, daß sein Leben sinnvoll ist. Viele Menschen, die zu Freiheitskämpfern wurden, hatten sich zuvor entfremdet und ohne Identität gefühlt. Viele hatten auf die Geldjagd verzichtet, um «zu sich selbst» zu finden. Indem sie sich mit der Gegenkultur identifizieren, erkennen sie einen Lebenszweck. Die Opposition zur Geldkultur mag aktiv oder passiv sein — durch die Identifikation mit dem neuen Ziel und durch die Bemühungen, ihre Mission zu erfüllen, gewinnen sie ein Selbstwertgefühl, das ihnen zuvor unerreichbar erschienen war. Kameradschaft und Gemeinschaftsgefühl sind ebenfalls häufig der Lohn dafür, daß man sich der «Gegenkultur» anschließt. Die Tatsache, daß man einen gemeinsamen Feind hat, führt ein Vertrauensverhältnis herbei. Viele Freiheitskämpfer litten irgendwann darunter, nirgends dazuzugehören. Sie fühlten sich von Gleichalterigen erst dann anerkannt, als sie auch gegen ihre Herkunft und Erziehung rebellierten.

Andrea Compton war schüchtern und zurückhaltend; zu ihren Mitschülern, sowohl Mädchen als auch Jungen, hatte sie kaum Beziehungen. Anfangs besuchte sie eine katholische Privatschule, später jedoch eine öffentliche Schule, da ihre Eltern sich davon einen besseren Kontakt der Tochter zu ihren Mitschülern versprachen. Doch die Probleme waren damit nicht gelöst. Ihre Mitschüler werteten ihre Schüchternheit als eine Art Hochnäsigkeit, weil sie wußten, daß ihr Vater Direktor einer großen Firma war und daß die Familie in einem sehr teuren Haus in einem vornehmen Wohnviertel wohnte.

Kurz nach Abschluß der High-School traf sie zufällig ein Mädchen wieder, das sie von der Schule her kannte. Dieses Mädchen war eine Anhängerin des Reverend Sun Myung Moon. Sie bat Andrea um eine Spende. Andrea fühlte sich geschmeichelt und gab ihr zwanzig Dollar. Die ehemalige Mitschülerin brauchte nicht viel Überzeugungskraft, um Andrea schließlich zum Beitritt zur Unification Church zu bewegen. Da Andrea schon lange das Gefühl hatte, daß sie durch das Geld von anderen isoliert und von Freundschaften ausgeschlossen wurde, die sie sich so sehr wünschte, fiel es ihr nicht schwer, ihr Leben im Überfluß gegen das spartanische Leben in dieser religiösen Gemeinschaft einzutauschen. Für sie lohnte sich das Opfer, da sie sich nun anerkannt und anderen zugehörig fühlte.

Der Preis: Den Luxus von Idealismus und Revolutionen können sich nur die Jungen leisten, sagt man. Viele werden zynischer und konservativer, wenn sie älter werden, und nur wenige bleiben ihr ganzes Leben lang Freiheitskämpfer. Die meisten gelangen auf die eine oder andere Art zu einem Kompromiß mit der Gesellschaft. Einige der früheren Anführer schlagen aus ihrem Überwechseln zu konventionellen sozialen, politischen und ökonomischen Philosophien Kapital. Timothy Leary, ein früherer Psychologe der Harvard-Universität, kehrte aus dem Exil zurück und wurde ein hochbezahlter politischer Redner. Und Tom Hayden, ein früherer studentischer Revolutionär, kandidierte von Kalifornien aus für den amerikanischen Senat. Manche Aktivisten, wie Richard Neville, der frühere Herausgeber der Untergrund-Zeitung «Oz», wurden von ihren Illusionen befreit. Bevor er sich von seinen Gesinnungsgefährten distanzierte, beklagte sich Neville über Hippies, die ihm gefälschte Schecks gaben, sich in seinem Haus einnisteten und sogar Sachen entwendeten.
Freiheitskämpfer verwechseln Idealismus mit Gefühl, während ihr Idealismus in Wirklichkeit ein

Abwehrmechanismus gegen Gefühle ist. Das hat zur Folge, daß viele von ihnen ihre frühen schöpferischen Jahre und ihre Energien vergeudet haben, indem sie die falschen Schlachten schlugen.
Auch die Familien von Freiheitskämpfern haben einen Preis zu zahlen. Eltern, deren Kinder religiösen Gruppen beigetreten sind, wie der Hare-Krishna-Bewegung, der Scientology oder der Unification Church, berichten oft, daß ihre Kinder in diesen Gruppen einer Gehirnwäsche unterzogen worden sind. Manche Eltern wurden in langwierige und teure Prozesse verwickelt, als sie versuchten, ihre Kinder der «Kontrolle» durch diese Vereinigungen zu entziehen. Die Eltern behaupten, die Kinder seien Sklaven geworden, statt Freiheit zu finden. Eine frühere Moon-Anhängerin erklärte ihre Indoktrination mit den Worten: «Es ist leicht, hineingezogen zu werden. Manchmal gibt es Lesungen über vierzig Tage hinweg, wo über Gott, Liebe und die Änderung der Welt gesprochen wird. Alles scheint so logisch. Wer dieser Sekte beitritt, muß sein ganzes Leben vorbehaltlos Reverend Moon widmen. Die Anhänger haben in Wirklichkeit keine Freiheiten. Der gesamte Tagesablauf wird eingeteilt, und die Entscheidungen werden von anderen getroffen.»
Der Schock und die Desillusion, denen sich viele Freiheitskämpfer früher oder später gegenübersehen, können sehr tiefgreifend sein. Aus den vielfältigsten Gründen werden sie zu enttäuschten, unglücklichen und verbitterten Menschen. Aus rationalen oder aus emotionalen Gründen betrachten sie das Geld als die Wurzel ihrer Probleme. Sie betrachten es als eine Art Krebsgeschwür, das die Menschen, die Gesellschaft und die Umwelt zerstört. Und sie sehen sich selbst in einem Heiligen

Krieg, um die Welt von dieser Plage zu befreien. Das Geld ist jedoch nur der Sündenbock, auf den die Frustration und Verbitterung abgeladen werden. Auch wenn es ihnen gelingt, einen vom Geld relativ unabhängigen Lebensstil zu entwickeln, verschwinden ihre Probleme nicht. Psychologisch ist es ebenso naiv zu glauben, die Abschaffung des Geldes würde alle Probleme der Menschheit lösen, wie es der Gedanke ist, sie könnten gelöst werden, wenn jeder eine Million Dollar besäße.

WIE MAN DEN UNABHÄNGIGKEITS-FANATIKER VERSTEHT

Während Unabhängigkeitsfanatiker ganz allgemein einen Lebensstil auf der Grundlage der Freizügigkeit anstreben, manipulieren manche von ihnen andere Menschen. Ihr Eintreten für Freiheit und Unabhängigkeit ist ein Versuch, ihr unterschwelliges Verlangen nach der Beherrschung anderer zu verdrängen und zu leugnen. Jedoch üben die Anführer vieler religiöser Kulte oder revolutionärer Gruppen eine strenge Herrschaft über ihre Anhänger aus. Stars aus der Unterhaltungsbranche, die durch ihr Eintreten für die Gegenkultur sehr viel Geld verdienten, haben inzwischen eigene «Herrschaftsbereiche» gegründet und sich mit Lakaien umgeben.

Es ist nicht bekannt, ob und in welchem Ausmaß primitive psychologische oder sogar genetische Faktoren eine Rolle bei der Charakterentwicklung des Unabhängigkeitsfanatikers spielen, obwohl solche Züge mitunter schon frühzeitig im Leben in Erscheinung treten.

Allen Unabhängigkeitsfanatikern gemeinsam ist

jedoch die Vorstellung, daß aus irgendeinem Grund die Abhängigkeit von anderen Menschen schon früh im Leben nicht als ein nutzbringendes, sondern als ein bedrohliches Erlebnis empfunden wurde.

Der Konflikt zwischen dem Idealismus der Jungen und dem Pragmatismus und Zynismus ihrer Eltern ist nicht neu. Die Proteste der jugendlichen Gegenkultur der sechziger Jahre erreichten jedoch epidemische Ausmaße. Mehrere Faktoren trugen zu diesem Phänomen bei. Die Zahl der Jugendlichen war sprunghaft gestiegen, denn die Kinder aus dem Baby-Boom der Nachkriegsjahre waren herangewachsen und überschwemmten die Schulen. Während eines Jahrzehnts stieg allein in den USA die Zahl der College-Studenten von 2,6 auf 7 Millionen. Die Eltern dieser jungen Generation hatten die Depression der dreißiger Jahre und den Zweiten Weltkrieg überstanden und waren entschlossen, ihren Kindern jene finanziellen Vorteile zu geben, die ihnen selbst verwehrt worden waren. In vielen Fällen gelangten sie auch zu einem gewissen Wohlstand, den sie sich aber oft mit vielen Überstunden erarbeitet hatten.

Viele junge Leute beobachteten, wie sich ihre Eltern abrackerten, um in größere Häuser zu ziehen, schnellere Autos zu fahren und finanziell weiterzukommen, und sie kamen zum Schluß, daß der Geldbesitz die Mühe gar nicht wert sei, und «stiegen aus».

Ein weiterer Faktor bei den Protesten der sechziger Jahre war der große technische und wissenschaftliche Fortschritt in dieser Zeit. Viele glaubten, das Pendel schwinge zu weit in Richtung wissenschaftlicher Objektivität und zu weit weg von menschlichen und geistigen Werten. Die Hippie-

Bewegung war ursprünglich mindestens teilweise ein Protest gegen diesen Trend.
Hinzu kommt, daß das Amerika (aber auch das Europa) der Nachkriegszeit eine kind-orientierte Gesellschaft war, obwohl viele Eltern sich zuviel um das Geldverdienen und zuwenig um die Kinder kümmerten. Die Kinder wurden im allgemeinen nicht mehr streng erzogen, und viele wurden in weit größerem Ausmaß verwöhnt, als dies in früheren Generationen möglich war. Viele Eltern hatten Schuldgefühle wegen des möglichen psychologischen Traumas, das durch Frustrationen bei ihren Kindern ausgelöst werden könnte. Sie waren deshalb bereit, den finanziellen und anderweitigen Forderungen der Kinder nachzugeben. Vielleicht zum ersten Mal in der Geschichte richteten sich die Älteren nach den Ansprüchen der Jüngeren. Viele Forderungen der Studenten wurden erfüllt. Manche Beobachter stellten nach dieser Kapitulation mit Überraschung fest, daß die «Belohnungen», die die jungen Leute für ihr rebellisches Verhalten erhielten, sogar zu einer Eskalation der studentischen Ausschreitungen führten.
Die Rebellion gegen elterliche Wertmaßstäbe ist an sich nichts Neues. Lange wurde dies als normale Begleiterscheinung einer heranwachsenden neuen Generation betrachtet. Allgemein ging man davon aus, daß Kinder von ihren Eltern geformt wurden, dann heranwuchsen, gegen ihre Eltern rebellierten, um schließlich ihre Proteste einzustellen und ein Bestandteil des Establishments zu werden. Im Verlauf der Jahre hat jedoch ein seltsamer Wandel stattgefunden. Eltern und andere Erwachsene haben nicht nur die jüngere Generation zu Wort kommen lassen, sondern lassen sich sogar von ihr lenken. Die Jungen führen, und die Älteren

folgen ihnen. Junge Leute legen fest, welche Frisuren, welche Kleidung, Musik, welche Autos, Wohnungseinrichtungen und welche moralischen Werte gelten sollen.
Die Anthropologin Margaret Mead wertet dieses Phänomen, daß ältere Leute darauf aus sind, mit ihren Kindern und Enkeln Schritt zu halten, als ein Anzeichen des gesellschaftlichen Wandels, der sich in Amerika und auch in Westeuropa sehr schnell vollzogen hat. Da sich die Jungen mühelos an Veränderungen anpassen, läßt sich die ältere Generation automatisch von der jüngeren lenken. Zum Beispiel wissen junge Leute im allgemeinen weitaus mehr über Rechenmaschinen, Stereoanlagen und über die Umweltverschmutzung, als ihre Eltern vermutlich je zu erfahren imstande sind. So wenden sich die Alten an die Jungen, um Lösungen zu finden, und dies brachte auch Veränderungen in der Führungsgruppe des Establishments mit sich. Den Studenten wurde weitaus mehr Einfluß in ihren Universitäten eingeräumt, ihre Antikriegsstimmung wurde von der Mehrheit der Bevölkerung akzeptiert. Und der Schwerpunkt der öffentlichen Ausgaben verlagerte sich sogar für einige Zeit während der siebziger Jahre in manchen Bereichen von militärischen zu humanitären Aufgaben und zu Programmen für den Umweltschutz.

WANN WIRD FREIHEIT ZUR ANARCHIE?

Wie Liebe und Sicherheit ist auch Freiheit grundlegend wichtig für den Menschen. Hinter der Forderung nach Freiheit um jeden Preis kann sich aber auch emotionale und gesellschaftliche Anarchie verbergen.

Freiheitsliebende wehren sich gegen jegliche Ungerechtigkeit anderen und sich selbst gegenüber; Anarchisten lehnen sich auf, weil sie rebellieren wollen. Sie nehmen im allgemeinen eine positive Haltung ein; Anarchisten sind oft verbittert und lassen sich leicht auf Auseinandersetzungen ein.

Freiheitsliebende übernehmen gelassen gewisse Verpflichtungen, wenn sich dies nicht vermeiden läßt; Anarchisten lehnen sich gegen jegliche Beeinträchtigung ihrer Unabhängigkeit auf.

Wenn Sie den Verdacht haben, daß Ihre eigene Freiheitsliebe eine Abwehrhaltung und eine Flucht vor der Abhängigkeit darstellt, dann beachten Sie den nachstehenden Bericht von George Norris. Seine Angehörigen und Bekannten versuchten jahrelang, ihm einzureden, er sei ein verantwortungsloser Unabhängigkeitsfanatiker. Nach einem Streit mit seiner Frau über seine «Halsstarrigkeit» und ihre «unvernünftigen Ansprüche», beschloß er, sich zu notieren, was andere von ihm hielten. Im folgenden eine Liste von Kommentaren, die er im Verlauf von wenigen Wochen zu hören bekam:

Seine Schwester, Joan: «Wir würden dich und Virginia gern zu Thanksgiving einladen, doch du wirst dich sicher erst entscheiden, ob du überhaupt kommen willst, wenn wir schon mit dem Essen fertig sind. Ich wünschte, du würdest lernen vorauszuplanen.»

Sein Bankier: «Leider können wir Ihnen ohne einen Bürgen keine Anleihe gewähren. Wenn sich Ihre Kreditfähigkeit nur besser einschätzen ließe . . .»

Sein Arbeitgeber: «Leider geht das nicht, George. Sie arbeiten ja erst seit drei Tagen hier, da kann ich Ihnen doch nicht schon den Rest der Woche freigeben.»
Sein Friseur, Sam: «Ich weiß, daß Sie seit drei Monaten ein treuer Kunde sind, aber ich kann Ihnen nicht noch länger Kredit geben. Warum lassen Sie sich nicht wie alle anderen die Haare lang wachsen?»
Seine Frau, Virginia: «Wo hast du diese häßliche Krawatte gekauft? Letzte Woche bist du im Unterhemd herumgelaufen, und heute trägst du ein violettes Hemd mit einer unmöglichen Krawatte!»
Seine geschiedene Frau, Lois: «George, mir ist es gleich, ob es dir peinlich ist, aber wenn ich bis Montag nicht die Unterhaltszahlung für das Kind habe, verklage ich dich!»
Seine Frau: «George, hast du aus meiner Tasche Geld für dein Golfspiel genommen? Ich wollte das Geld zur Bezahlung der Telefonrechnung sparen.»
Ein Kollege: «Es ist kaum zu glauben, George. Du bist zweiundvierzig Jahre alt und hattest nie ein Sparkonto?»
Seine Frau: «Sicher wäre es schön, nach Acapulco zu reisen, aber wir können es uns nicht leisten.»
Im Reisebüro: «Sicher könnte ich die Reise über Ihre Kreditkarte buchen, aber die Karte ist abgelaufen, und man sagte mir, daß Sie Ihr Konto schon überzogen haben ...»
Im Personalbüro: «Sie brauchen noch ein Formular für Ihre Bewerbung? Bitte! Wie oft haben Sie denn schon Ihre Stelle gewechselt?»

Vielleicht mehr als jeder andere Begriff symbolisiert die Freiheit das amerikanische Ideal. Unabhängigkeitsfanatiker haben jedoch den Kontakt zu den Ursprüngen ihrer Überzeugung verloren und verwechseln Freiheit mit Zügellosigkeit. Häufig beschneiden sie auch im Namen der Unabhängigkeit die Rechte und Freiheiten anderer.

DIE VIELFÄLTIGEN BEDEUTUNGEN DES GELDES

Außer den vier psychologischen Bedeutungen des Geldes — Sicherheit, Macht, Liebe und Unabhängigkeit —, die hier erörtert worden sind, ließen sich noch zahlreiche weitere Zusammenhänge erwähnen. Darüber hinaus hat Geld für manche Menschen mehr als nur eine Bedeutung. Zum Beispiel könnte jemand sowohl die Charakterzüge eines Liebeskäufers als auch eines Sicherheitsfanatikers besitzen. Bei einem Wandel in den finanziellen und emotionalen Verhältnissen können sich auch die Auffassungen vom Geld ändern. So ist es vorstellbar, daß jemand zunächst auf Sicherheit bedacht ist und dann zum Machtmenschen und schließlich zum Unabhängigkeitsfanatiker wird. Die in den vorstehenden Kapiteln beschriebenen Typen sollen daher lediglich als Beispiele für die vielen möglichen Verhaltensweisen der Menschen in bezug auf das Geld gewertet werden.

10
Die Behandlung des Geldwahns

Psychotherapeuten spezialisieren sich auf Eheberatung, Alkoholismus, sexuelle Funktionsstörungen, Kindheitsprobleme, Depressionen und Psychosen, doch nie auf Geldwahn. Geldprobleme werden gewöhnlich als zweitrangig angesehen. Nur wenige suchen wegen ihrer Probleme mit dem Geld Hilfe, weil sie im allgemeinen keine Verbindung zwischen ihrer Haltung in Geldfragen und anderen Problemen erkennen.

Sie sprechen über ihr Unglück, ihre Probleme bei zwischenmenschlichen Beziehungen, ihre Träume, ihre Krankheiten, doch nicht über Geld. Sie können sogar den gesamten psychotherapeutischen Prozeß durchlaufen, ohne diesen Aspekt ihres Daseins zu erwähnen.

Paradoxerweise wird der Typ des Therapeuten, den man sich aussucht, vor allem durch den eigenen, von dem Verhältnis zum Geld geprägten Persönlichkeitstyp bestimmt.

Zum Beispiel wird sich der Freiheitskämpfer zu einem weniger konventionellen Therapeuten hingezogen fühlen, während der Sicherheitsfanatiker ein «gutes Geschäft» machen will und daher zu dem Therapeuten geht, der das niedrigste Honorar verlangt. Der Machtaneigner sucht sich natürlich nur den «besten», das heißt den teuersten Therapeuten aus.

FÜR HILFE ZAHLEN — UND WAS DIES BEDEUTET

Die Psychotherapie ist eine Dienstleistung, und daher sind die Kosten der wichtigste Faktor. Die meisten traditionellen Psychoanalytiker meinen, zu einer erfolgreichen Analyse gehöre ein finanzielles Opfer des Patienten gleichermaßen wie freie Assoziationen und Traumdeutung. Therapeuten neuerer Schulen sind manchmal anderer Meinung. Sie sind der Auffassung, daß unter bestimmten Umständen die Therapie auch dann erfolgreich sein kann, wenn der Patient ein geringes oder gar kein Honorar bezahlt.

Die meisten Therapeuten erwarten jedoch eine Bezahlung für ihre Leistungen, und die Festlegung der Höhe der Forderung hängt von rationalen und irrationalen Faktoren ab. Es trifft aber nicht zu, wie vielfach behauptet wird, daß der Wert der Behandlung in direkter Beziehung zum Honorar steht.

Therapeuten haben, wie auch andere Menschen, emotionale Beziehungen zum Geld und ihre eigenen finanziellen Probleme. Manche finden Sicherheit, Prestige oder Macht, wenn sie große Geldsummen verdienen und ihre Praxisräume teuer ausstatten.

Manche haben ein Bedürfnis, für Unterprivilegierte oder Minderheiten zu arbeiten; andere wollen lieber wohlhabende Patienten aus der Film- oder Finanzwelt behandeln. Manche Therapeuten

unterschätzen ihren Wert und verlangen zuwenig; andere überschätzen ihre Fähigkeiten und verlangen zuviel. Und manche Therapeuten haben Schuldgefühle wegen ihrer Geldforderungen, weil die Therapie eine Betreuung voraussetzt. Betreuung und Geldforderungen sind aber eine schwierige Mischung.
Wenn man sich in psychotherapeutische Behandlung begibt, so bedeutet dies im allgemeinen, daß man einen beträchtlichen Betrag in sich selbst investiert, in der Hoffnung, seine Existenz sinnvoller, produktiver und glücklicher zu gestalten. Niemand kann genau voraussehen, wieviel diese Behandlung kosten wird, wie lange sie dauert oder welche Ergebnisse sie bringen wird. Dennoch stürzen sich viele Menschen in eine solche Verpflichtung, mit den gleichen irrationalen Einstellungen zum Geld, die in anderen Situationen vorherrschen. Zum Beispiel bezahlen sie gern höhere Honorare, als sie es sich eigentlich leisten können, weil sie dem Therapeuten imponieren wollen. Oder weil sie ein Gefühl der Minderwertigkeit hätten, wenn sie zugeben würden, daß sie das Honorar nicht aufbringen können. Auf der anderen Seite gibt es Leute, die viel herumsuchen — nicht nach der besten Behandlung, sondern nach dem billigsten Therapeuten.
Nach der vorherrschenden Meinung ist das Billige wertlos, das Teure aber wertvoll. Psychotherapeuten wissen dies so gut wie jedermann. Ein Therapeut drückte dies so aus: «Ich weiß, wie ich meine Zeit als guter Therapeut zu bewerten habe, und ich setze einen hohen Preis dafür ein. Ebenso wissen meine Patienten die Therapie zu bewerten, weil sie viel dafür bezahlen müssen. Deshalb arbeiten sie mehr an sich, um den Wert ihres Geldes hereinzubekommen.»

Diese Ansicht ist bei Therapeuten nicht ungewöhnlich, und in vielen Fällen erfüllt diese Bewertung ihren Zweck. Eine Motivierung ist jedenfalls erforderlich, damit der Patient in der Therapie Fortschritte macht, und bei vielen Menschen ist das Geld ein starker Motivator. Jedoch ist ein Fortschritt auch dann möglich, wenn eine ausreichende, anderweitige Motivation gegeben ist. Geld ist schließlich nicht der einzige Motivator des menschlichen Verhaltens. Die Praxis lehrt, daß manche Patienten auch ohne große finanzielle Opfer bedeutende Fortschritte in der Therapie gemacht haben.

Es trifft auch nicht immer zu, daß derjenige, der wenig bezahlt, in der Therapie auch weniger an sich arbeitet. Wenn die Therapie bei einem Patienten, der ein niedriges Honorar bezahlt, weniger wirksam ist, so mag dies daran liegen, daß der Therapeut einen geringeren Fortschritt erwartete oder wegen des niedrigen Honorars keine großen Anstrengungen macht. Umgekehrt erhöhen manche Therapeuten ihr übliches Honorar, wenn sie glauben, es mit einem besonders schwierigen Patienten zu tun zu haben. Ein bekannter Psychologe sagte hierzu: «Ich habe eine gleitende Honorarskala. Ich berechne weniger bei interessanten, angenehmen Patienten und mehr bei den unangenehmen und schwierigen Fällen. Wenn ich mehr zu arbeiten und auszuhalten habe, kann ich dafür auch mehr Geld verlangen!»

Die Kosten, die die Psychotherapie in finanzieller und seelischer Hinsicht verursacht, müssen aber letztlich gegen das Resultat der Behandlung abgewogen werden. Manche Therapeuten versichern ihren Patienten, daß sie bei Wirksamwerden der Therapie ein Vielfaches des Geldes verdienen können, das sie in die Therapie investiert hatten. Andererseits könnte ein solcher Therapeut zu einem ehrgeizigen Reichsgründer sagen: «Ich könnte Ihnen zur Entspannung und zu größerer Lebensfreude verhelfen, doch Sie könnten dabei Ihr brennendes Verlangen verlieren, Millionen zu verdienen.» Auf welches Honorar sich Therapeut und Patient auch immer einigen mögen — den wahren Wert der Psychotherapie kann nur der Patient selbst nach Beendigung der Behandlung bestimmen. Die bekannte Psychiaterin Frieda Fromm-Reichmann spricht nicht nur für die Psychiatrie, sondern für die gesamte Psychotherapie, wenn sie sagt: «Psychiatrische Leistungen — das heißt, der Versuch, jemandem zu helfen, der von den emotionalen Schwierigkeiten im Leben überwältigt wird — sind unbezahlbar, wenn sie erfolgreich sind, und wertlos, wenn sie mißlingen.»

GELD ALS KOMMUNIKATIONSMITTEL

Die Honorarabsprache ist oftmals ein belastendes Erlebnis — sowohl für den Patienten als auch für den Therapeuten. Therapeuten, die in Kliniken arbeiten, können gewöhnlich diese unangenehme Aufgabe den Angestellten in der Rezeption übertragen; dies gilt zum Teil auch für Privatpraxen. Manchmal lassen sich die Ängste vor einem hohen Honorar verringern, wenn die Kosten wenigstens teilweise von einer Versicherung getragen werden. In den vielen Artikeln und Büchern über die Psychotherapie wird nur sehr selten die Rolle des Geldes als therapeutisches Mittel oder die richtige oder mißbräuchliche Anwendung von Honoraren erwähnt. Wer sich mit diesem Thema befaßt, bedauert im allgemeinen nur den Mangel an Literatur über den Gegenstand und betont, daß es wichtig ist, mit den Patienten offen über Geld und Honorare zu reden. Offenbar beachten nur wenige Therapeuten Freuds klassische Mahnung, über Geld ebenso freimütig zu sprechen, wie sie über sexuelle Angelegenheiten reden würden: «Indem er (der Therapeut) das Thema der Honorare absichtlich aufwirft, zeigt er dem Patienten, daß er selbst seine falsche Scham in diesen Dingen abgelegt hat.»

Doch falsche Scham existiert noch immer bei manchen Therapeuten, wie sich aus den wenigen Untersuchungen über dieses Thema ergibt, so zum Beispiel aus der von dem Psychologen James Bugental durchgeführten Studie. Bei der Befragung einer Gruppe sehr erfahrener amerikanischer Therapeuten entstand folgendes Bild: Neunzig Prozent konnten sich vorstellen, unter bestimmten Voraussetzungen dem Patienten offen ihren Ärger auszudrücken; siebzig Prozent konnten sich vorstellen, mit dem Patienten gesellschaftlich zu verkehren; doch weniger als fünfundzwanzig Prozent der Therapeuten meinten, daß irgendein Umstand sie dazu bewegen könnte, einem Patienten Geld zu leihen oder sich von ihm Vorauszahlungen zu erbitten, also Geld zu borgen.

Die meisten Autoren, die Geld in Verbindung mit der Psychotherapie erwähnen, beschränken ihre Ausführungen auf die Honorarabsprache in der ersten Sitzung. Man gewinnt den Eindruck, Geld sei ein so häßliches Thema, daß man am besten schnell darüber hinweggeht, damit es die Beziehung zwischen Patient und Therapeut später nicht mehr belastet.

Manche Autoren besprechen auch das Für und Wi-

der von Honorarzahlungen bei nicht eingehaltenen Terminen. Selten behandelt werden jedoch die interessanten Fälle der nicht-verbalen Kommunikation, die sich durch die Zahlung oder Nichtzahlung von Geld ergeben.
Der Therapeut sollte sich nicht darauf beschränken, das Thema «Geld» mit der ersten Besprechung abzutun. Statt dessen sollte er sich auf die Bedeutung von Zahlung und Nichtzahlung im gesamten Verlauf der Therapie konzentrieren. Änderungen der Zahlungsweise enthüllen häufig unterschwellige Verhaltensänderungen des Patienten gegenüber dem Therapeuten. Wenn man versteht, was der Patient durch eine bestimmte Art der Zahlung dem Therapeuten gegenüber ausdrücken will, dann versteht man auch, was die Verwendung von Geld in anderen zwischenmenschlichen Beziehungen bedeuten kann. Die folgenden Beispiele illustrieren einige der bewußten und unbewußten Bedeutungen des Geldes in den Transaktionen zwischen Patient und Therapeut:

1. Steve, ein neunundzwanzigjähriger Ingenieur, ging während mehrerer Monate wöchentlich einmal in die Therapie. Er bezahlte jede Sitzung sofort: «Ich will keine Schulden machen, damit ich immer genau weiß, wo ich stehe.» Nachdem die üblichen Zahlungen zweimal ausgeblieben waren, kam der Therapeut darauf zu sprechen. Es stellte sich heraus, daß Steve wütend war, weil der Therapeut ihn für die schlechten Beziehungen zu seinem Vater verantwortlich gemacht hatte. Er versuchte, den Therapeuten durch die Nichtzahlung von Geld zu «bestrafen», so wie er seinen Vater treffen wollte, indem er seine Emotionen für sich behielt.
2. Wanda, eine sehr ängstliche vierunddreißigjäh-

rige Hausfrau, hatte den Therapeuten fast ein Jahr lang zweimal wöchentlich aufgesucht, als ihr Ehemann, ein Trinker, seine Stellung verlor. Der Therapeut war der Meinung, es sei ungünstig, die Behandlung zu diesem Zeitpunkt aufzugeben, und Wanda war der gleichen Auffassung. Doch sie sagte ihm, sie könne sich eine weitere Therapie nicht leisten. Man kam schließlich überein, nur einmal wöchentlich zusammenzukommen, und der Therapeut wollte kein Honorar verlangen, bis Wandas Mann wieder eine Arbeit hatte. Dies ging einige Wochen lang gut, bis Wanda eines Tages einen Umschlag mit Geld auf den Tisch des Therapeuten warf und ausrief: «Jetzt kann ich Ihnen endlich sagen, was ich wirklich über Sie denke!» Und in der nächsten Stunde kamen ihre feindseligen Gefühle dem Therapeuten gegenüber zum Ausdruck, den sie in ihren Vorstellungen zum Teil mit ihrem Vater und ihrem Ehemann durcheinanderbrachte. Während der kostenlosen Behandlung hatte sie zu starke Schuldgefühle, um ihren Ärger auszudrücken. Doch sobald sie in der Lage war, die Honorare nachzuzahlen, fühlte sie sich frei, ihren Aggressionen Ausdruck zu geben.

3. Ramona war eine hübsche zwanzigjährige Studentin. Sie konsultierte einen Therapeuten, weil sie sich schwer auf ihre Studien konzentrieren konnte, nachdem sie ihre Beziehungen zu ihrem Freund abgebrochen hatte. Nach kurzer Zeit entwickelte sie eine intensive Zuneigung dem Therapeuten gegenüber. Gleichzeitig zahlte sie die Rechnungen nicht mehr. In ihren Phantasien erwiderte der Therapeut ihre romantischen Gefühle, und das Verhältnis zueinander war nicht mehr eine Beziehung zwischen Patient und Arzt. Sie drückte dies so aus: «Es wäre mir profan erschienen, eine so profunde

Beziehung auf die Stufe der Prostitution, wie man sie an jeder Straßenecke kaufen kann, herabzuwürdigen.»

4. Alfred wurde von seinem Hausarzt wegen einer Reihe psychosomatischer Beschwerden an einen Therapeuten verwiesen. Er hatte die Gewohnheit, vor jeder Sitzung dem Therapeuten einen Scheck zu geben und dabei zu sagen: «Also, Doktor, ich möchte, daß wir das jetzt so machen ...» Alfred meinte, es sei so wie bei einem Geschäft: Wenn er Geld zahle, könne er die Anweisungen geben.

5. Toni, einer achtundzwanzigjährigen Modezeichnerin, wurde in einer anderen Stadt eine interessante Stelle angeboten, nachdem sie eine Therapiezeit von etwa acht Monaten hinter sich hatte. Nach einer längeren Aussprache mit ihrem Therapeuten beschloß Toni, die Stelle anzunehmen. Sie war mit ihren Zahlungen an den Therapeuten in Rückstand geraten, doch in ihrer neuen Stellung konnte sie ihren Verpflichtungen nachkommen. Jeden Monat sandte sie ihm einen Scheck, bis sich ihre Schulden auf nur noch fünfzig Dollar beliefen. Da sich dies monatelang nicht änderte, schrieb der Therapeut der Patientin. Er erhielt daraufhin den folgenden Brief:

> «Lieber Doktor,
> es ist mir etwas peinlich, aber ich habe es nicht fertiggebracht, diese letzte Zahlung zu leisten. Vielleicht klingt es seltsam, aber ich sehe die Schuld von fünfzig Dollar als eine Nabelschnur an, die mich an Sie bindet. Ich fühle mich noch nicht stark genug, um sie abzuschneiden. Doch eines Tages wird es soweit sein, und dann schicke ich Ihnen den Scheck. Ich hoffe, Sie werden mich verstehen.»

6. Gordon war Student der Psychologie. Sein Vater war ein bekannter Psychiater, und seine Mutter hatte eine Stellung als psychiatrische Sozialarbeiterin. Schon als Heranwachsender kannte er die Thesen von Freud und Adler, und er hatte oft das Gefühl, von Vater und Mutter mehr als Patient denn als Sohn behandelt zu werden. Er litt unter Stimmungsschwankungen und versank manchmal in tiefe Depressionen. Hin und wieder begab er sich in psychotherapeutische Behandlung, doch nicht über lange Zeit hinweg. Sobald er sich etwas besser fühlte, brach er die Therapie ab. Als der Therapeut begonnen hatte, Gordons Unsicherheiten aufzudecken, fühlte sich Gordon unbehaglich und stellte die laufenden Zahlungen ein. Als sich seine Schuld auf einige hundert Dollar belief, äußerte Gordon, er werde von zu vielen Schuldgefühlen geplagt, und wolle die Therapie unterbrechen, bis sich seine Finanzen besserten. Damit vermied er, mit seinen wirklichen Problemen konfrontiert zu werden.

In allen diesen Beispielen ist die Einstellung zum Geld stark mit dem Ausdruck von Gefühlen verknüpft. Da Geld ein integrierender Bestandteil des täglichen Lebens ist, erscheint es im Zusammenhang mit einem neurotisch geprägten Lebensstil unwahrscheinlich, daß dieser die Behandlung und Verwendung des Geldes unbeeinflußt läßt.
Anhand der folgenden Beispiele wird dargelegt, wie Psychotherapeuten ihre Patienten, die eine irrationale Einstellung zum Geld zeigten, auf unterschiedliche Weise behandelt haben.
Dennis Patterson, ein vierunddreißigjähriger Buchhalter, war ein ausgeprägter Sicherheitsfanatiker. Er begann die Therapie nur widerwillig, da

seine Frau drohte, ihn zu verlassen, wenn er sich nicht behandeln lasse. Nachdem er die Kosten einer Scheidung samt Aufteilung des Eigentums ausgerechnet hatte, entschied er sich für die Therapie, weil sie ihm billiger erschien.

Bei der ersten Aussprache behauptete Dennis, er könne es sich nicht leisten, das «unerhört hohe» Honorar des Therapeuten zu bezahlen. Er versuchte es herunterzuhandeln, doch der Therapeut ließ sich nicht erweichen. «Ich fürchte, Sie würden mich nicht respektieren, wenn ich zuließe, daß Sie mich ausnutzen», sagte er ruhig. Schließlich war Dennis widerwillig damit einverstanden, das volle Honorar zu entrichten.

Der Therapeut hatte gespürt, daß Dennis darauf aus war, ein «gutes Geschäft» zu machen; er weigerte sich, auf das neurotische Bedürfnis seines Patienten — ohne entsprechende Gegenleistung, etwas zu erlangen — einzugehen. Er schlug vor, Dennis solle sich in klinische Behandlung begeben, wenn ihm die private Therapie zu teuer sei. Dabei stellte sich heraus, daß Dennis nicht etwa zu wenig Geld hatte, sondern daß er sich einfach nicht von seinem Geld trennen wollte.

Ziel der Behandlung war, Dennis zu ermutigen, stärker auf andere Menschen einzugehen, um Vertrauen zu erlernen. Wie oft in solchen Fällen mußte Dennis zunächst lernen, dem Therapeuten zu vertrauen. Auf seine Art testete er die Vertrauenswürdigkeit und Verschwiegenheit seines Therapeuten: Er bezahlte ihm absichtlich zuviel und vertraute ihm eine Geschichte an, die er noch niemandem erzählt hatte. Der Therapeut bemerkte jedoch den Fehler und gab das Geld zurück und bewies absolute Diskretion gegenüber Dennis' Frau, die ebenfalls in Behandlung war. Allmählich entdeckte

Dennis, daß er seine Empfindungen, auch seinen Ärger und seine Zuneigung, dem Therapeuten gegenüber ausdrücken konnte, ohne die Beziehung zu gefährden. Vom Therapeuten gedrängt und ermutigt, war er schließlich in der Lage, seiner Frau und einigen engen Freunden Vertrauen zu schenken.

In manchen Fällen hielt der Therapeut Dennis davon ab, über Geld und verwandte Gebiete zu diskutieren. Er erkannte, daß dies das einzige Gebiet war, auf dem Dennis sich sicher fühlte. Wenn das Gespräch auf die Probleme kam, die Dennis in bezug auf sein Verhältnis zu anderen Menschen beschäftigten, wechselte Dennis gern das Thema und sprach statt dessen über finanzielle Angelegenheiten, zum Beispiel über seine «Einsparungen» beim letzten Einkauf.

Der Therapeut machte Dennis klar, daß das Thema «Geld» therapeutisch unproduktiv und im Vergleich zu anderen Themen sogar unbedeutend sei. Unter der Anleitung des Therapeuten begann er, Geld allmählich in der richtigen Perspektive zu betrachten.

Während Dennis in seinen Beziehungen zu anderen mehr Erfüllung fand, maß er gleichzeitig der finanziellen Absicherung weniger Bedeutung bei. Er gewann auch größeres Selbstvertrauen und eine stärker ausgeprägte Selbstachtung. Er entdeckte neue Interessensgebiete und ging neue Freundschaften ein. Und schließlich verstand er, was der Therapeut meinte, als er sagte: «Man kann Geld auch genießen, ohne es in der Bank aufzuhäufen.»

Noch mehr als Sicherheitsfanatiker stehen Machtmenschen der Psychotherapie abgeneigt gegenüber. Das Widerstreben des Sicherheitsfanatikers

beruht auf den Kosten, während der Machtmensch nicht zugeben will, daß er irgendwelche Schwächen oder Fehler hat oder Hilfe von einem anderen Menschen benötigt.
Mike Gregory hatte nie die Absicht, sich in Behandlung zu begeben. Er weiß auch heute noch nicht genau, wie es dazu kam. Helen, seine Frau, hatte sich in psychologische Behandlung begeben, weil sie sich «niedergeschlagen, einsam und völlig untüchtig» vorkam. Mike war mit ihr nicht zufrieden, weil sie nie richtig «in Schwung» kam. Obwohl er, wie er selbst sagte, «ständig ausgebucht» war, nahm er sich die Zeit, den Psychologen aufzusuchen, um sich bei ihm beraten zu lassen, wie er seine Frau behandeln solle, um ihr zu helfen, über diesen «Unsinn» hinwegzukommen.
Bevor er sich selbst dessen bewußt war, erzählte Mike von seiner Vergangenheit — der Armut, die er in seiner Kindheit zu spüren bekommen hatte, von den verschiedenen Berufen, denen er nachgegangen war, bis er schließlich als erfolgreicher Geschäftsmann eine Ladenkette aufbauen konnte. Als Mike sein erstes Geschäft eröffnete, führte Helen seine Bücher und arbeitete eng mit ihm zusammen. Als er dann erfolgreicher wurde, gab Helen diese Tätigkeit auf und war nur noch Hausfrau und Erzieherin ihrer beiden lebhaften Söhne. Mit wachsender Wohlhabenheit entfremdeten sie sich zunehmend voneinander.
Obwohl Mike widersprach, betonte der Psychologe, daß Helens Probleme echt seien und zum Teil mit ihrer Beziehung zu Mike zu tun hätten. Es schien ihm offensichtlich, daß auch Mike einige Probleme hatte, die durch seine Beziehung zu Helen kompliziert wurden. Wenn es Mike wirklich Ernst damit war, seine Beziehung zu Helen zu ändern, sollte er

zu verstehen versuchen, wie sein Verhalten auf sie wirkte, und umgekehrt.
Die Direktheit des Psychologen irritierte Mike. Er war es nicht gewohnt, daß andere ihm unverblümt gegenübertraten. Doch weil er sich als sorgender und liebevoller Ehemann ausgegeben hatte, sah er keine Möglichkeit, die Besuche beim Psychologen einzustellen.
Der Psychologe hielt es für richtig, mit Mike zusammen die Bedingungen für einen «Behandlungsvertrag» festzulegen, um Mißverständnisse von vornherein auszuschließen. In geschäftsmäßiger Form wurden Honorare, Zeitdauer der Sitzungen und Bedingungen bei Streichungen von Terminen festgelegt. Wenn Mike im Verlauf der Behandlung die Vertragsbedingungen zu seinen Gunsten abzuändern versuchte, erinnerte der Psychologe ihn daran, daß er sich an die Abmachungen zu halten habe. «Sie wissen, was wir vereinbart haben, Mike. Wenn Sie einen Termin nicht einhalten können, müssen Sie zwei Tage zuvor absagen und einen triftigen Grund nennen, sonst ist das Honorar fällig.» — «Nein, ich kann Ihnen nicht eine halbe Stunde zusätzlich geben, auch wenn Sie das Doppelte bezahlen! Ein anderer Patient wartet schon. Wenn es eilig ist, habe ich morgen um zwei Uhr Zeit, sonst müssen wir uns bis zum nächsten Mal gedulden.»
Mike empfand es als frustrierend, jemandem gegenüberzusitzen, den er nicht manipulieren und nicht kaufen konnte. Doch dies brachte ihn schließlich dazu, eine weniger zynische Einstellung dem Leben gegenüber und eine ehrlichere Haltung seinen Kunden gegenüber einzunehmen.
Während der ganzen Behandlung trachtete Mike nach Überlegenheit in seiner Beziehung zum Psy-

chologen. Dieser wiederum verspürte kein Bedürfnis, sich auf einen Wettkampf einzulassen. Doch er verstand Mikes dahingehendes Bedürfnis und begnügte sich damit, Mike auf sein irrationales Verhalten hinzuweisen. Wenn Mike sich frustriert fühlte, wurde er unfreundlich und eigensinnig und beschimpfte sogar gelegentlich den Psychologen; doch dieser weigerte sich, das Spiel mitzuspielen. Allmählich kam Mike zur Einsicht, daß sein Bemühen, eine Beziehung zu beherrschen, beim Therapeuten nicht nur unwirksam, sondern auch überflüssig war. Der Psychologe war eine Autorität, die sich weder durch Mikes «Härte» noch durch sein Geld beeindrucken ließ. Als ihm dies klar geworden war, begann Mike sich auf seine Sitzungen beim Psychologen zu freuen. Hier durfte er auf seine Abwehrhaltung verzichten, hier konnte er ganz sich selbst sein. Gelegentlich sprach er sogar über seine Ängste und andere Empfindungen, derer er sich «schämte». Zu seinem Erstaunen stellte er fest, daß der Therapeut ihn nicht auslachte, wie es einst sein Stiefvater getan hatte, als Mike ein kleiner Junge war. Am liebsten diskutierte Mike jedoch über intellektuelle Themen oder über Entscheidungen, die er zu treffen hatte.

Von allen durch ihre Einstellung zum Geld geprägten Charaktertypen wird sich der Liebeskäufer am ehesten freiwillig in psychotherapeutische Behandlung begeben. Er zahlt dem Therapeuten einen bestimmten Betrag, damit dieser nett zu ihm ist. Die bewußte Absicht der Liebeskäufer ist es, ihre Einsamkeit und Traurigkeit zu überwinden; unbewußt sind sie jedoch bereit, die Therapie ständig fortzusetzen und eine permanente Beziehung zum Therapeuten aufrechtzuerhalten, der ihnen für ihr Geld Zuneigung entgegenbringen soll.

Linda Boothe war eine etwas zur Fettleibigkeit neigende sechsundzwanzigjährige Grundschullehrerin. Sie hatte keine engen Freunde, und wenn sie einmal einen Abend mit einer Bekannten verbrachte, so war dies zumeist eine Frau, die gesellschaftlich ebenso linkisch war wie Linda selbst. Zu ihren Eltern und ihrer älteren Schwester hatte sie nie enge Beziehungen unterhalten. Sie fand Trost bei gutem Essen und verbrauchte viel Zeit damit, Liebesromane zu lesen. Ein Liebesverhältnis mit einem jungen Mann hatte sie aber nie.
Schon in ihrer Studienzeit hatte Linda einen Therapeuten aufgesucht. Sie beschloß nach ihrer Lehrerprüfung, sich in reguläre psychotherapeutische Behandlung zu begeben.
Zu Beginn war sie sehr zurückhaltend und wußte nicht, worüber sie mit dem Therapeuten sprechen sollte. Doch sie war von dem Gedanken begeistert, den Therapeuten, einen gut aussehenden älteren Herrn, eine ganze Stunde für sich allein zu haben. Sie stellte sich vor, der Therapeut würde sich für sie interessieren und sie einladen, mit ihm auszugehen.
Nach einer gewissen Zeit «vergaß» sie einmal, ihre Monatsrechnung zu bezahlen. Als die Rechnung auch gegen Mitte des nächsten Monats noch nicht bezahlt war, fragte der Therapeut sie danach. Nach langem Zögern gab sie schließlich zu, daß sie sich den Therapeuten eigentlich zum Freund wünschte und nicht als Arzt. Dadurch würde sie etwas «Besonderes» sein, nicht nur «irgendein» Patient. Der Therapeut würde sie behandeln, weil er sie gern hatte, nicht weil sie ihn dafür bezahlte.
Ab und zu war Linda mit sich selbst oder mit ihren Beziehungen zum Therapeuten unzufrieden und klagte dann immer: «Ich bin so durcheinander, und

ich verstehe nicht, wie Sie mich jede Woche ertragen können», wobei sie hoffte, der Therapeut würde ihr versichern, er sorge sich um sie. Oder sie sagte: «Sie müssen mich gern haben, weil dies Ihre Aufgabe ist und weil ich Sie dafür bezahle. Wenn ich nicht Ihre Patientin wäre, dann würden Sie mich nicht einmal ansehen!» Hierauf pflegte der Therapeut zu antworten: «Sie bezahlen mich, damit ich Ihnen helfe, nicht damit ich Sie liebe. Wenn ich Sie gern habe, ist alles leichter, doch dafür werde ich nicht bezahlt.» Mit der Zeit war Linda in der Lage, das Finanzielle vom Emotionalen in der Therapie zu trennen.
Lindas Klage war immer wieder dieselbe: «Ich bin häßlich!» — «Ich bin einsam!» — «Niemand liebt mich!» — «Ich bin untüchtig!» — «Ich bin unglücklich!» Nach einiger Zeit, als der Therapeut Lindas Charakter genügend zu verstehen glaubte, hakte er bei ihren Selbstvorwürfen ein: «Linda, Sie müssen eines begreifen: Alles Verhalten ist erlernt, und es wird erlernt, weil es in gewisser Weise lohnend ist. Wenn Sie gelernt haben, sich elend, einsam und unglücklich zu fühlen, muß dies auch Vorteile für Sie haben. Wir wollen sehen, was diese sind.»
Zunächst bestritt Linda, daß ihre Einsamkeit und Niedergeschlagenheit ihr irgendwelche Vorteile brächten. Im Verlauf der Therapie wurde ihr jedoch immer mehr bewußt, daß ihr Zustand, so unerfreulich er auch sein mochte, immer noch besser war als die quälende Angst, sich mit jemandem emotional einzulassen und Gefahr zu laufen, «vernichtet» zu werden. Sie fühlte sich sicherer, nicht ihre eigenen Gefühle, sondern Geld gegen Liebe einzutauschen. Wenn Geld die Liebe, die sie benötigte, nicht «kaufen» konnte, so war dies kein gro-

ßer Verlust. Doch in Unsicherheit darauf warten zu müssen, war ein schrecklicher Gedanke.
Mit der Zeit zeigte Linda mehr Bereitschaft, Risiken einzugehen und sich innerlich mit anderen Menschen zu beschäftigen. Sie verlor etwas an Gewicht, entwickelte weitere Interessen, legte ihr Selbstmitleid ab, war weniger auf sich selbst konzentriert und begann, sich für andere zu interessieren. Sie fand mehr Gründe, sich selbst zu mögen und stellte fest, daß auch die anderen positiver reagierten. Schließlich erkannte sie, daß sie Liebe und Freundschaft erst dann erringen konnte, wenn sie bereit war, statt Geld ihr eigenes Ich zu investieren.
Während Liebeskäufer dazu neigen, in starke Abhängigkeit vom Therapeuten zu geraten, bemühen sich Unabhängigkeitsfanatiker um so mehr, einer solchen Abhängigkeit zu widerstehen. Wenn sie sich in psychotherapeutische Behandlung begeben, dann versuchen sie, sich aus Beherrschung und Kontrolle zu lösen und sich in ihrer Beziehung zum Therapeuten nicht einengen zu lassen.
Barbara Davis war eine zweiunddreißigjährige geschiedene Frau, die gern eine erfolgreiche Malerin geworden wäre.
Sie begab sich in Behandlung, weil sie Probleme in ihrer Beziehung zu Tom hatte, mit dem sie seit zwei Jahren zusammenlebte. Sie waren übereingekommen, daß sie keine gegenseitigen Verpflichtungen übernehmen wollten und daß jeder auch andere Beziehungen eingehen konnte. Barbara hielt an dieser Auffassung fest, doch Tom wurde eifersüchtig, wenn sie andere Männer traf, und sie hatte zunehmend den Eindruck, daß er sie zu sehr für sich beanspruchte.
Da sie ein sehr freizügiges Leben führte, vergaß

Barbara häufig ihre vereinbarten Termine mit dem Therapeuten. Sie entschuldigte sich zwar jedesmal, doch ihr Verhalten änderte sich nicht. Nachdem sie mehrere Termine versäumt hatte, erinnerte der Therapeut sie daran, daß sie in Zukunft für jede Sitzung bezahlen müsse, auch wenn sie nicht erscheine. Barbara versprach, künftig pünktlich zu sein, doch das Gegenteil trat ein. Sie versäumte nicht nur ihre Termine, sondern vergaß auch, die Rechnungen zu bezahlen. Obwohl Barbara sich sträubte, gelang es dem Therapeuten, sie zu einer Erklärung für ihr Verhalten zu bringen. Allmählich stellte sich heraus, daß ihr «Vergessen» zum Teil eine passive Form einer Rebellion war. Als sie das Gefühl bekam, vom Therapeuten zu abhängig zu werden, begann sie, den Sitzungen fernzubleiben. Immer mehr sah sie im Therapeuten eine Art Vaterfigur, was sofort in ihr die Konflikte wachrief, die sie mit ihrem Vater gehabt hatte. Ihre «Vergeßlichkeit» bei Honorarzahlungen war letztlich nur ein Ausdruck ihrer negativen Empfindungen.

Seit früher Kindheit hatte Barbara das Gefühl gehabt, ihr Vater vernachlässige sie und widme sich zu sehr seiner Anwaltspraxis, die sie haßte. Als er mit achtundvierzig Jahren nach einem Herzinfarkt starb, hinterließ er ihr eine ansehnliche Erbschaft, die es ihr ermöglichte, ihre Ausbildung zur Kunstmalerin fortzusetzen. Dennoch hatte sie unterschwellige Schuldgefühle wegen des geerbten Geldes, das ihr mit einem Makel behaftet schien. Sie ging daher auf exzentrische Weise mit Geld um und hatte häufig das Bedürfnis, es in hohen Beträgen zu verschwenden, um es loszuwerden. Die Folge war, daß sie häufig Geld von Tom borgen mußte oder auf seine Großzügigkeit angewiesen

war, um bis zum nächsten Monatsende auszukommen.
Obwohl Barbara sich eigentlich deshalb in Behandlung begeben hatte, weil sie unter Toms emotionaler Abhängigkeit litt, wurde sie schließlich mit ihrer finanziellen Abhängigkeit von ihm konfrontiert. Der Therapeut machte Barbara klar, welches Verhalten sie Tom und anderen gegenüber zeigte und was dies psychologisch für sie bedeutete. So wollte sie keine Verpflichtung übernehmen, regelmäßig ihre Termine einzuhalten, sondern den Therapeuten nur dann aufsuchen, wenn es ihr gerade gelegen kam. Ihre falsche Einstellung zum Geld gestattete ihr nicht, finanziell unabhängig zu sein. Der Therapeut zwang Barbara zu der Einsicht, daß sie ihn und andere dahingehend zu manipulieren versuchte, die schützende Rolle ihres Vaters zu übernehmen und fortzusetzen. Ihr erster größerer Schritt auf dem Wege zum «Erwachsenwerden» sollte darin bestehen, daß sie beim Therapeuten die Termine einhielt und die Rechnungen bezahlte.
Die Einstellung zum Geld und seine Verwendung widerspiegeln unterschwellige persönliche Triebkräfte und stellen deshalb eine reiche Informationsquelle für Therapeuten und für Patienten dar.
Chester W. Feurerstein, einer der wenigen Psychologen, der die Notwendigkeit erkannt hat, in der Therapie das Verhältnis zum Geld zu berücksichtigen, zieht daraus den Schluß: «Die zahlreichen tiefen Emotionen und Konflikte, die sich häufig auf das Geld zurückführen lassen, dürfen nicht unterdrückt und unter den Teppich gekehrt werden, weil sie zwangsläufig den therapeutischen Prozeß stören, wenn sie nicht ans Licht gebracht und offen

behandelt werden. Die verbreiteten Schwierigkeiten, die viele Therapeuten bei der Behandlung von Geldfragen haben, sowie die monetären Aspekte im Leben ihrer Patienten, tragen vermutlich in beträchtlichem Ausmaß zu den Fehlschlägen und Teilerfolgen in der Psychotherapie bei.»

11
Warum die Reichen reicher werden, die Armen arm bleiben und die meisten weder das eine noch das andere tun

Einem alten Ausspruch zufolge ist es wenig wahrscheinlich, mit hundert Dollar eine Million zu machen, unvermeidlich dagegen, mit hundert Millionen Dollar eine Million zu machen. Der Traum vom Aufstieg des Habenichts zum reichen Mann gehört ebenso zur amerikanischen Tradition wie Baseball und Apple-Pie. Der Traum wird aufrechterhalten durch die Tatsache, daß einzelne dies tatsächlich geschafft haben, wie Ray Kroc, der Eigentümer der «Hamburger»-Firma McDonald's, und Conrad Hilton, der Hotelmagnat. Und trotz höherer Steuern und verstärkten Kontrollen wächst die Zahl der Millionäre ständig an. Dennoch ist die Wahrscheinlichkeit immer noch sehr klein, daß der Normalbürger zu großem Reichtum gelangt. Viel wahrscheinlicher ist dagegen, daß ein bereits Wohlhabender noch reicher wird.

DIE REICHEN HABEN MEHR GELD

Als der Schriftsteller F. Scott Fitzgerald seine häufig zitierte Bemerkung machte: «Die Reichen sind anders als wir», antwortete Ernest Hemingway:

«Ja, sie haben mehr Geld.» Dieser kurze Dialog ist in Wirklichkeit tiefsinniger, als es den Anschein hat. Den Reichen werden zwar viele besondere Charakterzüge zugeschrieben, doch Einzelpersonen entsprechen nicht immer der Schablone für die ganze Schicht. Aus einer Anzahl von Studien geht sogar hervor, daß zwischen den sehr Reichen, besonders den Erben großer Vermögen, und den sehr Armen Ähnlichkeiten bestehen. Vertreter beider Gruppen neigen dazu, von unverdientem Einkommen zu leben, haben eher Abscheu vor harter Arbeit und plädieren für größere sexuelle Freiheiten als die Angehörigen der mittleren Schichten.

Eine weitere Ähnlichkeit zwischen den sehr Reichen und den sehr Armen liegt darin, daß sie keine Entscheidungen treffen müssen und daher auch keine Verantwortung für die Folgen von Entscheidungen zu tragen haben. Roger Starr, der Chef des New Yorker Amtes für städtischen Wohnungsbau, stellte folgenden Vergleich an:

«Ein Charakteristikum unterscheidet die sehr Reichen von allen anderen: Sie brauchen nicht einen Vorteil zugunsten eines anderen aufzugeben und verstehen deshalb nicht die mehr oder weniger schmerzliche Abwägung von Alternativen, die wir anderen im Rahmen einer ernsthaften Lebensführung täglich vorzunehmen haben, da wir wissen, daß sich Entscheidungen im allgemeinen nicht zurücknehmen lassen.

Auch die sehr Armen sind der Notwendigkeit enthoben, Entscheidungen zu treffen. Sie haben nicht die finanziellen Mittel, die ihnen Entscheidungsfreiheit geben könnten. Hier zeigen sich auch die schmerzlichen Auswirkungen der Armut im Vergleich zum Reichtum der übrigen Gesellschaft. Der Arme wird in der amerikanischen Gesellschaft entmenschlicht, nicht weil sein tatsächlicher Lebensstandard unter der Überlebensgrenze liegt (Hunderte Millionen von Menschen müssen unter noch weit schlechteren Bedingungen überleben), sondern weil seine relative Armut ihn der menschlichen Verantwortung und Entscheidungsfreiheit beraubt.»

Dr. Roy R. Grinker jr. beschrieb in einer Sitzung der American Psychiatric Association seine Erfahrungen bei der Behandlung von fünfzehn jungen Patienten, die alle eine Erbschaft von mehreren Millionen in Aussicht haben. «Die Ähnlichkeit mit Kindern der Armen ist überraschend», behauptete Grinker. Beide Gruppen entbehren eine angemessene elterliche Betreuung; es fehlen ihnen Erwachsene, die sie bewundern können. Sie fühlen sich ungeliebt, nicht richtig eingeschätzt, und sie gewinnen nie eine positive Einstellung sich selbst gegenüber.

Gewiß sind nicht alle, die großen Reichtum erben, «emotionale Versager», wie Grinker die von ihm Untersuchten nannte. Nicht alle sind «defensiv, egozentrisch, leicht depressiv, langweilig, an der Arbeit uninteressiert, ohne Zielsetzungen oder Ideale und von der Vorstellung durchdrungen, daß sie wegen ihres Geldes von Frustrationen verschont bleiben».

Und doch trifft der Ausdruck «emotionaler Versager» eher auf den Superreichen zu, der Geld erbt, als auf jenen, der selbst das Geld anhäuft. Die «Geldmacher» sind in der Mehrzahl ehrgeizige, hart arbeitende, vorwärtsstrebende und entscheidungsfreudige Menschen.

Psychologische Forschungen nach Persönlichkeits-Faktoren, die allen Reichen gemeinsam sind, haben bis jetzt keine Resultate gebracht. Typisch für die Schlußfolgerungen, die Forscher auf diesem Gebiet gezogen haben, ist die Aussage des Psychologieprofessors Dr. Frederick Herzberg: «Bei sehr erfolgreichen Menschen gibt es keine Gemeinsamkeiten. Ihre Persönlichkeitstypen sind ebenso unterschiedlich wie bei allen anderen Menschen.» Ein ähnlicher Mißerfolg war auch Studien beschieden, die Persönlichkeitstypen bei den Armen zu definieren versuchten. Man kann höchstens sagen, daß es bestimmte Faktoren gibt, die die Wahrscheinlichkeit, Reichtümer anzuhäufen, einschränken oder fördern könnten. Wie schon Hemingway feststellte, ist das einzige, was Reiche von anderen unterscheidet, die Tatsache, daß sie mehr Geld haben.

Dies war auch die Meinung von Joseph P. Kennedy, dem Stammvater der berühmten Politikerfamilie. Als ihm ein Student der Princeton-Universität einen langen Fragebogen schickte, um die Charakteristiken der Reichen zu untersuchen, schickte Kennedy den Bogen unbeantwortet zurück mit der Bemerkung: «Ich bin reich, weil ich sehr viel Geld habe.»

Man braucht Geld, um Geld zu machen. Es gibt viele Möglichkeiten, um zu Geld zu kommen. Fast immer ist jedoch eine Investition erforderlich, um auf legale Weise ein Vermögen zu verdienen. Man kann investieren, indem man Geld in Grundstükken, Wertpapieren, in einem Lotterielos oder in einem Geschäft anlegt. Auf welche Weise man auch immer versucht, ein Vermögen zu machen: Man muß Geld zum Investieren haben. Wie der Philosoph Rousseau vor über zweihundert Jahren bemerkte: «Geld ist die Saat des Geldes, und das erste

Pfund ist manchmal schwieriger zu erwerben als die zweite Million.»
Außer einigen Konzerndirektoren, Stars im Showbusiness oder Berufssportlern wird wohl kaum jemand nur mit einem Gehalt zu sehr großem Reichtum kommen. Meistens stammt Reichtum nämlich nicht aus verdientem, sondern aus unverdientem Einkommen. Anstatt selbst zu arbeiten, lassen die Reichen ihr Geld für sich arbeiten. Selbstverständlich ist die Wahrscheinlichkeit groß, viel Geld zu erwirtschaften, wenn man viel Geld für sich arbeiten läßt. Wer ausreichend Startkapital hat, kann ohne große Anstrengung, ohne geschäftliche Kenntnisse und praktisch ohne Risiko sehr viel Geld verdienen. Wer hundert Millionen Dollar in sicheren, steuerfreien Papieren investiert, erzielt beispielsweise sechs Millionen Dollar Einkommen im Jahr, das er ausgeben kann. Werden die hundert Millionen langfristig angelegt, so lassen sie sich in weniger als zehn Jahren verdoppeln. Und wer sich in Gelddingen auskennt und bereit ist, größere Risiken einzugehen, kann in kürzerer Zeit noch bedeutend mehr Geld machen.

Ausrichtung auf die Zukunft. Erfolgreiche Investitionen hängen von der Fähigkeit ab, Entwicklungstrends und Wachstumsmöglichkeiten zu erkennen. Dies bedeutet Zukunftsplanung, das heißt, die Bereitschaft, auf sofortige Gewinne zu verzichten, um dafür langfristige Vorteile zu erzielen. Der kluge Bauer verbraucht nicht all sein Korn. Er legt einen Teil beiseite, um im nächsten Jahr aussäen zu können. Der erfolgreiche Kaufmann steckt einen Teil seines Gewinns in die Werbung, in der Hoffnung, mehr Waren zu verkaufen. Der Gehaltsempfänger

kann versuchen, von jeder Auszahlung einige Dollars zu sparen, um Geld für ein Haus zurückzulegen oder vielleicht ins Geschäftsleben einzutreten. Auf jeden Fall muß der Normalbürger aber gewisse Opfer bringen, wenn er Geld sparen will.
Für die Armen ist es noch schwieriger. Wer Hunger hat, wird sich kaum der Zukunftsplanung widmen, denn es ist unrealistisch für ihn, mit noch weniger Geldmitteln auszukommen, als er hat, um das Gesparte irgendwann in der Zukunft gewinnbringend anzulegen. In den Armenvierteln zählt nur die Gegenwart, die Zukunft ist ohnehin ungewiß. Für fünf Jahre vorauszuplanen, würde bedeuten, sich für eine Ewigkeit festzulegen. Die Armen können in der Praxis kein Investitionskapital ansammeln, und es ist für sie äußerst schwierig, sinnvolle Zukunftsplanungen vorzunehmen.
Im Gegensatz hierzu haben die Reichen Zeit und Neigung zur Vorausplanung, weil ihre täglichen Bedürfnisse ja mühelos erfüllt werden. Reiche können es sich leisten, Geld in Projekte zu stecken, die jahrelang keinen Gewinn abwerfen. Wenn der Endgewinn ausreichend hoch ist, können sie erneut investieren und auf den neuen Gewinn warten. Da ihre Gegenwart gesichert ist, können sie sich mit künftigen Dingen beschäftigen. Sehr erfolgreiche Reichsgründer haben nicht nur klare Vorstellungen von ihren späteren Lebensverhältnissen; sie haben meistens auch die Macht und das Geld, um ihre Träume zu verwirklichen.
Ungewöhnlich ist es, daß jemand reich wird, wenn am Ausgangspunkt nichts weiter als ein Traum steht. Wer ohne Kapital startet, muß ganz auf die Zukunft ausgerichtet sein und erhebliche Opfer bringen, wenn er die finanziellen Grundlagen zur Erreichung seiner Träume schaffen will. Wer je-

doch bereits reich ist, braucht sich nicht einzuschränken, wenn er einen Teil seines Geldes in ein gewinnträchtiges Projekt steckt.

Vorbilder. Ein Großteil des Lernens beruht auf Nachahmung. Kinder erlernen das Sprechen, indem sie Laute anderer Menschen nachahmen. Sie erlernen das Gehen, indem sie Erwachsene beobachten und versuchen, ihre Bewegungen nachzuahmen. Die meisten Verhaltensweisen und Wertvorstellungen werden erlernt, indem man unbewußt die Eigenschaften von Eltern oder anderen Bezugspersonen übernimmt. Söhne und Töchter der Reichen haben reiche Vorbilder, denen sie nacheifern können. Sie lernen, was es bedeutet, reich zu sein; sie wissen, wie man mit großen Beträgen umgeht, und sie erwerben Kenntnisse über Geschäfte und Finanzen. Es gibt zwar Kinder von Reichen, die ihre Eltern als Vorbilder ablehnen und gegen die Wertvorstellungen ihrer Familien rebellieren, doch sie sind in der Minderheit. Die meisten Kinder identifizieren sich mit der Einstellung der Familie dem Geld gegenüber und ahmen das Verhalten nach, das darauf hinzielt, Geld zu «machen». Howard Hughes erbte mit achtzehn Jahren etwa 450 000 Dollar von seinem Vater und baute auf dieser Grundlage ein Riesenunternehmen, das schließlich einen Wert von über einer Milliarde Dollar hatte. J. Paul Gettys Vater machte Millionen, was seinem Sohn den Ansporn gab, seinen Vater zu übertrumpfen und Milliarden zu machen. Getty sagte einmal, er habe nur deshalb so viel Geld gemacht, weil er seinem Vater beweisen wollte, daß er dazu fähig sei. In den Familien Du Pont, Ford und Rockefeller ist der Reichtum von einer

Generation zur anderen weitervererbt worden, wobei jede Generation der vorhergehenden nacheifert.
Auf der anderen Seite sind die Vorbilder der Armen keine wohlhabenden und erfolgreichen Menschen. Im Gegenteil, sie sind Versager, zumindest auf finanziellem Gebiet. Um aus der Armut herauszukommen, brauchen die Menschen nicht nur Hoffnung, sondern auch günstige Gelegenheiten. Wenn einige den Weg ebnen können, folgen andere ihren Spuren. Doch die meisten Menschen in den Elendsvierteln haben kaum Hoffnung und fühlen sich im Stich gelassen. Sie kennen keine Reichen, die sie sich zum Vorbild nehmen und mit denen sie sich identifizieren könnten. Nur wenigen sehr Armen gelingt es, sich bis zur Mittelschicht heraufzuarbeiten.

Zwanghafter Antrieb. Den Erben großer Vermögen werden oft Trägheit und Arbeitsunlust nachgesagt. Manche betrachten in der Tat die Arbeit als etwas, das unter ihrer Würde liegt. Dies trifft jedoch durchaus nicht für alle reichen Erben zu. Ehrgeiz und ein Hang zur Arbeit fehlen beispielsweise nicht in den Familien der Kennedys oder der Rockefellers. Und bei reichen Selfmademen ist ein zwanghafter Antrieb zur Arbeit allgemein verbreitet. Manche genießen die Arbeit, so wie andere Menschen ihre Freundschaften, das Familienleben, ihre Hobbys und Spiele genießen. Die meisten sind an harte Arbeit so gewöhnt, daß sie nicht aufhören zu arbeiten, auch wenn sie schon Millionen gemacht haben. Der Drang zur Arbeit ist sogar stärker als das Verlangen nach mehr Geld. In einer Studie über die sehr Reichen heißt es: «Arbeit ist

ein Teil ihres Wesens. Sie können ihre Arbeitsgewohnheiten ebensowenig ändern wie ihre Augenfarbe.»
Doch durch harte Arbeit allein wird niemand reich. Bei den Armen, besondes in ländlichen Gebieten, finden sich Menschen, die zwanghaft arbeitsam sind und dennoch nur ein kümmerliches Dasein fristen. In den Städten dagegen ist die Arbeitsmoral bei den Armen nicht so ausgeprägt wie in der Mittelschicht. Hart arbeitende Menschen, die von den Jungen als Vorbilder aufgefaßt werden könnten, treten kaum in Erscheinung, und wo es sie doch gibt, scheinen die Vorteile im Verhältnis zu den großen Mühen nur gering zu sein. Deshalb wird harte Arbeit häufig sehr skeptisch betrachtet.

Beziehungen. Indem man die richtigen Schulen besucht, die richtigen Leute kennenlernt und sich den richtigen Gesellschaftskreisen anschließt, schafft man sich bessere Gelegenheiten, um Geld zu machen. Wenn man mit Leuten verkehrt, die Geld haben, wird sich das eigene Verlangen steigern, selbst Geld zu machen. Hinzu kommen Gelegenheiten für Investitionen und geschäftliche Transaktionen, die sich sonst nicht bieten würden. Man wählt nicht nur seine Freundschaften in der Nachbarschaft oder unter Arbeitskollegen aus; auch Eheschließungen finden größtenteils innerhalb gleicher gesellschaftlicher Schichten statt. Wer in den Kreisen der Reichen verkehrt, wird mit großer Wahrscheinlichkeit auch einen Ehepartner wählen, der Geld hat. In vielen Fällen vergrößert sich der Reichtum, weil Angehörige zweier reicher Familien heiraten und ihre Vermögenswerte zusammenlegen. Der reiche griechische Reeder Stav-

ros Livanos hatte zwei Töchter. Eine von ihnen heiratete den Milliardär Aristoteles Onassis, die andere den ebenso vermögenden Stavros Niarchos. Und nachdem Tina Onassis sich von Aristoteles hatte scheiden lassen und Eugenie Niarchos gestorben war, heiratete Stavros Niarchos seine Schwägerin Tina. Auf diese Weise blieb das Geld in der Familie.
Beziehungen spielen sowohl bei den Armen als auch bei den Reichen eine Rolle. Wenn sich arme Leute mit anderen Armen zusammentun, können sie besser mit ihrer Armut zurechtkommen. Viele lernen, sich ihrer Umwelt anzupassen. Wenn man sich in einer Situation befindet, die praktisch nicht änderbar ist, wird man sich eine Existenz aufbauen, die möglichst wenig Unannehmlichkeiten mit sich bringt. Zur Anpassung gehört auch, daß man keine großen Veränderungen erstrebt und keine zu großen Hoffnungen hegt, da dies nur zu weiteren Frustrationen und Verärgerungen führen würde. Obwohl eine solche Anpassung die Menschen nicht voranbringt, trägt sie doch dazu bei, die Armut erträglicher zu machen.

Glück. Außer totalem Einsatz, guten Vorbildern, einer Ausrichtung auf die Zukunft, Beziehungen und Kapital gibt es einen weiteren wichtigen Faktor, der für das Reichwerden eine Rolle spielt. Es handelt sich um das Glück. Wenn jemand ein Vermögen machen will, dann muß er nicht nur hart arbeiten können und intelligent, einfallsreich und ohne Skrupel sein, sondern er muß auch das Glück haben, derjenige zu sein, der am richtigen Ort mit dem richtigen Produkt oder der richtigen Technologie zur richtigen Zeit aus seinen Ideen Kapital schlagen kann. So ist ein Großteil des Erfolges, der Ölmagnaten wie J. Paul Getty, Hugh Roy Cullen, Everette Lee De Golyer und anderen beschieden war, ihrem Glück bei der Auswahl der profitabelsten Ölrechte zuzuschreiben. Und Clement W. Stone, der im Versicherungsgeschäft ein Vermögen von einer halben Milliarde Dollar verdiente, hatte oft Glück. So zum Beispiel an seinem ersten Tag als junger, verängstigter Versicherungsvertreter, als er gleich zwei gute Abschlüsse tätigen konnte. Dies gab ihm Mut und Durchhaltewillen, seine Karriere voranzutreiben.

WARUM DIE MEISTEN MENSCHEN WEDER REICH NOCH ARM SIND

Millionen von Menschen vergöttern das Geld. Noch mehr Leute träumen davon, Millionen zu besitzen und nach ihrem Belieben zu verwenden. Genau wie Sex ist Geld zu einem bevorzugten Gesprächsthema geworden. Daß jedoch viele Leute nicht mehr Geld haben, liegt im wesentlichen daran, daß Geld letztlich nicht die Mühen und Entbehrungen wert ist, die sein Erwerb mit sich bringt.
Fallgeschichten zeigen, daß Menschen, die mit nur geringen Mitteln begonnen haben und später über große Vermögen verfügen, vom Gelderwerb besessen sind. Wer bereit ist, achtzehn Stunden anstatt acht zu arbeiten und totalen Einsatz zu geben, hat eine gute Chance, zu Geld zu gelangen. Er wird auch manche Gelegenheit zum Geldverdienen wahrnehmen, die andere übersehen, und auf manche Käufe und Vergnügungen verzichten, um Geld zum Investieren zu sparen. Er wird sich ohne Rücksicht auf Zeit- und Energieaufwand mit den

geschäftlichen Projekten vertraut machen, auf die er sich einläßt. Er wird seine Hobbys, seine Freunde und seine Familie, aber auch angenehme Arbeitsbedingungen zugunsten finanzieller Vorteile opfern.

Von Zeit zu Zeit wird jeder mit der Frage konfrontiert, welchen Wert Geld eigentlich besitzt und welche Opfer man dafür zu bringen gewillt ist. Wieviel ist eine Freundschaft wert? Eine Ehe? Die Selbstachtung? Der Ruf? Die Gesundheit? Das Leben? Die Freiheit? Die Integrität? Eine mögliche Haftstrafe? Die meisten Menschen sind nicht gewillt, Geld zu verdienen, wenn dies im Gegensatz zu ihren Glaubensregeln und Wertmaßstäben steht. Auf der anderen Seite kann man täglich in den Zeitungen lesen oder im Film oder Fernsehen beobachten, wie Leute stehlen, morden oder mit Drogen handeln, um Geld zu machen.

Von einigen Ausnahmen abgesehen, gelingt der Aufstieg von der Armut oder von der Mittelschicht zum Reichtum nur jenen, die Geld über alles andere in ihrem Leben stellen. Ein solcher Aufsteigertyp ist einmal treffend charakterisiert worden: «Ein Mann der Tat, der zwanghaft und zielstrebig seinem Erwerbstrieb folgt. Er weiß einfach nicht, was er sonst tun könnte — für ihn sind Geldmachen und Leben gleichbedeutend, und er glaubt oft, daß er an einem großen Kreuzzug beteiligt ist.»

Ganz offensichtlich geben die meisten Menschen dem Geld nicht die Priorität in ihrem Leben. Außerhalb bestimmter Grenzen würden sie sich weigern, nur für den Gelderwerb zu leben. Genau betrachtet, sind den meisten Menschen Gesundheit, Seelenfrieden, Glück, Freundschaft, Selbstachtung und ähnliche Werte wichtiger als das Geld. Je mehr diese Werte mit dem Streben nach

Reichtum in Konflikt geraten, desto geringer ist die Wahrscheinlichkeit, reich zu werden. Sogar jene, die Millionäre werden, haben im Hinblick auf die Art ihres Gelderwerbs gewisse Skrupel. Weshalb es nur wenige schaffen, sich finanziell bis zur Spitze emporzuarbeiten, hängt aber noch von weiteren Faktoren ab.

Dollars und Geschäftssinn. Der Gelderwerb ist eine intellektuelle Betätigung. Das Glück spielt häufig eine Rolle, doch Emotionen sind im allgemeinen hinderlich. Viele sonst intelligente Menschen lassen ihren Emotionen freien Lauf, wenn es um Finanzen und Investitionen geht. In solchen Fällen büßen sie häufig ihr Geld ein. Zum Beispiel ist bekannt, daß manche Ärzte, die sich in ihrer täglichen Praxis von der Logik leiten lassen, oft ihr Geld schlecht anlegen.
Man braucht nicht übermäßig intelligent zu sein, um Geld zu machen, doch wenn man nicht auf Glück allein vertrauen will, muß man Kenntnisse in geschäftlichen Dingen besitzen. Die Einfältigkeit ist kein Segen, wenn es darum geht, zu Geld zu kommen. Dennoch ist es erstaunlich, wieviele Menschen sogar große Geldbeträge in Unternehmungen und Projekte stecken, über die sie praktisch nichts wissen. Ein Arzt, der sich verständlicherweise geweigert hätte, dem Rat eines Studenten im ersten Semester über eine Wundnaht zu folgen, investierte unbekümmert fünftausend Dollar in Wertpapieren, zu denen ihm ein Liftboy geraten hatte. Ein Biochemiker mit Doktortitel und langer Berufserfahrung riskierte ohne Zögern ein ganzes Jahresgehalt bei einer Grundstückspekulation, ohne auch nur den Prospekt gelesen zu haben. Ein

Bauunternehmer, der einen Rembrandt nicht von einem Dali unterscheiden konnte, las in der Zeitung, daß man beim Gemäldesammeln Profite machen könne, und begann, wahllos Ölgemälde zu kaufen.

Gerade solche Leute wären entsetzt, wenn sich ein Makler als Arzt betätigen würde, ein Grundstücksverkäufer als Chemiker oder ein Kunsthändler als Bauunternehmer. Und doch erscheint es ihnen durchaus vertretbar, ohne Kenntnisse und Erfahrungen auf den speziellen Gebieten zu investieren, in der naiven Erwartung, viel Geld zu erwerben.

Auf einen Unternehmer, dem es gelingt, eine kleine Niederlassung zu einer großen internationalen Handelskette auszubauen, kommen Hunderte von kleinen Geschäftsleuten, die sich mühsam über Wasser halten oder in Konkurs gehen. Wie Millionen von Amerikanern hatte auch Gilbert Lyndon den Traum, ein eigenes Unternehmen zu gründen. Und wie bei vielen anderen war auch bei ihm das Verlangen, seinen Traum Wirklichkeit werden zu lassen, so ausgeprägt, daß es mit seinem gesunden Menschenverstand in Konflikt kam.

Alle, die ihn kannten, hielten Gilbert für einen intelligenten Menschen. Nach dem erfolgreich absolvierten Studium der Kunstgeschichte hatte er mehrere Jahre als Assistent des Kurators in einem Kunstmuseum gearbeitet. Er zeichnete sich nicht nur durch Spezialkenntnisse aus, sondern war auch mit dem Kunsthandel vertraut und wußte, wo sich gute Stücke zu vernünftigen Preisen beschaffen ließen.

Als eine Großtante Gilbert eine Erbschaft hinterließ, entschloß er sich, in einem neuen Einkaufszentrum eine Galerie zu eröffnen. Seine Freunde waren von seinem schön ausgestatteten Geschäft

begeistert und sagten ihm einen finanziellen Erfolg voraus. Und wirklich schien es, als ob Gilbert eine große Chance hätte, wohlhabend zu werden. Doch es sollte nicht so kommen.
Die umliegenden Geschäfte, die Stoffe, Farben, Dekorationswaren und Haushaltartikel verkauften, erzielten alle gute Umsätze. Gilberts Galerie jedoch nicht. Manchmal nahm er gerade soviel Geld ein, um die Angestellten zu bezahlen, manchmal auch nicht. Gilbert mußte zu seiner großen Enttäuschung feststellen, daß er zwar den Kunsthandel, aber nicht seine Kundschaft kannte.
Gilberts Ware war von guter Qualität, jedoch teuer. Die meisten Bewohner dieses Viertels waren junge Familien, die sich in Schulden gestürzt hatten, um in jener Gegend ein Haus zu kaufen. Kunst, vor allem teure Kunst, konnten sie sich gar nicht leisten, auch nicht als Investition.
Gilbert erkannte zwar, daß sich so kein Geld verdienen ließ. Sein Stolz verbot ihm aber das Eingeständnis, daß er mit seiner Entscheidung, in dieser Gegend eine Galerie zu eröffnen, einen schweren Fehler gemacht hatte. So traf er eine weitere unkluge Entscheidung: Statt sein Geschäft zu schließen, nahm er Geld auf, vergrößerte sein Lager und veranstaltete eine Auktion. Es fruchtete nichts — er verlor nicht nur sein Geld, sondern auch seinen Stolz.
Da geschäftliche Erfolge auf vernünftigen Entscheidungen beruhen, schränkt jede Behinderung der intellektuellen Effizienz auch die Möglichkeiten zum Geldverdienen ein. Der Stolz oder die Unfähigkeit, eigene Fehler zuzugeben und zu korrigieren, sind, wie in Gilberts Fall, häufige Gründe für Mißerfolge bei Investitionen. Schon so mancher Geldanleger mußte zusehen, wie sein großer

«Coup» zu einem Reinfall wurde. Doch statt den Verlust in Grenzen zu halten, indem er rechtzeitig verkauft oder sich aus dem Geschäft zurückzieht, hofft der Betroffene auf ein Wirken höherer Mächte und somit auf eine Bestätigung der eigenen Beurteilung. Und verliert in der Zwischenzeit immer mehr Geld. Doch es gibt noch weitere Persönlichkeitsmerkmale, die eine nüchterne Einschätzung der Lage verunmöglichen und so einen finanziellen Erfolg verhindern.

Habgier. Nur wenige werden durch Habgier reich. Weitaus mehr Leute bleiben gerade wegen ihrer Habgier auf der Strecke. Das Märchen vom schnell erworbenen Reichtum ist wie ein Rauschmittel, das den gesunden Menschenverstand betäubt. Besonders bei Pferderennen läßt sich dies beobachten. Manche setzen nicht nur ihr ganzes Bargeld ein, um auf einen Schlag reich zu werden, sondern sie haben dabei noch ihre besondere «Methode»: Sie setzen alles auf ein Pferd, in der irrigen Hoffnung, damit auch die größten Gewinnchancen zu haben. Doch das Gegenteil ist der Fall: Je größer das Wagnis, desto geringer sind die Chancen, groß herauszukommen.
Die Habgier ist die Verbündete von Manipulatoren und Schwindlern. Sie sind zwar selbst habgierig, doch gewöhnlich unterdrücken sie ihre eigene Habsucht, während sie die Habsucht der anderen schüren. Manchen dieser «Experten» gelingt es, mit Schwindelunternehmen naive Leute um ihre Ersparnisse zu bringen; andere schwören auf Tricks, die seit über hundert Jahren erfolgreich angewendet werden. Eine altbekannte Gaunergeschichte handelt von einem Goldschatz, der in

einer Kiste in El Paso, Texas, aufbewahrt ist und einer einst reichen mexikanischen Familie gehörte, die das Gold aus dem Lande schmuggeln mußte. Gegen einige tausend Dollar werden dem gewinnsüchtigen Trottel die Schlüssel für die nicht existierende Kiste ausgehändigt. Derartige Schwindel werden schon seit Jahren in den Zeitungen bloßgestellt, und es scheint unmöglich, daß ein einigermaßen vernünftiger Mensch noch auf solche Tricks hereinfällt. Dennoch lassen sich auch intelligente Leute hereinlegen. Vielleicht liegt die Antwort in der Beobachtung, die der britische Arzt Sir Thomas Browne schon 1642 machte: «Die Habsucht scheint nicht ein Laster, sondern ein bedauerlicher Wahn zu sein.» Der einzige Trost für das Opfer einer solchen «Krankheit» ist wohl die Tatsache, daß viele Schwindler ihrer eigenen Habsucht zum Opfer fallen und von anderen Schwindlern übervorteilt werden.

Furcht. Während die Habgier die Leute dazu bringt, rücksichtslos zu spekulieren, hält die Furcht andere gänzlich vom Spekulieren ab. Furcht und Mißtrauen führen zur Unentschlossenheit und zur Unfähigkeit, mögliche Gelegenheiten zum Gelderwerb wahrzunehmen. Furchtsame Menschen können zwar mit ihrem Intellekt die Vorteile von Investitionen in bestimmte Projekte erkennen, doch selbst wenn alle Sicherheiten vorhanden sind, sind solche Menschen emotional nicht in der Lage, sich von ihrem Geld zu trennen. Sie verlieren zwar nie das Geld, das sie bereits besitzen, doch oft verlieren sie jenes Geld, das sie erwerben könnten, wenn sie selbstsicherer und entschlossener wären.

Don und Tina sind seit fünf Jahren verheiratet. Beide haben gute Stellungen; sie haben keine Schulden und legen jeden Monat eine bestimmte Summe auf ihrem Konto zurück. Die meisten ihrer Freunde haben sich inzwischen eigene Häuser gekauft, doch Don und Tina wohnen noch in der gleichen Wohnung, in die sie nach ihrer Heirat einzogen. Wenn sie sich Häuser ansahen, die zum Verkauf angeboten wurden, so hatten sie immer etwas an ihnen auszusetzen. Einmal machten sie sogar eine Anzahlung, doch dann befürchteten sie wieder, einen Fehler begangen zu haben. Sie ließen ihre Anzahlung verfallen und kauften das Haus nicht.
Zwei Techniker, die mit Don zusammenarbeiteten, wollten ihn dazu bringen, sich mit ihnen zusammen selbständig zu machen. Doch er wollte seine Ersparnisse nicht aufs Spiel setzen, und da er sich auch bei der Bank kein Geld borgen wollte, lehnte er das Angebot ab. Tina arbeitet für eine Maklerfirma. Als jemand ihr vorschlug, sich ihre geschäftlichen Kenntnisse selbst zunutze zu machen, antwortete sie: «Wenn ich Wertpapiere hätte, könnte ich nachts nicht schlafen, weil ich Angst hätte, Geld zu verlieren. Ich lasse mein Geld lieber auf der Bank, wo es sicher ist.»
Wer beruflich mit Investitionen zu tun hat, weiß, daß man die Entscheidungen ruhig und berechnend zu treffen hat, um Erfolg zu haben. Die meisten Menschen investieren gefühlsmäßig, und Massenentscheidungen sind im allgemeinen falsche Entscheidungen. Beispielsweise ist an der Börse eine gewisse Manipulation durch große Investoren durchaus üblich, doch die Ebbe und Flut der Kurse wird auch durch die Millionen von kleinen Investoren beeinflußt, die in einer Art Massen-

hysterie alles nachahmen, was andere vor ihnen getan haben. Ideal wäre es, Aktien dann zu kaufen, wenn die Kurse am tiefsten sind und sie dann zu verkaufen, wenn sie am höchsten sind. Um dies zu tun, muß man allen anderen voraus sein, und dazu sind Mut und Überzeugung erforderlich. Außerdem muß man die ökonomischen, sozialen, politischen und psychologischen Zusammenhänge analysieren. Der ängstliche Geldanleger wartet in der Regel zu lange, bevor er es riskiert, sich von seinem Geld zu trennen. Doch dann ist es häufig zu spät; die Kurse haben ihren Höchststand überschritten und beginnen wieder zu sinken. Die meisten unerfahrenen Kleininvestoren verkaufen dann in Panik zu jedem Preis und treiben die Kurse auf einen noch niedrigeren Stand. Und wenn die Kurse wieder ganz unten sind, können sie sich nicht zum Investieren entschließen. Sie behaupten dann, daß es für sie unmöglich sei, auf dem Aktienmarkt Geld zu machen, und halten an diesem Glauben fest, bis die Kurse ihren nächsten Höchststand erreichen.

Neid. Je mehr Wert die Menschen dem Geld beimessen, desto wahrscheinlicher ist es, daß sie jene beneiden, die mehr Geld als sie selbst besitzen. In seiner Schrift «Der General» kommentierte Onasander vor fast zweitausend Jahren: «Der Neid ist eine Seelenqual, den erfolgreiche Menschen bei ihren Nachbarn verursachen.» Viele neidische Menschen würden sich mit geringeren Besitztümern begnügen, wenn dies sicherstellen würde, daß keiner ihrer Nachbarn mehr hätte als sie selbst. Bloßer Neid läßt manche Menschen ihre Zeit und Energien dafür verschwenden, andere nicht hochkommen zu lassen, anstatt sich mehr auf die Ver-

besserung ihrer eigenen finanziellen Situation zu konzentrieren.
Je reicher man wird, desto mehr muß man mit dem Neid und Haß anderer Menschen rechnen. Neidische Menschen neigen auch dazu, ihre eigenen Chancen zu beschneiden, wenn sich günstige Gelegenheiten bieten. Ein Grundstücksmakler, der schon lange im Beruf war, erzählte: «Ich bin immer wieder verblüfft, wenn ich feststelle, wie viele Menschen auf einen guten Kauf verzichten, wenn sie merken, daß auch ein anderer davon profitiert. Neulich war ein Kunde bei mir, der im Begriff war, ein Grundstück zu kaufen, das um etwa zehntausend Dollar unterbewertet war. Ich merkte, wie die Zahlen in seinem Kopf herumschwirrten, als er den Profit ausrechnete, den er erzielen würde, wenn er das Grundstück vielleicht in einem Jahr wiederverkaufen würde. Dann fragte er, seit wann dem jetzigen Eigentümer das Grundstück gehöre und was er damals dafür bezahlt habe. Als ich es ihm sagte, murmelte er: ‹So dumm bin ich nicht, daß ich dem Kerl auch noch helfe, reich zu werden!›, und dann zerriß er seinen Scheck. So etwas erlebe ich immer wieder.»

Zorn. Von allen Emotionen sind Liebe und Zorn wahrscheinlich die machtvollsten Zerstörer wohldurchdachter Pläne. Und je stärker die Emotion ist, desto mehr wird der Intellekt kaltgestellt, und das Verhalten durch die Wucht der Emotion bestimmt. Ausdrücke wie «blinde Wut» oder «von Zorn verzehrt» beschreiben Zustände, in denen das Ich und der Intellekt außer Funktion sind.
Ein in bestimmten Grenzen gehaltener, beherrschter Zorn kann dazu beitragen, eine schwierige

Lage zu überwinden. Er kann auch eine Motivation sein, finanziellem Erfolg nachzustreben. Die blinde Wut dagegen verhindert konstruktive Überlegungen. Wenn ein Star oder ein Athlet wegen eines Konflikts mit dem Leiter der Veranstaltung oder eines «Krachs» mit Kollegen in seinem Zorn die Vorstellung «platzen» läßt, kann er seine ganze Karriere aufs Spiel setzen.
Wenn bei geschäftlichen Verhandlungen große Geldbeträge auf dem Spiel stehen, führt dies häufig zu Frustrationen und erheblichem Streß. Viele solche Begegnungen enden mit Auseinandersetzungen und Wutausbrüchen, mit dem Ergebnis, daß es wegen impulsiver, feindseliger Reaktionen zu keiner Einigung kommt. So verlor der Besitzer einer aufstrebenden Fabrik eine Bestellung, mit der er fest gerechnet hatte. In seiner Enttäuschung beschwerte er sich beim Käufer darüber, daß sein Konkurrent den Auftrag erhalten hatte. Ihm wurde gesagt, seine Ware habe einen kleinen Fehler und sein Preis sei zu hoch. Statt dies als konstruktive Kritik aufzufassen, explodierte er: «Niemand hat in mein Geschäft hineinzureden! Sie haben keine Ahnung von meiner Ware!» Nachdem er sich beruhigt hatte, sah er ein, daß der Käufer im Recht war, doch obwohl er sich sehr entschuldigte, war der Schaden nicht mehr zu beheben. Der Kunde fühlte sich durch den Zornausbruch gekränkt, und der Fabrikant erhielt von ihm keine Aufträge mehr.

Selbstverständnis. Manche Leute werden nie reich, weil sie sich nicht vorstellen können, reich zu sein. Selbst in ihren Phantasien können sie sich nicht ausdenken, wie es wäre, wenn sie beliebig viel Geld zur Verfügung hätten und sich einen weit über ih-

rem Standard liegenden Lebensstil leisten könnten. Der Unterschied zwischen ihren tatsächlichen Verhältnissen und einem Leben in Reichtum ist manchmal so groß, daß er sich gedanklich nicht überbrücken läßt. Drastische Veränderungen sind also nicht nur in der Praxis, sondern sogar in der Gedankenwelt schwer zu verkraften.
Um ein Ziel zu erreichen, sei es, jeden Tag fünf Kilometer zu joggen, Gitarre zu lernen oder reich zu werden, muß man sich ein dem eigenen Selbstverständnis entsprechendes Ziel aussuchen, das auch realistisch erreichbar ist. Wer von sich selbst sagt, daß er viele Jahre Unterricht nehmen könnte und dennoch nie Gitarre spielen lernen würde, und es doch versucht, der lernt auch wirklich nie, Gitarre zu spielen. Das gleiche gilt auch vom Reichwerden. Wer die Vorstellung, reich zu sein, als unbequeme Umstellung empfindet oder das Ziel als zu weitgesteckt ansieht, wird höchstens einen halbherzigen Versuch machen, das Ziel zu erreichen. Es spielt keine Rolle, ob das Selbstverständnis durch Schuldgefühle in bezug auf das Geld oder durch Angst vor dem Ungewohnten definiert wird — das Ergebnis ist das gleiche. Es ist unwahrscheinlich, daß jemand sich groß anstrengt, ein Ziel zu erreichen, das er als unerreichbar betrachtet. Ohne Bemühungen sind aber die Chancen, Erfolg zu haben, minimal.

Genügsamkeit. Nicht alle persönlichen Charakterzüge, die mit dem Gelderwerb zusammenhängen, sind negativ. Ein Grund dafür, daß manche Menschen sich nur wenig um den Erwerb größerer Reichtümer bemühen, ist ihre Zufriedenheit mit dem Status quo. Bei den meisten Leuten ist es so, daß sie nur dann etwas tun, wenn sie sich nicht wohl fühlen oder unzufrieden sind. Nur den Reichen ist es beschieden, auch beim Nichtstun reicher zu werden. Wer dagegen aus der Mittelschicht kommt, braucht nicht nur Kapital und außergewöhnliches Talent, sondern er muß sich auch anstrengen, um reich zu werden. Wenn er sich nun mit der bestehenden finanziellen Situation zufriedengibt, ist er einfach nicht genügend motiviert, die Anstrengungen auf sich zu nehmen, viel mehr Geld zu machen.

Ehrlichkeit. Natürlich haben auch ehrliche Menschen die Möglichkeit, reich zu werden, doch scheinen die Chancen desto besser zu stehen, je unehrlicher man ist. Viele der bedeutendsten Vermögen entstanden aus Geschäftspraktiken, die — milde ausgedrückt — fragwürdig waren. Die Namen von John D. Rockefeller, Cornelius Vanderbilt, J. P. Morgan, Jay Gould und Jim Fisk stehen wegen ihres Reichtums in den Geschichtsbüchern, nicht wegen ihrer Moral. Nicht von ungefähr wurden diese Superreichen des späten 19. Jahrhunderts «Raubritter» genannt. Ferdinand Lundberg, lebenslanger Student und Kritiker der Reichen, bemerkte über die Finanzmanipulationen der Direktoren großer Unternehmungen: «Das sorgfältig geplante und durchgeführte Verbrechen ist nachweisbar der sicherste Weg zum finanziellen Erfolg in den Vereinigten Staaten.»
Ehrlichkeit ist natürlich relevant. Manche Leute sind unbedingt ehrlich in allen ihren Beziehungen. Andere sind es in den meisten Fällen. Manche betrügen, wen sie können; andere schwindeln nur bei ihrer Einkommenssteuer. Allgemein läßt sich sa-

gen, daß ein ehrlicher Mensch bereit ist, auch einen finanziellen Verlust in Kauf zu nehmen, um von Schuldgefühlen und Ängsten verschont zu bleiben.

Mitleid. Von allen positiven Emotionen, die den Gelderwerb zügeln, sind Mitleid, Liebe, Freundlichkeit, Sympathie, Sorge und Großzügigkeit die wichtigsten. Großherzigkeit und Zartgefühle lassen sich nicht mit harten geschäftlichen Entscheidungen vereinbaren, wo es nur um Geldbeträge und nicht um Menschen geht. Großherzige Vermieter erhöhen nicht die Mieten älterer Menschen, ohne zuvor die Verhältnisse geprüft zu haben, und sie lassen nicht bei Schuldnern pfänden, die in vorübergehenden finanziellen Schwierigkeiten stekken. Verständnisvolle Arbeitgeber versuchen, auf die Bedürfnisse ihrer Angestellten einzugehen. Sie beuten ihre Arbeiter nicht aus, entlassen niemanden, der kurz vor seiner Pensionierung steht, und sie lassen auch keine Arbeiten unter unsicheren Bedingungen zu, um dabei vielleicht Geld zu sparen.
Manche hilfsbereite Menschen mögen zwar ihrer Veranlagung nach Liebeskäufer sein, doch der um das Wohl seiner Mitmenschen wirklich Besorgte verwendet sein Geld aus echtem Mitleid. Je mehr Geld er jedoch für humanitäre Zwecke aufwendet, desto weniger Geld bleibt ihm für Investitionen und Spekulationen, und desto weniger Chancen hat er, reich zu werden.
Trotz der geringen Chancen gelingt es einigen, es bis zur Spitze zu schaffen. William H. Danforth, der Gründer der Ralston Purina Company, machte Millionen, obwohl er ehrlich und ein hilfsbereiter

Mensch war. Lundberg schrieb über ihn: «Im Gegensatz zu vielen Zeitgenossen, die sich wie er im Geschäftsleben hervortaten, ließ sich Danforth nie auf fragwürdige Geschäfte ein, er beging nie Betrügereien, er wurde nie krimineller Handlungen bezichtigt und nie beschuldigt, seine Arbeiter auszubeuten. Wenn man den amerikanischen Kapitalisten als außergewöhnlich guten und großherzigen Menschen darstellen will, muß man auf William H. Danforth verweisen.»

Gefühle. Viele Filme und Hörspiele handeln vom «verlorenen Sohn», der rechtzeitig nach Hause zurückkehrt, um das Grundstück der Familie vor dem Aufkauf durch einen habgierigen Geschäftemacher zu schützen, der dort ein Einkaufszentrum errichten will. Der Held läßt sich natürlich von seinen Gefühlen leiten, seiner Loyalität dem ererbten Land gegenüber, das seine Familie einst erschlossen hatte. Das Thema ist in vielen Varianten beschrieben worden, doch der Grundtenor ist immer der gleiche: der Konflikt zwischen Gefühl und Geld. Der Held beschreitet den Pfad der Tugend und weigert sich, das Rennpferd der Familie oder das Ölgemälde zu verkaufen, auch dann, wenn das Geld gebraucht wird.

Während manche Menschen eine Stradivari-Violine als einen Besitz ansehen, mit dem sich möglicherweise ein Vermögen machen ließe, betrachtet der Sentimentale das Instrument mit nostalgischen Blicken und würde es nie gegen Geld eintauschen.

Wer eine sentimentale Beziehung zu den Traditionen und Besitztümern der Familie entwickelt hat, widersteht offensichtlich der Versuchung, diese

Güter dem sogenannten Fortschritt zu opfern oder gegen Geld einzutauschen.
Dies sind einige der vielen Gründe, die dazu beitragen, daß die meisten Menschen weder sehr reich noch sehr arm werden. Sie sind einem System unterworfen, das auf die Mittelschicht ausgerichtet ist und ausreichend Vorteile bietet, um ein Zurückgleiten in die Armut zu verhindern, aber nicht genügend Unzufriedenheit schafft oder Anreiz bietet, die soziale Stufenleiter weiter emporzuklimmen. Ein Mann mittleren Alters, ein typischer Vertreter der Mittelschicht, beschrieb sein Dilemma mit folgenden Worten:

> «Ich denke jetzt über manches nach, das mir vor zehn Jahren noch kaum in den Sinn gekommen war: was ich als Rentner tun werde; die Tatsache, daß ich einmal sterben muß; wie meine Frau und ich miteinander auskommen werden, wenn die Kinder aus dem Hause sind. Vielleicht wird sie es nicht leicht mit mir haben. Andererseits bin ich leicht zufriedenzustellen. Ein gutes Buch, ein Kartenspiel, eine interessante Unterhaltung, ein See zum Angeln, Fernsehen und eine Flasche Bier, ein bißchen Gartenarbeit und ein wenig Einsamkeit zum Nachdenken — das genügt mir zur Beschäftigung. Genügsamkeit! Ist es das, was manche von uns am Weiterkommen hindert? Vielleicht ist dies gar keine Stagnation. Ich lerne immer noch hinzu und versuche, meine Leistungen zu verbessern, doch ich bleibe auf der gleichen Linie. Ich habe kein übergroßes Verlangen nach einem größeren neuen Haus, nach einem Boot, einer Klubmitgliedschaft, nach einem neuen Wagen in jedem Jahr oder nach Schuldenfreiheit. Der Schimmer

> eines Verlangens ist noch da, aber er reicht nicht aus, um mich zum Handeln anzutreiben.»

Trotz aller gegenteiliger Äußerungen schätzt die große Mehrheit der Menschen das Reichsein nicht hoch genug ein, um nur danach zu streben. Die meisten würden Reichtum bereitwillig hinnehmen, wenn er ihnen in den Schoß fiele. Fälle von Chrematophobia (krankhafter Abneigung gegen das Geld) sind praktisch unbekannt. Die meisten Menschen behindern jedoch ihren eigenen Aufstieg zum Reichtum entweder durch ihre emotionale Unreife oder aber durch ihre Sensibilität und humanitäre Einstellung.

12
Die gesunde Einstellung zum Geld

Angesichts der vielfältigen Probleme, für die Geld verantwortlich scheint, und angesichts der selbstzerstörerischen, unsinnigen Handlungen, zu denen es die Menschen treibt, stellt sich die Frage, ob Geld überhaupt einen legitimen Platz in einer gesunden Gesellschaft hat. Gibt es überhaupt gesunde Verhaltensweisen dem Geld gegenüber? Oder ist Geld ein Verführungsmittel, das die Leute um den Verstand bringt? Ist es möglich, mit Geld vernünftig umzugehen, es zu beherrschen, anstatt sich von ihm beherrschen zu lassen? Ist das Verlangen, mehr Geld anzuhäufen, als man zur Dekkung seiner eigenen Bedürfnisse benötigt, als solches nicht schon eine Art Neurose?
Solche Fragen sind nicht leicht zu beantworten; die Meinungen darüber gehen weit auseinander. Sogar bei den wenigen Autoren, die sich mit der Rolle des Geldes in der Gesellschaft befaßt haben, gibt es beträchtliche Meinungsunterschiede. Der Psychiater Ernest Borneman schrieb hierzu:

> «Die Ergebnisse dieser Untersuchung über die pathogenen Eigenschaften des Geldes — und unser Interesse daran — müssen zu einer Psy-

chotechnik umgeformt werden, die das Geld und die Tyrannei des Kapitals überwindet und die Eingliederung in eine Gesellschaft lehrt, welche frei ist von der Diktatur des Geldes ...
Die Psychoanalyse des Kapitals muß eine Psychotechnik zur Verhinderung des Kapitalismus werden. Die Analyse des Geldes muß sich zu einer Therapie entwickeln, die uns von dem Interesse an ihm heilt.»

Eine völlig gegensätzliche Position vertritt der ebenfalls bekannte Psychiater Otto Fenichel:

«Gibt es einen instinktiven Trieb, Reichtum anzuhäufen? Hierüber scheint kein Zweifel möglich. Wir begegnen diesem Trieb täglich in sehr unterschiedlichem Ausmaß bei verschiedenen Menschen. Er kann pathologische Formen annehmen, beispielsweise beim Geizigen, der auf die Erfüllung anderer rationaler Bedürfnisse verzichtet, um reich zu werden, oder bei jenem Menschen, der nach Reichtum strebt, um die Furcht vor Verarmung abzuwehren. Der Trieb hat normale Formen; sein völliges Fehlen wird in unserer Gesellschaft sogar als Anomalie betrachtet.»

GELD UND GESELLSCHAFT

Jede Betrachtung über normales und normabweichendes Verhalten ist nur dann sinnvoll, wenn sie in einem Zusammenhang mit dem Wann und Wo des Verhaltens gesehen wird. Ein Fremder, der die Insel Dobu im nordwestlichen Melanesien besucht, würde ohne Berücksichtigung dieser Voraussetzung leicht den Schluß ziehen, daß die ganze Gesellschaft unter Verfolgungswahn leidet. Mißtrauen und Argwohn werden als ganz normal angesehen. Die Furcht, vergiftet zu werden, ist weit verbreitet, und keine Frau läßt ihren Kochtopf unbeaufsichtigt. Jeder verzehrt nur sein eigenes Essen, denn man befürchtet, sich an den Speisen der anderen zu vergiften.

Die Gesellschaft formt das Verhalten und legt auch die Normen für akzeptable und nicht akzeptable Verhaltensweisen fest. Ein kapitalistisches System, wie wir es in Westeuropa und in den Vereinigten Staaten antreffen, weist dem Geld einen ganz bestimmten Stellenwert zu. Das gleiche Normverhalten dem Geld gegenüber wäre jedoch in der Sowjetunion nicht möglich.

Die westliche Kultur bewertet traditionsgemäß die Rechte und Privilegien des einzelnen höher als die der Gruppe. Auch das Konkurrenzverhalten wird als Voraussetzung für sozialen Aufstieg besonders betont. Ein Wirtschaftssystem, das es den Menschen gestattet, durch eigene Verdienste ihr Los zu verbessern, läßt es aber auch zu, daß sie auf eine tiefere Stufe hinabsinken. Eine Regierung, die eine freie Konkurrenz der Ideen und der geschäftlichen Entwicklungen befürwortet, schafft ein Klima, in dem manche Menschen dazu neigen, andere zu übervorteilen und Kurzschlußhandlungen zu begehen, um zu «gewinnen». Lewis Lapham, der Herausgeber von «Harper's», stellt über die Paradoxie des kapitalistischen Systems folgende Betrachtungen an:

> «Kaum jemand gibt gern zu, daß die höchsten Errungenschaften des abendländischen Geistes

aus dem gleichen Boden sprießen wie die Sumpfblüten von Korruption und Habgier. Auf der einen Seite schließt das kapitalistische System die Ausbeutung jeder vorhandenen Schwäche in sich ein; doch auf der anderen Seite ruft es zur Freiheit der Gedanken und der Forschung auf. Die beiden Geister kommen gleichzeitig und ohne ideologische Beigaben aus der gleichen Flasche. Im November vergangenen Jahres, als eine Anzahl von Beamten wie üblich in Korruptionsskandale verwickelt war, erhielten auch sieben Amerikaner den Nobelpreis.»

Aufgrund ihrer Tradition als «Land der unbegrenzten Möglichkeiten», ihres Rohstoffreichtums und ihres schnellen Aufstiegs zur Weltmacht sind die Amerikaner gewinn- und erfolgsorientiert. Vince Lombardi, der ehemalige Trainer der Football-Mannschaft «Green Bay Packers», faßte die Lebensanschauung des «Gewinnens um jeden Preis» mit den Worten zusammen: «Gewinnen ist nicht nur alles; es ist das einzige, was zählt!» Der Ausspruch ist inzwischen in Amerika fast zum Gemeinplatz geworden.
Die Konkurrenz beginnt schon in der Kindheit. Rivalitäten zwischen Geschwistern zielen darauf hin, die Gunst und Zuneigung der Eltern zu erringen und deren «Lieblinge» zu werden. Die Konkurrenz setzt sich in der Schule fort; es geht darum, wer unter seinen Mitschülern den Ton angibt und wer der beste Sportler ist. Wer Erfolge erringt, erhöht seinen Wert in den Augen anderer Menschen und stärkt somit auch sein Selbstbewußtsein. Wenn Kinder erwachsen werden, besteht der Lohn für den Erfolg nicht nur im elterlichen Lob, sondern wird allmählich durch Geld ersetzt. Der Geldbe-

trag, über den man frei verfügen kann, wird zum Gradmesser des Erfolges und der Wertschätzung, den andere dem jungen Menschen entgegenbringen.

Das ursprüngliche Verlangen mag auf Macht und Ansehen abzielen, sei es bei anderen, sei es in sich selbst. In einer Gesellschaft, in der Macht und Ansehen auf dem Besitz von Geld beruhen, wird jedoch das Trachten nach Macht und Ansehen schließlich zu einem Trachten nach Geld.

In unserer Gesellschaft sind Erfolg, Geld und Ansehen austauschbare Werte. Der Athlet, der eine Anzahl von Olympiamedaillen gewinnt, wird nicht nur von Millionen Menschen begeistert gefeiert, sondern hat auch Aussicht auf erhebliche finanzielle Vorteile. In einer Studie, die der Psychologe Joseph Luft vom San Francisco State College durchführte, wurden Studenten aufgefordert, einem hypothetischen Mann Charaktereigenschaften zuzuschreiben. Der einen Hälfte der Befragten wurde gesagt, der Mann sei reich, der anderen Hälfte, er sei arm. In jeder anderen Hinsicht war der Mann für beide Gruppen identisch. Dem reichen Mann wurden weitaus positivere Eigenschaften zugeschrieben als dem armen. Mit anderen Worten: Der hypothetisch reiche Mann wurde als relativ gesund, glücklich und gut angepaßt angesehen, während der hypothetisch arme Mann als schlecht angepaßt und unglücklich betrachtet wurde.

In den vorhergehenden Kapiteln wurde der symbolischen Bedeutung des Geldes besondere Aufmerksamkeit gewidmet. Es wurde dargelegt, wie Menschen, die in übersteigerter Weise nach Macht, Liebe, Sicherheit und Unabhängigkeit trachten, das Geld in krankhafter Weise verwen-

den können, wobei sie versuchen, diese übersteigerten Bedürfnisse zu befriedigen. Das Streben nach Macht und Ansehen kann gesund oder ungesund sein; es hängt davon ab, in welchem Ausmaß es das Leben des Betroffenen beherrscht.
Das gleiche läßt sich sagen über das Streben nach Liebe, Sicherheit oder Freiheit, oder auch nach Geld.
Im Gegensatz dazu vertreten Autoren wie Dr. Borneman die Ansicht, daß bösartige und unheilvolle Kräfte dem Geld innewohnen. Hier ist die gleiche falsche Logik am Werk, die viele dazu führt, ein Bibelwort falsch zu zitieren: «Geld ist die Wurzel allen Übels.» In Wirklichkeit ist nicht das Geld der Schurke; die Menschen sind die Schuldigen. Die wörtliche Übersetzung des Bibelzitats kommt der Wahrheit bedeutend näher: «Die *Liebe* zum Geld ist die Wurzel allen Übels.» Die folgenden Worte des berühmten englischen Ökonomen John Maynard Keynes bringen dies noch deutlicher zum Ausdruck:

> «Die Liebe zum Geld als Besitz — im Unterschied zur Liebe zum Geld als Mittel, um sein Dasein zu genießen — muß man als das erkennen, was sie ist, nämlich eine irgendwie widerwärtige krankhafte Erscheinung, eine jener halb kriminellen, halb pathologischen Neigungen, die man mit einem Schaudern an den Spezialisten für Geisteskrankheiten verweist.»

Leute, die Geld für etwas Schlechtes halten, lassen sich mit jenen vergleichen, die meinen, alle Klassenunterschiede würden verschwinden, wenn keine Kleidung mehr getragen würde. Die Tatsachen beweisen jedoch, daß es sogar in Nudistenkolonien «Hackordnungen» gibt. Auch ohne den Schutz oder die Einschüchterung, die mit dem Tragen von Kleidung zusammenhängen, gelingt es einigen Leuten, andere in den Schatten zu drängen. Alles, was Wert besitzt, kann zum Ausgangspunkt für irrationales oder neurotisches Verhalten werden. Besäßen Schnüre ebensoviel Wert wie Geld, dann würden sich um Schnüre ungewöhnliche Verhaltensweisen ergeben. Ein exzentrischer oder psychotischer Mensch mag Schnüren ungewöhnliche symbolische Bedeutungen oder außergewöhnlichen Wert beimessen. Wenn dieser Mensch Schnüre in großen Mengen zu sammeln begänne, würden andere natürlich an seinem gesunden Verstand zweifeln. Legte jedoch die gesamte Gesellschaft großen Wert auf Schnüre, dann würde das Sammeln als etwas Vernünftiges angesehen. Gleichzeitig würde aber auch der Neid jener Leute geweckt, die wenig Schnüre besitzen. Manche würden versuchen, Schnüre zu stehlen, andere würden sogar ihre «Seelen» dafür verkaufen. In Gesellschaften, die dem Geld großen Wert beimessen, gibt es immer wieder Leute, die wegen Geld sich zu ungewöhnlichen Handlungen hinreißen lassen. Wer emotionale Probleme hat, wird mit großer Wahrscheinlichkeit Geld in seine krankhaften Verhaltensmuster miteinbeziehen. Dies bedeutet natürlich nicht, daß jeder Angehörige eines Kulturkreises die gleichen Neigungen zeigen wird. Und in Gesellschaften, die dem Geld weniger Wert beimessen, übernehmen andere Dinge dessen Stelle als Ausgangspunkt für irrationales Verhalten.

GELD ALS BELOHNUNG

Die Verlockung des Geldes ist die Motivation bei einem Großteil der menschlichen Verhaltensweisen. Das Geld ist auch die Belohnung oder, wie Experimentalpsychologen sagen, die «positive Verstärkung» für viele Verhaltensmuster. Die Menschen lernen, bestimmte Aufgaben zu erfüllen, damit sie dann eine Belohnung in Form von Geld erhalten.

Es gibt «äußere» und «innere» Belohnungen für menschliches Verhalten. Das Verhalten der Kinder wird mehr durch äußere Belohnungen verstärkt. Kinder erhalten gute Schulzeugnisse, gewinnen Sportabzeichen oder erhalten Geld für Besorgungen. Bei Erwachsenen sollten die Belohnungen mehr von innen kommen. Sie werden eher Stolz auf ihre Leistungen oder innere Befriedigung über die Erreichung eines Zieles empfinden und erwarten nicht mehr für jede Einzelleistung eine äußere Belohnung.

Alle inneren und die meisten äußeren Belohnungen sind subjektiv und deshalb schwierig zu bewerten. Wie hoch ist der Stolz auf eine Leistung einzuschätzen, was sind ein Handschlag oder eine Umarmung wert? Von allen Belohnungsarten ist Geld vermutlich die am ehesten erfaßbare und meßbare. Hundert Dollar sind immer mehr wert als zehn; da tausend Dollar zehnmal soviel sind wie hundert, betrachten die meisten Menschen tausend Dollar als wertvoller. In dem Maße, wie das Geld eine Belohnung für Arbeit oder Leistung darstellt, wird es zu einem Meßinstrument, mit dem die Errungenschaften des einen Menschen mit denen eines anderen verglichen werden können.

Bei einem solchen Meßvorgang gibt es viele Pro-

bleme und Irrtümer; doch dies trifft für jedes Meßinstrument zu, mit dessen Hilfe man den Wert zweier Menschen oder den ihrer Leistungen vergleichen will. Das Bedürfnis nach Anerkennung und der Stolz auf die eigene Person sind, in der richtigen Perspektive gesehen, keine Normabweichungen. Innerhalb gewisser Grenzen läßt sich Geld durchaus als geeigneter Wertmesser dieser Bedürfnisse verwenden. Wenn andere Belohnungsarten nicht ausreichen, um die Menschen für ihren Zeitaufwand und ihre Mühen zu entschädigen und ihnen ein Gefühl der eigenen Wertschätzung vermitteln, dann hilft Geld in den meisten Fällen.
Es gibt natürlich eine Anzahl von Menschen, die ihren Wert außerhalb jeglicher Bestimmung durch Geld sehen. Es gibt kreative Menschen, die bei ihren künstlerischen Betätigungen genug innere Befriedigung verspüren, so daß Geld nur eine zweitrangige Bedeutung hat. Die innere Befriedigung, die sie beim Dichten, Bücherschreiben oder Malen empfinden, bedeutet ihnen eine größere Belohnung als jeglicher Geldbetrag. In beinahe allen Berufssparten gibt es Menschen, denen Befriedigung am Arbeitsplatz wichtiger ist als Geld. Sie empfinden Genugtuung, wenn sie anderen helfen können, und die Höhe der finanziellen Belohnung, solange sie für den Lebensunterhalt ausreicht, ist nur von zweitrangiger Bedeutung. Als kurz vor dem Zweiten Weltkrieg Albert Einstein eine Stellung am Institute of Advanced Study der Princeton-Universität angeboten wurde, fragte man ihn nach seinen Gehaltsvorstellungen. Hierüber wird berichtet:

«Einstein war Feuer und Flamme, wollte gleich anfangen und nannte ein Jahresgehalt von 3000 Dollar. Dies war selbst für die damalige Zeit ein sehr

knappes Gehalt. Das Institut sagte nichts, zahlte ihm aber 16 000 Dollar.
Solche Menschen sind rar, doch es gibt sie. Sie brauchen keine Reichtümer, weil ihr Leben in anderer Hinsicht so reich ist.»

Ein Gegenbeispiel: Gouverneur Jerry Brown von Kalifornien nannte als Grund für eine nur symbolische Gehaltserhöhung für die Professoren an den kalifornischen Universitäten, daß sie zum Teil in «psychischen» Dollars bezahlt würden. Die Professoren ließen sich davon nicht beeindrucken. Sie behaupteten, daß sich weder Mieten noch Lebensmittel mit «psychischen» Dollars bezahlen ließen, und wollten statt dessen lieber mehr Bargeld haben.

KANN MAN MIT GELD GLÜCK ERKAUFEN?

Die Beziehung zwischen Geld und Glück ist eine jahrhundertealte Streitfrage. Redensarten wie: «Das Beste im Leben gibt es nicht für Geld», «Mit Geld kann man Glück nicht erkaufen» und «Sie waren arm, aber glücklich» tauchen so häufig in der Alltagssprache auf, daß man sie unbesehen als wahr akzeptiert hat. Geht man diesen Redensarten aber auf den Grund, stellt man bald fest, daß sie nicht auf Tatsachen, sondern auf Wunschvorstellungen basieren. So befragte der Meinungsforscher George Gallup zusammen mit seinen Mitarbeitern zehntausend Personen aus siebzig Nationen und aus allen wirtschaftlichen Bereichen. Gallup kam zu folgender Feststellung: «Im Planungsstadium dieser weltweiten Untersuchung hofften wir, daß es irgendwo auf der Welt eine Nation geben müsse, deren Bewohner arm, aber glücklich sind. Wir haben eine solche Nation nicht gefunden.»

Gallups Feststellungen decken sich mit den Ergebnissen von Untersuchungen, die der Psychologe Paul Cameron vom St. Mary's College in Maryland durchführte. Er verglich die Glücksempfindungen von körperlich Behinderten, geistig Behinderten und Gesunden und stellte dabei fest, daß die Wohlhabenden — sowohl Behinderte als auch Gesunde —, häufiger sagten, sie seien mit dem Leben zufrieden, als jene, denen es finanziell schlecht ging. Menschen mit ähnlich hohem Einkommen, sowohl Behinderte als auch Gesunde, waren in etwa gleicher Weise mit dem Leben zufrieden, hatten ähnliche Stimmungen und waren etwa gleich optimistisch im Hinblick auf die Zukunft.

Aus den Studien von Gallup, Cameron und anderen geht natürlich nicht direkt hervor, daß sich Glück mit Geld kaufen läßt; klar ersichtlich ist aber, daß Geldmangel in vielen Fällen zu Depressionsgefühlen führt. Menschen, deren Bedürfnisse unerfüllt bleiben — sei es aus Geldmangel oder aus anderen Gründen —, bleiben unbefriedigt. Mit gewissen Einschränkungen läßt sich sagen, daß die meisten Menschen mit Geld glücklicher sind als ohne Geld. Es gibt jedoch keinen Beweis dafür, daß über ein bestimmtes Maß hinaus die Glücksempfindungen sich proportional zu steigendem Wohlstand verhalten. Über den Zusammenhang zwischen Geld und Glück läßt sich höchstens sagen, daß beim Zunehmen des einen auch das andere anwächst, wenn auch nicht im gleichen Ausmaß. Ohne Kenntnis weiterer Einzelheiten wäre es irrig zu behaupten, daß Geld die Ursache für Glück sei, oder daß Glück die Ursache für den Besitz von mehr Geld sei. Eine Persönlichkeitsstruktur, die auf gesunder Selbst-

achtung und auf Selbstvertrauen aufbaut, ist wahrscheinlich der bestimmende Faktor, sowohl für Glücksgefühl als auch für einen angemessenen, realistischen Geldzufluß.
Die Unabhängigkeitserklärung gibt jedem Amerikaner ein unveräußerliches Recht auf die Verfolgung seines Glücks. Und die meisten Amerikaner laufen seither wie wild dem Glück hinterher. Dieser Jagd liegt die Vorstellung zugrunde, das Glück sei ein erfaßbares Ziel. In Wirklichkeit entzieht es sich um so mehr, je verzweifelter man ihm nachjagt. Nathaniel Hawthorne drückte dies so aus: «Das Glück ist ein Schmetterling, der immer etwas außerhalb der Reichweite des Verfolgers fliegt.» Wahres Glück ist meistens das «Nebenprodukt» eines anderen Erlebnisses, oder es stellt sich dann ein, wenn ein gewisses Ziel erreicht ist.
Wenn man glücklich ist, weil man sich verliebt hat oder weil man eine gute Leistung vollbracht hat, dann ist das Glück ein Bonus, eine innere Belohnung für ein bestimmtes Verhalten. Es ist eine Emotion, und Emotionen sind sehr persönliche Erlebnisse. Als solches läßt Glück sich mit Geld nicht kaufen; doch mit Geld kommt man eher in die Lage, den Erlebnisbereich zu vergrößern oder mehr Möglichkeiten zur Erreichung von Zielen zu schaffen, was umgekehrt Glücksgefühle mit sich bringt.
So wie beim Glück jagen viele Leute auch dem Geld als eigentlichem Ziel nach; sie betrachten es weniger als Belohnung für die Erreichung anderer Ziele. Wenn aber für jemanden die Befriedigung aus dem Geldbesitz größer ist als die Befriedigung aus der Art und Weise des Geldverdienens, dann läßt sich sagen, daß dieser Mensch eine krankhafte Bindung zum Geld entwickelt hat. Wie Glück kann auch Geld die Belohnung für bestimmte Verhal-

tensweisen sein; allerdings kommt diese Belohnung nicht von innen, sondern von außen. Die meisten Menschen wünschen sich sowohl Glück als auch Geld, und die Bedeutung, die dem einen oder dem anderen beigemessen wird, kann gesund oder ungesund sein. Geld ist allerdings leichter zu erlangen als das Glück: Dies zeigt sich schon daran, daß es keinen glücklichen, jedoch eine ganze Menge reicher Neurotiker gibt!

DIE BEZIEHUNG ZWISCHEN ARBEIT UND GELD

Die meisten Menschen erwerben Geld durch Arbeit. Der Begriff der Arbeit hat eine Vielzahl von Bedeutungen. Für manche bedeutet er Plackerei und Elend, während er für andere, zum Beispiel für arbeitsbesessene Reichsgründer, das Wichtigste im Leben ist. Manche Reiche betrachten Arbeit, besonders schwere körperliche Arbeit, als für sie unangemessen, und manche Armen, die von der Fürsorge leben, sind der Ansicht, Arbeit sei etwas für Trottel. Die große Masse dazwischen hat meist die Arbeitsethik als Doktrin übernommen und akzeptiert sie als notwendigen Bestandteil des Lebens.

Wer wenig Geld besitzt, jedoch viel Geld haben möchte, dabei aber nicht gewillt ist, lange und hart zu arbeiten, hat kaum Möglichkeiten, sein Ziel zu erreichen. Wenn er nicht besonders begabt ist, muß er sich im allgemeinen auf sein Glück verlassen, um seinen Traum Wirklichkeit werden zu lassen. Solche Menschen werden leicht zu Manipulatoren oder (wenn sie bereits etwas Kapital haben) zu Spekulanten, die sich am Rande des Gesetzes bewegen. Jedoch finden die meisten von ihnen weder Reichtum noch Glück. Wem es doch gelingt, schnell und mühelos zu viel Geld zu kommen, dem ist selten Freude beschieden — oder dann dauert diese Freude selten lange an. Offenbar haben solche Menschen Schwierigkeiten, ihr Geld vernünftig zu verwenden.

Ein Beispiel: Ein Mann, der eine reiche Frau aus Indianapolis ermordet und beraubt hatte, wurde kurz nach dem Verbrechen festgenommen. Er hatte einen neuen Lincoln Continental, der 13 500 Dollar kostete, mit neuen Hundertdollarscheinen in numerischer Reihenfolge bezahlt. Den Wagen hatte er am nächsten Tag bereits zurückgebracht; er wollte ihn gegen einen anderen umtauschen, da der gekaufte Lincoln einige Kratzer aufwies.

Es ist erstaunlich, wie viele hochbezahlte Stars plötzlich mittellos dastehen. Der Direktor für Öffentlichkeitsarbeit der «American International Pictures» stellte die Situation wie folgt dar: «Die meisten Stars kommen mit dem Erfolg nicht zurecht. Sie waren auf den Erfolg nicht eingestellt. Leute, die zuvor von der Hand in den Mund lebten, kommen in Situationen, wo sie mehr Geld haben, als sie ausgeben können.»

Die Gewinne und Verluste der zwanghaften Spieler und Spekulanten sind allgemein bekannt. Doch selbst bei jenen, die große Gewinne nicht gleich wieder aufs Spiel setzen, sind die Glücksaussichten offenbar nicht groß. Im Jahre 1975 untersuchten zwei Soziologen der Universität von Buffalo in einer Studie die Änderungen im Lebensstil bei Personen, die in der Lotterie große Gewinne gemacht hatten. Obwohl die Gewinner angaben, eine befriedigende Arbeit ausgeübt zu haben, kündigten die meisten der Personen, die über eine Million Dollar gewonnen hatten, ihre Stellung. Die Forscher berichteten: «Unsere Interviews nahmen in manchen Fällen lange Zeit in Anspruch, da diese Menschen einsam waren und nichts mit sich anzufangen wußten. Und wirklich gab es Anzeichen dafür, daß die Langeweile eingesetzt hatte: Als wir uns nach den Freizeitbeschäftigungen der Gewinner erkundigten, stellte sich heraus, daß viele von ihnen die meiste Zeit vor dem Fernsehapparat sitzen.» Anstatt das Geld zur Bereicherung ihres Lebens einzusetzen, ließen sich viele der Gewinner einfach «gehen», als sie nicht mehr des Geldes wegen zu arbeiten brauchten.

Diese Beobachtungen decken sich mit der puritanischen Ethik, die zu leicht erworbenes Geld als negativ auffaßt, obwohl die aus der Untersuchung gezogenen Schlüsse natürlich nicht die moralische Basis der puritanischen Lehre rechtfertigen wollen. Unterschwellige Schuldgefühle brauchen nicht der Grund zu sein, weshalb man sein Geld loswerden will oder sich nicht an ihm erfreuen kann. Der offensichtliche Mangel an Freude über plötzlichen Reichtum liegt wahrscheinlich eher darin begründet, daß die Leute leicht Erworbenes sehr niedrig bewerten und daß sie sich an sehr schnelle Veränderungen nur schwer anpassen können.

Das Problem der Bewältigung des plötzlichen Übergangs vom Elend zum Reichtum gilt nicht nur für Stars, sondern für die meisten Leute. Der Sozialpsychologe Leon Festinger nennt diesen Typ eines inneren Konflikts «Dissonanz». Nach seiner Theorie der «kognitiven Dissonanz» erzeugt der Widerspruch, einerseits Geld zu haben, sich andererseits aber noch arm zu fühlen, innere Spannungen. Diese können nur abgebaut werden, wenn man

seine eigene Vorstellung vom Armsein revidiert oder aber sich des Geldes entledigt.
Wenn jemand für finanziellen Gewinn große Arbeitsleistungen erbringt, so bedeutet das nicht automatisch, daß er mit dem Geld rationell umzugehen weiß oder durch den Geldbesitz mehr Lebensfreude gewinnt. Viele sehr fleißige Menschen können weder mit Geld umgehen noch seinen Besitz genießen. Wer jedoch seinen Lebensstandard allmählich veränderten Bedingungen anpassen kann, wird weniger Konflikte und innere Spannungen abbauen müssen. Gleichzeitig wird auch die Selbstdisziplin beim Geldausgeben stärker, wenn nicht immer genügend Geld vorhanden ist, um alles zu kaufen, was man sich wünscht. Im allgemeinen schätzen die Leute den Wert einer Sache höher ein, wenn sie dafür sparen und hart arbeiten müssen. Sie empfinden sie mehr als Belohnung und sind weniger geneigt, sie bedenkenlos wegzuwerfen.

DAS GELD IN EINER SICH WANDELNDEN WELT

Die industrielle Revolution löste eine Bevölkerungsverschiebung von den ländlichen Gebieten zu den Großstädten aus. Eine größere Stellenauswahl und höhere Löhne lockten.
Die Mehrzahl der von dieser Bewegung erfaßten Menschen tauschte dabei bewußt oder unbewußt ihre teilweise bestehende wirtschaftliche Unabhängigkeit gegen nahezu völlige Abhängigkeit ein. Wer für einen Lohn arbeitet, ist weniger frei als jemand, der seinen Lebensunterhalt durch Bestellung eines kleinen Ackers bestreitet, obwohl der

Lohnempfänger wahrscheinlich mehr Geld verdient.
Die derzeitigen sozialen Umwälzungen, die vielfach auf die Proteste der Minderheiten und der Frauenrechtsbewegung zurückzuführen sind, zielen ebenfalls stark auf wirtschaftliche Veränderungen hin. Im Gegensatz zur industriellen Revolution liegt ein Hauptgrund der gegenwärtigen Unruhe im Verlangen, Abhängigkeit gegen mehr Unabhängigkeit einzutauschen.
So haben viele der feministischen Forderungen nach gleichen Rechten mit Geld zu tun — gleiche Bezahlung für Frauen, gleiche Arbeitsmöglichkeiten und Bezahlung für Hausfrauen. Für Frauen gibt es nicht nur eine Vielzahl von Kochbüchern, sondern auch eine reiche Auswahl an finanziellen Ratgebern. Immer mehr Paare machen sich neuerdings Gedanken darüber, ob sie gemeinsame oder getrennte Bankkonten haben sollen oder ob Ehekontrakte ratsam sind.
Die traditionell passive Rolle der Frau förderte eine Beziehung der Abhängigkeit von einem aktiven und beschützenden Mann, sowohl in emotionaler als auch in finanzieller Hinsicht. Da es immer mehr Frauen ablehnen, diese Rolle zu übernehmen, läßt auch die entschlossene Suche nach einem beherrschenden und finanziell dominierenden Partner nach, und gleichzeitig fühlen sich viele Männer weniger unter Druck, solchen Erwartungen nachzukommen. Traditionelle Muster für «männliches» und «weibliches» Verhalten gelten nicht mehr, weder im Hinblick auf das Geld noch in anderen Bereichen.
Die Spielerzeitschrift «Gambling Times» berichtet, daß Frauen oft erfolgreiche Roulettespielerinnen sind, weil sie sich kühl und nüchtern dem Spiel

gegenüber verhalten. Ein guter Spieler ist jemand, der resolut den Spieltisch verlassen kann, wenn er gewonnen hat — und hier ist, wie manche Psychologen sagen, weibliche Klugheit wichtiger als männlicher Wagemut. Der Mann läßt sich eher von Emotionen und Habgier leiten; um sein Image besorgt, neigt er zum Weiterspielen und verliert schließlich seinen Gewinn. Die Frau — mit anderen inneren Wertvorstellungen — trägt ihren Gewinn auf die Bank.

EINE GESUNDE EINSTELLUNG ZUM GELD

Jede Diskussion über Normalität ist von Anfang an recht schwierig, weil sich Normalität gar nicht genau definieren läßt. Ob eine bestimmte Handlung angemessen ist oder nicht, hängt teilweise davon ab, wer sie wann und wo ausführt. Was für ein Kind angemessenes Verhalten ist, braucht es für einen Erwachsenen nicht zu sein; was unter Streß vernünftig scheint, kann im Alltag unvernünftig sein; was für den Armen richtig ist, braucht es nicht für den Millionär zu sein. Für den Eskimo gelten andere Verhaltensnormen als für den Araber; für die Menschen des zwanzigsten Jahrhunderts andere Verhaltensweisen als für jene des vierzehnten Jahrhunderts.

Trotz der Schwierigkeit, Normalität zu definieren, lassen sich bestimmte Kriterien verwenden, um einige Verhaltensweisen aus der Betrachtung auszuschließen und den Begriff in eine verständliche Form zu bringen. Eine gesunde Einstellung zum Geld bedeutet, daß alle oder die meisten der folgenden Voraussetzungen erfüllt sind:

1. Unter dem derzeitigen sozioökonomischen System bringt man dem Geld weder Verehrung noch Verachtung entgegen.
2. Man hat die Fähigkeit, das Geld zu beherrschen und läßt sich nicht von ihm beherrschen; man kann Geld verwenden und besitzen und läßt es nicht zu, daß man von ihm verwendet und besessen wird.
3. Da die meisten irrationalen Verhaltensweisen dem Geld gegenüber auf unbewußter Motivation beruhen, muß man sich bewußt werden, welche persönlichen Bedeutungen das Geld hat und wie man es verwendet.
4. Man hat die Fähigkeit, das Geld konstruktiv zur Verbesserung der Qualität des eigenen Lebens und der Daseinsbedingungen der nahestehenden Menschen zu verwenden.
5. Das Geld wird als gerechte Belohnung für die Erfüllung einer lohnenden Aufgabe und nicht als Selbstzweck angesehen.
6. Man hat die Fähigkeit, Geld gelegentlich spontan auszugeben, statt immer nach strengen und unveränderlichen Regeln.
7. Mit Geld sollte man nicht nur die täglichen Bedürfnisse decken, sondern sich auch Annehmlichkeiten verschaffen.
8. Man hat realistische Vorstellungen darüber, was Geld im Hinblick auf die Lösung der eigenen Probleme zu erreichen vermag.
9. Das Geld wird in der richtigen Perspektive betrachtet. Man opfert seine moralischen und ethischen Grundsätze nicht und begeht keine asozialen oder kriminellen Handlungen, um es zu beschaffen.

Während Beispiele für Geldwahn sich überall in großer Vielfalt finden lassen, gibt es auch Beispiele für eine gesunde Einstellung zum Geld, auch wenn sie weniger augenfällig sind und deshalb weniger berichtenswert erscheinen. Es ist fraglich, ob in der Zeitung ein Bericht über einen Bankier erscheinen würde, der seinen Kunden zum Sparen rät oder ihnen sogar Geld aus seiner eigenen Tasche gibt, wenn sie in finanziellen Schwierigkeiten sind. Bestimmt wird in den Zeitungen nie über jene Leute berichtet, die Geld vernünftig verwenden und niemals für unehrliche oder spektakuläre Geschäfte einsetzen. Es ist eigentlich erstaunlich, wie vielen Leuten es gelingt, mit den Beschwerlichkeiten des Lebens fertig zu werden, die Gefahren und Fallen, denen sie ausgesetzt sind, zu überwinden, ohne dabei Opfer einer destruktiven Einstellung zum Geld zu werden. Eine ähnliche Beobachtung äußerte Lewis Lapham im Hinblick auf das gesunde Verhältnis zum Geld:

> «Niemand kann den Verführungen oder den Einschüchterungen entgehen, die das Geld mit sich bringt. Daß so viele den Verlockungen und Bedrohungen widerstehen, spricht dafür, daß sie das Wesen des menschlichen Lebens besser begreifen. Sie treffen ihre Wahl nicht so sehr aufgrund ihrer Moral, als vielmehr aufgrund empirischer Beobachtungen, da die Geldbesessenheit, wie es sich am langen und unglücklichen Leben von Howard Hughes gezeigt hat, den Menschen zu einem dummen, eingeschüchterten Affen herabwürdigt.»

Wer auf der Welt nach krankhaften Verhaltensweisen sucht, wird sie überall in reicher Zahl finden. Es gibt aber ebenso viele Beispiele für gesundes Verhalten, wenn sie auch weniger spektakulär und deshalb vielleicht schwerer aufzuspüren sind. Gesundes und ungesundes Verhalten ist nicht immer sehr unterschiedlich. Beide Verhaltensarten können in der gleichen Person auftreten, gleichzeitig oder zu verschiedenen Zeiten. In vieler Hinsicht sind krankhafte und gesunde Einstellungen — gegenüber Geld oder anderen Dingen — nichts anderes als Kopf- und Zahlseite der gleichen Münze.

Index

u. G. = und Geld
d. G. = des Geldes
G. a. = Geld als

Abhängigkeit 258 ff, 300
Abwehr 124
Adler, Alfred 104
Aggressionsgefühle 7, 72, 98
Aggressivität 40, 119
Agnew, Spiro 121, 125
Allheilmittel, G. a. 101
Allmacht 124 f
Allmacht, kindliche 123, 136
Anarchie 278, 279
Angst 105, 123, 225, 299
Ansehen 337
Anti-Geld-Bewegung 265
Antrieb, zwanghafter 312
Arbeit u. G. 312 ff, 345 ff
Arbeitsethik 190
Aufstieg z. Reichtum 331
Autorität 153

Bedeutungen d. G. 281
Bedürfnisse 104
Belohnung, G. a. 340 ff, 344 f
Bergler, Edmund 145
Beschützer 194
Bestechung 122
Beziehungen u. G. 313
Bornemann, Ernest 333 f

Carnegie, Andrew 93
Cooper, Alice 87, 88

Darwin, Charles 175
Demosthenes 141, 175
Demütigung 142
Dickens, Charles 9
Diebstahl 239
Dylan, Bob 59

Ehrerbietung 202
Ehrlichkeit 10, 327 f
Einfluß 270
Einsamkeit 227
Einstein, Albert 341
Emotionen 12, 99, 177, 324
Entbehrungen 151
Entfremdung 197
Entscheidungen b. Reichen u. Armen 306 ff
Erikson, Erik 146
Exkremente u. G. 62 ff, 66

Familie, G. u. 40 f, 42 ff
Feminismus 41, 349
Fenichel, Otto 123, 334
Feurerstein, Chester W. 302 f
Finanzmanipulationen 327
Fitzgerald, F. Scott 305
Ford, Henry 190, 311
Franklin, Benjamin 102 f, 145
Freiheit 131 ff, 136
Freiheitskämpfer 265 ff
Freiheitskäufer 257 ff, 267
Freud, Sigmund 37, 60 f, 64, 75, 206, 288
Freundschaft 300
Fromm, Erich 226
Fromm-Reichmann, Frieda 226
Frustration 202, 277, 307, 325
Furcht 72, 99, 118, 321 ff

Gefühle 98, 329 ff
Gehaltsempfänger 309
Geiz 67, 162, 334
Geldgier 103 ff
Geldhunger 104 ff
Geldmacher 307, 316
Geldtrieb 334
Geldverschwendung 145
Geldwahn 9 ff, 283 ff
Geldwert 339 f
Gelegenheitsjäger 154 ff, 165
Gelegenheitskäufer 155 ff
Genügsamkeit 326 f
Geschäftssinn 317 ff
Geschäftstüchtigkeit 159
Geschenke 224
Gesellschaft u. G. 334 ff
Gesetz 125
Gesunde Einstellung z. G. 350 ff
Getty, J. Paul 12, 59, 96, 120, 162, 217, 253, 311, 315
Gewinnsystem 171
Gewissen 178
Glück 32, 102, 314, 316, 342 ff, 346
Großzügigkeit 328

Habgier 11, 54, 320 ff
Habsucht 105 ff
Haß 72, 324
Heine, Heinrich 9
Hemingway, Ernest 305, 308
Herzkrankheiten 212
Hilflosigkeit 118
Hobbys 316
Horaz 54, 124
Hughes, Howard 12 f, 96, 217, 311, 352

Investitionen 309, 317, 322 f
Isolation 197

Keller, Helen 172
Kennedy, Joseph P. 308
Kleptomanen 238, 239
Kommunikationsmittel, G. a. 287 ff
Konkurrenzverhalten 335, 336
Kontrolle 99
Korruption 121

Kosten in d. Psychiatrie 284 ff
Kunsthandel 318

Leary, Timothy 273
Leistung 340
Liebe 38 ff, 109, 129, 136, 142, 172, 210, 250, 252
Liebe z. G. 338
Liebesdiebe 238—254
Liebeshändler 219 ff, 245, 247, 249, 250, 252—254, 255
Liebeshunger 128 f
Liebeskäufer 221 ff, 227 f, 233, 247, 249, 254
Liebesmangel 128, 252
Liebesphantasien 237
Liebessymbole 239
Liebesverkäufer 229 ff, 236
Lincoln, Abraham 194, 255
Lohnempfänger 348 ff
Loyalität 198, 202
Lundberg, Ferdinand 327, 329

Macht 57, 88, 89, 119, 120, 124, 125, 126, 136, 175, 183, 194, 196 f, 217, 256, 337
Macht u. G. 57, 122
Machtaneigner 210, 284
Machtgier 207
Machtgier-Syndrom 119, 176
Machthunger 120, 123, 175
Machtlosigkeit 194
Machtmenschen 204 ff, 212 ff, 255, 268, 294
Machttrieb 204 ff
Magie u. G. 101
Magische Kraft d. G. 89, 91 f
Manipulation 21, 157, 167 ff, 208, 322
Manipulatoren 176 ff, 189, 320
Maslow, Abraham 128, 135
Maugham, Somerset 135
Mead, Margaret 278
Mißtrauen 73, 143, 159, 165, 172, 216
Mitleid 210, 328 f
Monroe, Marilyn 238
Moral 12, 125, 352

Neid 105 ff, 321 f
Neurosen 48
Niarchos, Stavros 217, 314
Nikolaus-Syndrom 127, 225, 249, 252
Nixon, Richard 121, 217
Nobel, Alfred 92 f

Ölgeschäft 97
Onassis, Aristoteles 217, 314
Opfer 316
Orale Phantasien 105

Paten 197 ff, 215
Phantasien 325
Picasso, Pablo 59
Prostitution 221, 229
Psychoanalyse 60 f, 334
Psychologen 283 ff
Psychologische Bedeutungen d. G 281

Psychosomatische Beschwerden 149
Psychotherapie 283 ff, 294

Rachsucht 206
Rebellion 277
Reich und arm 304 ff
Reichsgründer 189 ff, 194 ff, 216, 267
Reichtum 12 ff, 56, 94, 95, 98, 101, 113
Reichtum, unverdienter 309
Respekt 200
Rockefeller, John D. 120, 190, 311, 327
Roosevelt, Theodore 198
Rousseau, Jean-Jacques 308 f
Rubinstein, Helena 207
Ruhm 87

Sammler 160 ff
Schmutziges G. 61 f, 92
Schuldgefühle 74 ff, 92, 106 f, 125, 151, 154, 177 f, 292, 326, 328, 347
Schutz, G. a. 173
Schutzmechanismen 253
Schwäche 183
Schwindler 320
Scott, Sir Walter 219
Selbstachtung 294
Selbstaufopferung 153
Selbstdisziplin 182
Selbstkontrolle 200
Selbstverleugner 149 ff, 154, 165, 168
Selbstverständnis 325 f
Selbstvertrauen 294
Selbstverwirklichung 136, 142, 154
Selbstwert 143, 272
Selfmademen 102, 191, 194
Sexualität 7, 37 ff, 68 ff, 136, 230, 315
Sexuelle Störungen u. G. 126
Shakespeare, William 46, 219
Sicherheit 12, 17, 115 ff, 136, 142, 143, 153, 243
Sicherheitsbedürfnis 118, 135
Sicherheitsfalle 166 ff
Sicherheitsfanatiker 141 ff, 151, 165, 167 ff, 172, 255, 292
Sicherheitssyndrom 164 ff, 172
Sinatra, Frank 266
Sophokles 92
Sparen, Sparer 11, 111, 143 ff, 149, 168
Spekulanten 93, 94, 96, 346
Spieler 10 f, 93, 96, 349 f
Startkapital 309
Statussymbol, G. a. 72 f, 112 f
Streß 325
Stuhlgang u. G. 62 ff, 66, 67
Symbolik d. G. 115 ff
Symbol für Liebe, G. a. 219 ff

Tabu, G. a. 35 ff
Talisman, G. a. 122
Tanaka, Kakuei 121 f, 125
Therapeuten u. G. 284 ff
Triebkräfte 302

Übel, G. a. 53 ff, 91 f
Überfluß 93, 95
Überlegenheit 120
Unabhängigkeitsfanatiker 257, 275 ff, 281, 300
Unsicherheit 158, 159
Unterhaltungsindustrie 237
Unterwerfung 198
Ursprung d. G. 113 ff

Vanderbilt, Cornelius 190
Verführungsmittel, G. a. 333
Vermögensbildung 269
Versager, emotionale 307
Vertrauen 173

Wert d. G. 109 ff
Wettbewerbsdenken 271
Wettstreit 268
Woolworth, Frank 71, 190

Zärtlichkeit 232
Zorn 7, 324 f
Zukunftsplanung 310
Zuneigung 224